Workbook/Laboratory Manual

to accompany

In giro per l'Italia

Workbook/Laboratory Manual

to accompany

In giro per l'Italia

A Brief Introduction to Italian

Second Edition

Graziana Lazzarino
University of Colorado, Boulder

Andrea Dini
Montclair State University

Boston Burr Ridge, IL Dubuque, IA Madison, WI New York San Francisco St. Louis
Bangkok Bogotá Caracas Kuala Lumpur Lisbon London Madrid Mexico City
Milan Montreal New Delhi Santiago Seoul Singapore Sydney Taipei Toronto

The McGraw·Hill Companies

Higher Education

This is an EBI book.

Workbook/Laboratory Manual to accompany
In giro per l'Italia: A Brief Introduction to Italian

Published by McGraw-Hill, an imprint of The McGraw-Hill Companies, Inc., 1221 Avenue of the Americas, New York, NY 10020.

This book is printed on acid-free paper.

5 6 7 8 9 0 QPD/QPD 12 11 10 9

ISBN 978-0-07-319230-7
MHID 0-07-319230-9

Editor in chief: *Emily Barrosse*
Publisher: *William R. Glass*
Senior sponsoring editor: *Christa Harris*
Senior marketing manager: *Nick Agnew*
Director of development: *Susan Blatty*
Developmental editor: *Misha MacLaird, Anastasia Schultze*
Senior project manager: *Christina Gimlin*
Senior photo research coordinator: *Alexandra Ambrose*
Senior supplements producer: *Louis Swaim*
Compositor: *TechBooks/GTS, York, PA*
Printing: *Quebecor Dubuque*

Cartoon credits: page 40, 53, 77 ALI Press Agency; *83 La Settimana Enigmistica*—Copyright riservato; *89 Relax Enigmistico; 90 Grazia; 114, 123, 125* ALI Press Agency; *130, 132 Relax Enigmistico; 146* ALI Press Agency; *154, 155 Relax Enigmistico; 165, 166, 167* ALI Press Agency; *184 Relax Enigmistico; 185 La Settimana Enigmistico*—Copyright riservato; *188* ALI Press Agency; *189 La Settimana Enigmistica*—Copyright riservato. *Realia credits: page 44* Courtesy of Università per stranieri di Perugia—Italia; *74* Courtesy of Luigi Lavazza S.p.A., Torino, Italia; *84* Courtesy of Barilla Alimentare S.p.A.; *93* Bottega verde s.r.l. Prodotti cosmetica naturali, Palazzo Massaini, 53026, Pienza (SI). Photo © PhotoDisc/Getty Images; *103* Poster of the film IO NON HO PAURA reprinted by kind permission of Colorado Film Production C.F.P. S.r.l., Cattleya S.p.A., Medusa Film S.p.A., Saatchi & Saatchi and Mr. Philippe Antonello; *115* Prof. Antonino Di Pietro, president ISPLAD, International Society of Plastic Aesthetic and Oncologic Dermatology. (www.isplad.org). a.dipietro@antoninodipietro.it. Fax +390223526964; *171–72 Il Secolo XIX,* Genova; *181* Courtesy of *Corriere della Sera.*

www.mhhe.com

Preface

Workbook

This *Workbook* is designed to accompany *In giro per l'Italia: A Brief Introduction to Italian,* Second Edition. As in the first edition, the *Workbook* offers a variety of written exercises to reinforce the vocabulary and structures presented in the student text.

NEW FEATURES AND CHANGES IN THIS SECOND EDITION

Un po' di scrittura: These writing activities, which encourage students to express their personal views on topics related to the chapter themes, are now accompanied by a new writing strategies section. These strategies lead students through the writing process showing them how to best approach the topic at hand and organize their ideas.

Attualità: This section has been completely revised for this edition. It includes a rich selection of authentic materials, including advertisements, web pages, surveys, business cards, and magazine articles. Each is followed by an activity.

CHAPTER ORGANIZATION

The chapter sections follow the same sequence as the material in the student text.

The exercises in the **Capitolo preliminare,** under the headings *Saluti e espressioni di cortesia, In classe, Alfabeto e suoni, Numeri da uno a cento,* and *Calendario,* reinforce the practical, functional material presented in the student text. The chapter concludes with the **Un po' di scrittura** and **Attualità** sections.

Capitolo 1 through **Capitolo 16** are organized as follows:

Vocabolario: All thematic chapter vocabulary is practiced in a rich and varied selection of exercises, including cloze paragraphs, dialogues, and crossword puzzles.

Grammatica: The three to five grammar points of each chapter in the student text appear under their own headings. They are reviewed and integrated with chapter vocabulary in both controlled and open-ended activities.

Proverbi e modi di dire: Boxes highlighting popular sayings appear one to three times a chapter.

Un po' di scrittura: Students are invited to use their newly acquired skills to offer their personal views on cultural themes and issues.

Attualità: A rich selection of authentic materials, including advertisements, cartoons, surveys, and school brochures, brings students face-to-face with the everyday language of contemporary Italy. The accompanying exercises sharpen reading skills and encourage reflection and self-expression.

Answers to *Workbook* activities are in the *Instructors' Manual and Testing Program.* No answers are provided for open-ended activities, marked with the symbol ❖.

Laboratory Manual

This *Laboratory Manual* accompanies *In giro per l'Italia: A Brief Introduction to Italian,* Second Edition. Like the student text, the *Laboratory Manual* has been extensively revised, and instructors familiar with the previous edition of it should look closely at the new edition.

The *Laboratory Manual* is coordinated with the *Audio Program* for the preliminary chapter and the sixteen regular chapters, including a separate disc with the **In ascolto** activities. Each chapter has forty to fifty minutes of recorded material. The speech on the audio program represents that of many regions of Italy; the language is authentic Italian.

We suggest that students listen to the recorded material on a given vocabulary or grammar section only after that material has been covered in class. We also recommend that students spend no more than thirty minutes at a time in the laboratory. A total of sixty minutes per week should allow students time to listen to the entire chapter at least once and to repeat any material on which they feel they need additional practice.

The *Laboratory Manual* is a guide to the audio. Directions for all recorded activities are in the manual, with a model provided for most. In some cases, cues and drawings to be used with activities appear in the manual; at other times, cues are heard on the recording only.

The **Capitolo preliminare** follows the corresponding chapter in the student text point-by-point. It introduces students to the basic sounds of Italian and to a variety of useful, everyday expressions, concluding with an open-ended activity.

Chapters 1–16 of the *Laboratory Manual* are organized as follows:

Vocabolario and **Grammatica.** These sections follow the sequence of material in the student text point-by-point. They include minidialogues and listening comprehension activities, in addition to grammar and vocabulary exercises. The **In ascolto** activities have also been integrated into each chapter at the end of the **Vocabolario** section.

Pronuncia. Capitolo 1 through **Capitolo 13** include focused practice of Italian sounds and intonation patterns.

Dialogo and **Ed ora ascoltiamo!** These extended passages (including everyday conversations, a housing interview, and an oral exam given by a professor to a student) with follow-up activities help improve students' global listening comprehension skills.

Dettato. A short dictation improves recognition of phonetic sounds and how to write them.

Answers to most activities are on the recording. Several activities require written responses. Answers to these and to the dictations can be found at the back of this manual. The *Audioscript* is available to instructors only.

The authors would like to thank William Glass, Christa Harris, Susan Blatty, Misha MacLaird, Christina Gimlin, and Louis Swaim of McGraw-Hill and Anastasia Schulze of Elm Street Publications for their useful and creative contributions to this *Laboratory Manual.*

Contents

CAPITOLO PRELIMINARE

Benvenuti a tutti!

A. Saluti e espressioni di cortesia

A. Presentazioni. Two students introduce themselves on the first day of class. Complete the brief dialogues.

DIALOGUE 1

Buon ______________![1]

______________[2] Chiara Martini.

______________[3] studentessa di italiano.

Sono ______________[4] Firenze.

DIALOGUE 2

Buona ______________![1]

______________[2] Giampiero Crispolti.

Sono ______________[3] di psicologia.

______________[4] di Perugia.

❖ **B. E io, chi sono?** Now introduce yourself. Use the greetings you find most appropriate.

____

____

____

____

____

C. Saluti. How do these people greet each other? Do they use the formal or informal form of address? Complete the dialogues with the appropriate expressions.

DIALOGUE 1

SIGNOR BOSSI: ______________,[1] signora, ______________ ______________[2]?

SIGNORA PIVETTI: Bene, ______________.[3] E ______________[4]?

SIGNOR BOSSI: Non ______________[5] male.

SIGNORA PIVETTI: Arrivederci!

SIGNOR BOSSI: ______________[6]!

DIALOGUE 2

CARLO: ______________,[1] Francesca!

FRANCESCA: Ciao, Carlo, come ______________[2]?

CARLO: Abbastanza ______________,[3] grazie. E ______________[4]?

FRANCESCA: Così ______________.[5]

CARLO: ______________,[6] Francesca!

FRANCESCA: ______________[7] presto!

D. **Espressioni di cortesia.** What would you say in the following situations?

1. You've just pushed someone accidentally.

   ____

2. You do not understand what someone has just said to you.

   ____

3. You are shaking hands with someone you've just met.

   ____

4. Someone has just thanked you.

   ____

B. In classe

Espressioni, domande e istruzioni. Look back at the **In classe** section of your text, then give the appropriate expression, question, or instructions in Italian.

1. What do students say when they don't understand?

   ____

2. What do students say to find out how to spell **cappuccino** in Italian?

   ____

3. What do students say to find out what **primavera** means?

   ____

4. What do instructors say when they want students to listen?

   ____

5. What do instructors say when they want students to repeat something?

   ____

C. Alfabeto e suoni

A. **L'alfabeto italiano.** Answer the following questions about the Italian alphabet.

1. What are the five letters the Italian alphabet uses in words of foreign origin?

   _____ _____ _____ _____ _____

2. What letter in the Italian alphabet is never pronounced? _____

B. **Come si scrive?** Spell the following names of famous Italians.

   ESEMPIO: Gianni Versace → Gi, i, a, enne, enne, i, Vu, e, erre, esse, a, ci, e

1. Andrea Bocelli ______________________________
2. Sophia Loren ______________________________

3. Roberto Benigni ______________________
4. Dante Alighieri ______________________
5. Umberto Eco ______________________
6. Guglielmo Marconi ______________________

D. Numeri da uno a cento

A. Quanti (*How many*)**?** Write out the numbers given in parentheses.

1. ______________________ (62) studentesse
2. ______________________ (23) professoresse
3. ______________________ (81) musei
4. ______________________ (19) numeri
5. ______________________ (100) attori
6. ______________________ (57) dottori

—...trentuno pecore,[a] signore; trentadue pecore, signore; trentatré pecore, signore...

[a]*sheep*

B. Operazioni di matematica. Complete these math problems. Write out all numbers.

1. tredici + ______________________ = ventiquattro
2. undici + ______________________ = sessantuno
3. due + ______________________ = settantacinque
4. quindici + ______________________ = quarantadue
5. venticinque + ______________________ = settantotto
6. sessanta − ______________________ = quarantotto
7. trenta − ______________________ = ventisette
8. cento − ______________________ = quindici

E. Calendario

A. Giorni della settimana. Here are the names of six of the days of the week, according to their origin. They are not in order. Can you recognize them?

1. il giorno della (*of the*) Luna ______________________
2. il giorno di Venere ______________________
3. il giorno del riposo (*rest*) ______________________
4. il giorno di Marte ______________________
5. il giorno di Giove ______________________
6. il giorno di Mercurio ______________________

B. Calendario. Answer the following questions according to the calendar.

1. Che giorno della settimana è la Festa della Donna, l'otto marzo? ______________________
2. Che giorno della settimana è la Festa del Lavoro, il primo maggio? ______________________
3. Che giorno della settimana è la Festa della Liberazione, il 25 aprile? ______________________
4. Che giorno della settimana è Capodanno, il primo gennaio? ______________________

GENNAIO		**FEBBRAIO**		**MARZO**	
L	2 9 16 23 30	**L**	6 13 20 27	**L**	6 13 20 27
M	3 10 17 24 31	**M**	7 14 21 28	**M**	7 14 21 28
M	4 11 18 25	**M**	1 8 15 22	**M**	1 8 15 22 29
G	5 12 19 26	**G**	2 9 16 23	**G**	2 9 16 23 30
V	6 13 20 27	**V**	3 10 17 24	**V**	3 10 17 24 31
S	7 14 21 28	**S**	4 11 18 25	**S**	4 11 18 25
D	1 8 15 22 29	**D**	5 12 19 26	**D**	5 12 19 26

APRILE		**MAGGIO**		**GIUGNO**	
L	3 10 17 24	**L**	1 8 15 22 29	**L**	5 12 19 26
M	4 11 18 25	**M**	2 9 16 23 30	**M**	6 13 20 27
M	5 12 19 26	**M**	3 10 17 24 31	**M**	7 14 21 28
G	6 13 20 27	**G**	4 11 18 25	**G**	1 8 15 22 29
V	7 14 21 28	**V**	5 12 19 26	**V**	2 9 16 23 30
S	1 8 15 22 29	**S**	6 13 20 27	**S**	3 10 17 24
D	2 9 16 23 30	**D**	7 14 21 28	**D**	4 11 18 25

LUGLIO		**AGOSTO**		**SETTEMBRE**	
L	3 10 17 24 31	**L**	7 14 21 28	**L**	4 11 18 25
M	4 11 18 25	**M**	1 8 15 22 29	**M**	5 12 19 26
M	5 12 19 26	**M**	2 9 16 23 30	**M**	6 13 20 27
G	6 13 20 27	**G**	3 10 17 24 31	**G**	7 14 21 28
V	7 14 21 28	**V**	4 11 18 25	**V**	1 8 15 22 29
S	1 8 15 22 29	**S**	5 12 19 26	**S**	2 9 16 23 30
D	2 9 16 23 30	**D**	6 13 20 27	**D**	3 10 17 24

OTTOBRE		**NOVEMBRE**		**DICEMBRE**	
L	2 9 16 23 30	**L**	6 13 20 27	**L**	4 11 18 25
M	3 10 17 24 31	**M**	7 14 21 28	**M**	5 12 19 26
M	4 11 18 25	**M**	1 8 15 22 29	**M**	6 13 20 27
G	5 12 19 26	**G**	2 9 16 23 30	**G**	7 14 21 28
V	6 13 20 27	**V**	3 10 17 24	**V**	1 8 15 22 29
S	7 14 21 28	**S**	4 11 18 25	**S**	2 9 16 23 30
D	1 8 15 22 29	**D**	5 12 19 26	**D**	3 10 17 24 31

PROVERBI E MODI DI DIRE

As in English, there is a rhyme in Italian for remembering how many days are in each month of the year. Read it several times, until you have memorized it.

Trenta giorni ha novembre, con aprile, giugno e settembre; di ventotto ce n'è uno, tutti gli altri ne hanno trentuno.

Parte 4

Un po' di scrittura

❖ **Ciao! Buon giorno!** Write a brief conversation between Professor Piovano and Professor Grassi, two colleagues from Italian high schools who meet at a professional meeting; then write a second dialogue, this time between Silvia, a student, and her professor, Mr. Gori, who see each other on the street one evening. Before you compose their dialogues, pause to think what form of address they might use, formal or informal? The **Lei** or the **tu** form? Then think of the ways in which each pair greets one another, introduces themselves, says where they are from, says how they are, and takes leave. Write 5 or 6 lines for each dialogue. Use a separate sheet of paper.

Attualità

Un biglietto da visita (*business card*)**.** Look over the following business card and identify its key elements. Complete the chart based on the information given in the card.

Università per Stranieri di Siena

Pierangela Diadori
Ricercatrice di Linguistica Italiana

Dipartimento di Scienze Umane
Via Pantaneto, 105
53100 Siena
Tel. 0577/284928
Fax. 282293

Via Montanini, 110
53100 Siena
Tel. e Fax. 0577/44004

Nome e cognome: ______________________

Professione: ______________________

Luogo (*Place*) di lavoro: ______________________

Indirizzo di lavoro: ______________________

Indirizzo di casa: ______________________

Città e codice postale (*zip code*): ______________________

Telefono e fax di lavoro: ______________________

Telefono e fax privato: ______________________

Nome ______________________ Data ____________ Classe ______________

CAPITOLO 1

Finalmente in Italia!

Parte 1: Vocabolario

A. In una stazione italiana. You have just arrived in Italy and are at a train station. There is a customer in line ahead of you. Complete his conversation with the clerk in a logical manner. Then answer the questions that follow.

CLIENTE: ____________ ____________.[1] Ho una prenotazione (*I have a reservation*) per due persone per Venezia.

IMPIEGATO: Che cognome ____________[2]?

CLIENTE: Walker.

IMPIEGATO: Ecco qui, due biglietti per Venezia.

CLIENTE: Ah, ____________,[3] un'informazione. C'è _____ ____________ ____________[4] qui in stazione?

IMPIEGATO: No, ma c'è _____ ____________[5] qui vicino, in Piazza Verdi.

CLIENTE: Grazie e ____________.[6]

IMPIEGATO: ____________[7]! Buona giornata!

1. Cognome del passeggero: ______________________________
2. Destinazione: ______________________________
3. C'è un ufficio cambio in stazione? ______________________________
4. Dov'è una banca? ______________________________

B. I mezzi di trasporto. Look at each drawing and write down the name of the means of transportation.

1. 2. 3. 4. 5.

1. ____________________
2. ____________________
3. ____________________
4. ____________________
5. ____________________

C. Dove sono (*Where are they*)**?** Tell where the following people are. Follow the example.

ESEMPIO:

Davide e Ornella sono *in un treno.*

1. Carla e Daniela sono ____________________.
2. I signori Bianchini sono ____________________.
3. Ugo, Marina, Sandro e Ida sono ____________________.
4. Paolo e Francesca sono ____________________.
5. Luigino e Mariella sono ____________________.
6. Stefano e Sergio sono ____________________.
7. Le signore sono ____________________.
8. Grazia, Alberto, Lucia e Fabio sono ____________________.
9. I tre amici sono ____________________.
10. I tre studenti sono ____________________.

D. Vicino o lontano (*far*)? Antonio explains to Sara how to get to various places. Are his directions correct? Locate Antonio, Sara, and the places indicated on the map and judge for yourself! Then circle **vero** or **falso.**

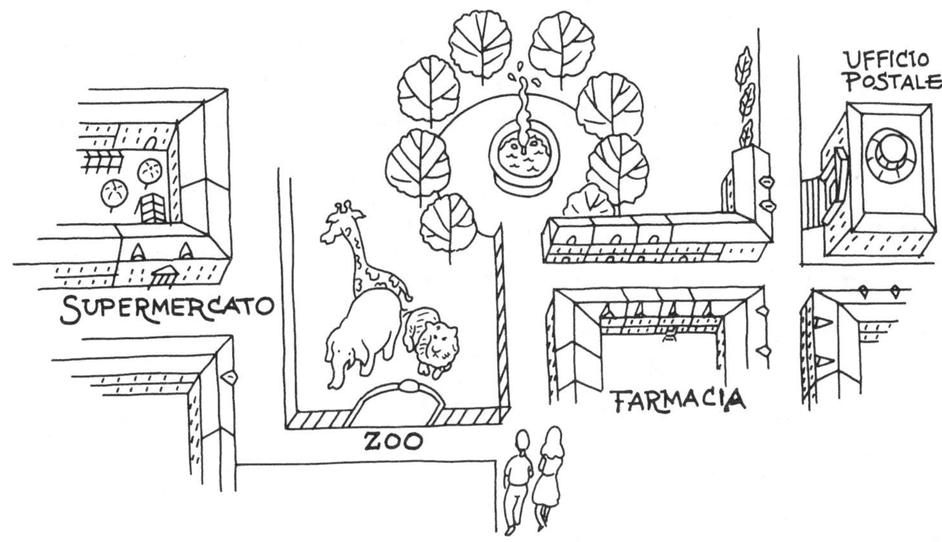

vero	falso	1. Un supermercato? È qui vicino! Sempre dritto, poi a sinistra, poi a destra, poi ancora a sinistra.
vero	falso	2. Uno zoo? È qui vicino! Sempre dritto, poi a destra.
vero	falso	3. Un ufficio postale? Non è lontano! Sempre dritto, poi a destra, poi a sinistra.
vero	falso	4. Una farmacia? È proprio vicino! Sempre dritto, poi a sinistra.

Parte 2: Grammatica

A. Nomi: genere e numero

A. In una stazione. Alessandra, Irene, and Irene's son Leonardo are waiting for a train. It's past noon, and they are getting tired and hungry. What do they buy? Read the dialogue, then write what Irene bought for each person.

VENDITORE: Panini, banane, gelati, vino, aranciata, caffè, birra…
IRENE: Un caffè, Alessandra?
ALESSANDRA: Sì, grazie. E per Leonardo?
IRENE: Per Leonardo? Una banana e una bottiglia d'acqua minerale… Poi una birra per me e un caffè, per favore.
VENDITORE: Sei euro.
LEONARDO: Mamma, mamma, un panino!
IRENE: E anche un panino allora.
VENDITORE: Otto euro.
IRENE: Ecco qui.
VENDITORE: Grazie e buon viaggio!

Irene: ______________________________

Alessandra: ______________________________

Leonardo: ______________________________

B. Maschile o femminile? Leonardo can see the following objects and places from the train station. Divide them into two categories (masculine and feminine).

Oggetti e luoghi: farmacia, foto, stazione, bar, cinema, caffè, auto, albergo, bici, moto, ospedale, via

MASCHILE:

____

____

____

FEMMINILE:

____

____

____

C. Ancora sul genere. Indicate the gender of the following nouns with *m* (masculine) or *f* (feminine).

1. _____ amico
2. _____ piazza
3. _____ ristorante
4. _____ gelato
5. _____ studente
6. _____ bicicletta
7. _____ automobile
8. _____ negozio
9. _____ treno
10. _____ moto

D. Singolare → plurale. Make the following singular nouns plural.

ESEMPIO: bicchiere → bicchieri

1. lira ______________
2. stazione ______________
3. dollaro ______________
4. caffè ______________
5. panino ______________
6. birra ______________
7. parente ______________
8. signorina ______________
9. ufficio ______________
10. film ______________

E. Plurale → singolare. Make the following plural nouns singular.

ESEMPIO: aeroporti → aeroporto

1. signore ______________
2. professori ______________
3. vini ______________
4. aranciate ______________
5. musei ______________
6. scuole ______________
7. università ______________
8. lezioni ______________

B. Articolo indeterminativo e *buono*

A. In un aeroporto. Fabio is leaving to visit his cousin, who lives in the United States. His friends Marco and Stefania are with him at the airport. Read the dialogue. Then make a list of what *you* would take along on such a trip.

MARCO: Allora, in partenza[1]! Documenti? Biglietti?
FABIO: Ho tutto,[2] ho tutto! Ecco qui: biglietto aereo, passaporto, carte di credito, dollari, indirizzo, numero di telefono, numero di telefono italiano per emergenze, mappa di Denver…
STEFANIA: E un sacco di bagagli[3]!
FABIO: Ma no, ho solo uno zaino, una borsa, un computer… e due valige.
MARCO: «Solo»[4] due valige, uno zaino, una borsa e un computer?
FABIO: Sono a Denver per due mesi, agosto e settembre. Ho bisogno di[5] un sacco di cose…
MARCO: Buone vacanze, allora! Ma un computer? Perché?
FABIO: Per studiare l'inglese…
STEFANIA: Ciao, Fabio, buon viaggio e buon divertimento!
FABIO: Grazie, a presto!

[1]Allora… *Well, you're off!* / [2]Ho… *I've got everything*
[3]un… *a ton of luggage*
[4]*"Only"*
[5]*I need*

❖ Oggetti possibili per un viaggio in agosto e settembre:

____

____

B. Un, una… Fill in the blanks with the appropriate forms of the indefinite article.

ESEMPIO: __un__ albergo e __una__ banca

1. _____ professore e _____ professoressa
2. _____ stazione e _____ stadio
3. _____ aranciata e _____ caffè
4. _____ studente e _____ studentessa
5. _____ anno e _____ mese
6. _____ automobile e _____ treno
7. _____ zio e _____ zia
8. _____ cornetto (*croissant*) e _____ cappuccino

C. Uno, non due! Gabriella seems to be seeing double today. Make her phrases singular.

ESEMPIO: due stazioni → una stazione

1. due treni ______________________
2. due aeroplani ______________________
3. due automobili ______________________
4. due autobus ______________________
5. due biciclette ______________________
6. due zoo ______________________
7. due foto ______________________
8. due motociclette ______________________

PROVERBI E MODI DI DIRE

Il riso fa buon sangue.
Laughter is the best medicine. (Lit., makes good blood.)

Nella botte piccola sta il vino buono.
Good things come in small packages.
(Lit., Good wine comes from a small cask.)

D. Una buon' idea. Rewrite the following phrases, adding the appropriate form of **buono.**

ESEMPIO: un cappuccino → un buon cappuccino

1. un amico ____________________________
2. un'amica ____________________________
3. una borsa ____________________________
4. uno zio ____________________________
5. un'automobile ____________________________
6. un ospedale ____________________________
7. uno stadio ____________________________
8. un vino ____________________________

E. Buon viaggio! You say **Buon viaggio** (*Have a nice trip*)**!** to people who are going on a trip. When you are in Italy, you will hear **Buona giornata** (*Have a nice day*)**!** These are just two of the many expressions with the word **buono** that are used in Italian for special occasions.

Buon appetito!	*Enjoy your meal!*
Buon compleanno!	*Happy birthday!*
Buon divertimento!	*Have fun!*
Buona domenica!	*Have a nice Sunday!*
Buona fortuna!	*Good luck!*
Buona giornata!	*Have a nice day!*
Buon lavoro!	*Enjoy your work!*
Buon viaggio!	*Have a nice trip!*
Buon week-end!	*Have a nice weekend!*
Buon Anno!	*Happy New Year!*
Buon Natale!	*Merry Christmas!*
Buona Pasqua!	*Happy Easter!*

To many of these expressions you reply: **Grazie, altrettanto** (*Thanks, the same to you*)**!** or simply **Altrettanto** (*Likewise*)**!**

What would you say in the following situations?

1. You and your family are about to start eating.

   ____

2. It's January 1.

   ____

3. Your friends are about to board a plane.

   ____

4. Your roommate is going to a party.

   ____

5. Your cousin turns twenty today.

   ____

6. Tomorrow is Saturday.

   ____

7. Your sister is heading to the office.

   ____

8. Your roommates are leaving for job interviews.

   ____

Parte 3: Grammatica

C. Presente di *avere* e pronomi soggetto

A. Parenti d'America. Marisa is talking to Mr. and Mrs. Del Principe and Mr. D'Agostino about their relatives in the United States. Complete the conversation with the appropriate forms of the verb **avere.**

MARISA: E Loro, signori Del Principe, ______________[1] parenti negli Stati Uniti?

SIGNOR DEL PRINCIPE: Sì, Marisa, noi ______________[2] uno zio a Chicago e una zia a New York.

MARISA: E Lei, signor D'Agostino, chi ______________[3] negli Stati Uniti?

SIGNOR D'AGOSTINO: Nessuno (*no one*) negli Stati Uniti, ma ______________[4] molti parenti in Canada.

E tu, dove ______________[5] parenti?

MARISA: Io ______________[6] zii e zie solo in Italia.

B. Chi (*Who*) **ha?** Complete each sentence with the correct form of the verb **avere.**

ESEMPIO: Io ______ho______ due lezioni.

1. Io e Marcella ________________ amici in Australia.
2. Daniela ________________ una buona bicicletta?
3. Stefania e Caterina ________________ un appartamento.
4. ________________ un buon lavoro, tu e Valeria?
5. Io ________________ una macchina. Tu ________________ una motocicletta.
6. Voi ________________ dollari?

[a]di... *again*
[b]la... *low blood pressure*

C. Curiosa! Stefania wants to know what everybody else has! Answer and change the number of items from plural to singular as in the example.

ESEMPIO: Oggi Elena ha tre lezioni, e tu? → Io ho una lezione.

1. Ivana e Massimo hanno due gatti, e Daniele?

   ____

2. Carla ha due lettere, e voi?

   ____

3. Noi abbiamo quattro zii in Argentina, e loro?

   ____

4. Io ho due buoni amici, e tu?

   ____

5. Voi avete tre dollari, e Laura?

   ____

6. Tiziana ha due buoni libri, e tu?

   ____

D. Espressioni idiomatiche con *avere*

A. Bisogni e voglie (*Needs and wants*). Angelo and Silvia are at a train station in the summer, waiting for a train. Read the dialogue, then answer the questions.

ANGELO: Oh, che caldo! Non hai caldo, Silvia?
SILVIA: Un po', ma sto bene così...
ANGELO: E sete? Io ho proprio sete adesso. Hai voglia di una birra, di un tè freddo, di una Coca-Cola?
SILVIA: Mamma mia, Angelo, tu hai davvero sete! Io no, grazie, sto bene così. Forse ho voglia di un gelato.
ANGELO: Chissà se c'è un bar in questa stazione...
SILVIA: Sì, c'è, è vicino all'ufficio prenotazioni, ma non abbiamo tempo. Abbiamo bisogno di arrivare in orario alla festa e perciò abbiamo bisogno di prendere l'Intercity tra cinque minuti...
ANGELO: Hai ragione, non è una buon'idea perché abbiamo fretta... Oh, ma guarda! C'è un venditore qui al binario... Mi scusi, qui, per favore! Una birra, grazie!

How do Angelo and Silvia feel? Write one sentence about each of them.

Angelo: ______________________________

Silvia: ______________________________

❖ And what about you? Answer the following questions.

1. Come stai oggi? ______________________________
2. Di che cosa hai bisogno oggi? ______________________________
3. Hai fame? ______________________________
4. Hai sonno? ______________________________
5. Hai sete? ______________________________

B. Ho voglia di una pizza! Look at the drawings and complete each sentence with one of the following expressions.

Espressioni utili: avere... anni, avere fame, avere fretta, avere sete, avere sonno, avere voglia di

1. Oggi Marilena ______________________________
2. Francesco e Vincenzo ______________________________

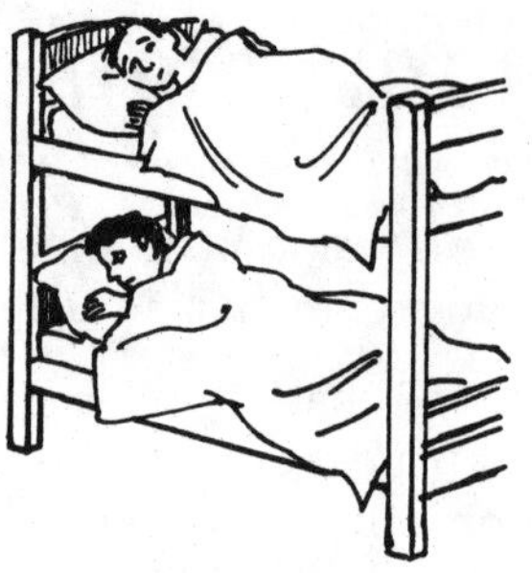

3. Noi ______________________________
____

4. Voi ______________________________
____

5. Il signor Cervaro ______________________________
____

6. Stefania ______________________________
____

❖ C. **Io ho caldo, e tu?** Answer the following questions in complete sentences. You may answer either affirmatively or negatively. If your answer is affirmative, start with **Anch'io** (**Anche tu,** etc.).

1. Vittorio e Susanna hanno caldo, e tu?

____

2. Laura ha freddo, e voi?

____

3. Io ho paura, e Lei?

____

4. Noi abbiamo bisogno di aiuto (*help*), e tu?

____

D. Situazioni. Imagine that you're in the following situations. What would you say?

1. It has started to rain, and of course you left your umbrella (**ombrello**) at home. You go into a store and say:

   ____

2. The temperature has dropped to 15 degrees and you are out without a jacket.

   ____

3. It's 95 degrees, and the humidity is 90 percent.

   ____

4. You're at home alone and hear footsteps in the basement.

   ____

5. You're walking past the neighborhood café. The wonderful smells give you a great desire for a sandwich.

   ____

6. You got up this morning at six, and it is now midnight. You can barely keep your eyes open.

   ____

E. Una nuova compagna di stanza. You are interviewing a prospective roommate. Ask her . . .

1. how old she is. ______________________________
2. if she has a cat or a dog. ______________________________
3. if she has a car. ______________________________
4. if she has allergies (**allergie**). ______________________________

Parte 4

Un po' di scrittura

❖ **Una letterina.** Write a short letter to your family in which you describe your new roommates. If you do not have any, just make some up! Write about six lines and use another sheet of paper. Add specific information about where you live (the address, telephone number), where your roommates are from, their ages, and their professions. Try to describe your roommates using the cognate adjectives you already know.

Include the idiomatic expressions: **avere bisogno di, avere sete, avere fame, avere fretta.** You may also wish to use expressions of frequency that are useful in describing routines: **sempre** (*always*), **di rado** (*seldom*), **non... mai** (*never*). Start your letter with a date (for example, **Venerdì, 18 aprile**) and the expression **Carissimi** (*Dear Family*). Use a separate sheet of paper.

Parole utili: dormitorio (*dorm*), mentre (*while*)

Attualità

Un treno per Palermo. You are taking a train from Rome to Palermo and you need to arrive in Palermo today. Refer to the following web page to answer the questions below.

Scelta treno » Calcolo prezzo » Acquisto »

Stazione di partenza	Stazione di arrivo	Data
Roma (Tutte Le Stazioni)	Palermo (Tutte Le Stazioni)	27/5

Soluzioni di viaggio

Scegli	Partenza	Arrivo	Stazione di Cambio[1]		Treni	Durata	Acquista
			Stazione	Arrivo			
1.	11:45 ROMA TE	22:35[2] PALERMO			IC	10:50	NO
2.	17:45 ROMA TE	06:30 PA M.MA	NA C.FL NA M.MA	19:20 19:45	ES*	12:45	NO
3.	20:05 ROMA TE	08:10 PALERMO			E	12:05	NO
4.	21:20 ROMA TE	10:00 PALERMO			E	12:40	NO
5.	21:45 ROMA TE	10:00 PALERMO	NA C.LE	23:30	ES* E	12:15	NO

Legenda stazioni

Roma Termini	ROMA TE
Palermo Centrale	PALERMO
Napoli Campi Flegrei	NA C.FL
NAPOLI MARITTIMA	NA M.MA
PALERMO MARITTIMA	PA M.MA
Napoli Centrale	NA C.LE

[1]Transfer station
[2]Note that Italians often use military time, 22:35 = 10:35 P.M., especially in schedules (for example, train, and TV schedules).

1. C'è un treno diretto da Roma a Palermo Centrale?

2. Qual (*Which*) è il treno più veloce (*quickest*)?

3. Quanti treni ci sono tra le 11.00 di mattina e le 9.00 di sera?

4. Di quale treno da Roma a Palermo hai bisogno per arrivare la sera?

5. Con un treno da Roma alle 17.45, hai bisogno di cambiare (*change*) stazione? Dove?

6. Con il treno da Roma alle 17.45, quante stazioni hai bisogno di cambiare a Napoli?

CAPITOLO 2

La classe e i compagni

Parte 1: Vocabolario

A. La classe e i compagni. Today is Enrico's first day of high school. Read the following passage and complete the descriptions that follow.

Oggi è il primo giorno di scuola e io sono un po' nervoso… Sono in un'aula[1] grande con venti studenti, venti banchi e venti sedie vecchie (anche la scuola è vecchia), una lavagna minuscola e un professore che[2] in questo momento scrive[3] sulla lavagna… Il professore è giovane e molto gentile… Ho già due amici. A destra, Cinzia, una ragazza bassa e bionda, con occhi blu e occhiali[4]; una ragazza molto simpatica! A sinistra, Emanuele, un ragazzo allegro. È bruno, con gli occhi verdi, grande e sportivo. Io sono magro, piccolo, con capelli neri e occhi azzurri. Sono sportivo e molto energico. Vicino ad Emanuele c'è Simone e poi c'è Paola. Simone e Paola hanno i capelli biondi. I capelli di Paola sono lunghi e ricci, i capelli di Simone corti e lisci. Simone e Paola hanno gli occhi verdi e sono alti, ma Paola è magra e Simone è un po' grasso. Anche loro sono nervosi. Si vede bene![5]

[1] *classroom*
[2] *who*
[3] *is writing*
[4] *glasses*
[5] Si… *As one can well see!*

Descrizione dell'aula: po' nervoso

Numero di studenti: venti studenti

Descrizione del professore: È giovanne e molto gentile

Descrizione di Cinzia: una ragazza bassa e bionda con occhi blue e occhiali molto simpatica

Descrizione di Emanuele: Allegro. È bruno con gli occhi verde grande e sportivo

Descrizione di Enrico: ____________

Descrizione di Simone: corti e lisci

Descrizione di Paola: Hanno gli occhi verdi e sono alti.

B. Come sono? Describe these people, circling the appropriate adjectives.

1. una studentessa (bassa / allegra) e uno studente (vecchio / triste)

2. una donna (magra / antipatica) e una donna (grassa / vecchia)

3. una ragazza (alta / giovane) e un uomo (cattivo / vecchio)

4. un ragazzo (bruno / biondo) e una ragazza (bruna / bionda)

5. un uomo (triste / basso) e una donna (alta / grassa)

C. Opposti! Give the opposite of the following adjectives.

1. giovane vecchi
2. grasso magri
3. allegro antiallegro ?
4. biondo bruno
5. grande piccoli
6. lungo corto
7. alto basso
8. riccio lunghi
9. simpatico antipatico
10. onesto antionesto ?
11. stressato tranquillo
12. responsabile antiresponsabile ?

D. Aggettivi di nazionalità. People from all over the world are attending an event at the campus International House. Give their nationalities.

1. John è un ragazzo di Filadelfia. È americano.
2. Mireille è una studentessa di Parigi. È francese.
3. Jackie è una ragazza di Toronto. È canadese.
4. Yuko è una bambina di Tokio. È giapponese.
5. Walter è uno studente di Berlino. È tedesco.
6. Deborah è una professoressa di Londra (*London*). È inglese.
7. José è un ragazzo di Acapulco. È messicano.
8. Andrei è un bambino di Mosca (*Moscow*). È russo.
9. Miguel è un ragazzo di Madrid. È inglese.
10. Stefano è uno studente di Roma. È Itanianè.

E. Bandiere (*flags*) **e colori.** How many flags are you familiar with? Write as many colors as you can.

1. Di che colori è la bandiera americana?

   rossa, bianchi, è azzuri

2. Di che colori è la bandiera italiana?

   rossa, gialli, è verdi

3. Di che colori è la bandiera del tuo (*of your*) stato?

   rossa, bianchi, è azzuri

Proverbi e modi di dire

Essere al verde.
*To be totally broke (lit., in the green).**

Rosso di sera, bel tempo si spera; rosso di mattina, maltempo s'avvicina.
Red sky at night, sailor's delight. Red sky in the morning, sailor's warning.
(Lit., With a red sunset, hope for good weather; with a red dawn, bad weather approaches.)

---

*Candles used to be painted green at the bottom; a candle that was **al verde** was almost totally consumed.

F. Ecco una classe! Using the words from the following list, write the names of objects found in a classroom on the lines provided. Consult the drawing if you need help.

un dizionario	una mappa
un foglio di carta	una matita
un gesso	un quaderno
una lavagna	una sedia
un libro	un voto

1. una lavagna
2. un gesso
3. un voto
4. un quaderno
5. una matita
6. un foglio di carta
7. una mappa
8. un dizionario
9. un libro
10. una sedia

Attualità

Le Poste italiane. You need to send a letter and you've decided to use **Posta Prioritaria.** Refer to the following information to answer the questions on the next page.

Posta Prioritaria.

Veloce, facile, economica. E internazionale.

Posta Prioritaria è il prodotto di Poste Italiane per far viaggiare più velocemente la corrispondenza in Italia e nel mondo. Se vuoi che la tua spedizione arrivi il giorno dopo*,[1] Posta Prioritaria fa per te. Un prodotto veloce, facile, economico e anche internazionale.

Come si usa Posta Prioritaria:

- Indicare l'**indirizzo completo** del destinatario.
- Indicare sempre il **CAP**.[2]
- Mettere lo **speciale francobollo**[3] sulla busta[4] in alto a destra.
- Mettere l'**etichetta**[5] **blu di Posta Prioritaria** sulla busta in alto a sinistra.
- **Rispettare gli orari** d'impostazione[6] indicati sulle cassette.[7]

Veloce:

Posta Prioritaria è veloce perché la corrispondenza viaggia di notte in aereo e arriva, in Italia, il giorno dopo*.

Facile:

Posta Prioritaria è facile perché basta acquistare lo speciale francobollo autoadesivo[11] dai tabaccai[10] o negli uffici postali e mettere sulla busta, in alto a sinistra, l'etichetta blu.

Economica:

Posta Prioritaria è economica perché la tariffa base è di soli 0,62 euro.

Internazionale:

Posta Prioritaria è internazionale perché arriva in tutto il mondo: entro[10] 3 giorni in Europa*** ed entro 4-8 giorni nel resto del mondo.

Tariffe

Peso	Euro
Fino a **20g - standard****	0,62
Da **21g** fino a **100g**	1,24
Da **101g** fino a **349g**	1,86
Da **350g** fino a **1000g**	4,96
Da **1001g** fino a **2000g**	8,06
SERVIZIO NAZIONALE	

Zona 1 Europa e bacino del Mediterraneo	**Zona 2** Altri Paesi dell'Africa Altri Paesi dell'Asia Americhe	**Zona 3** Oceania
Euro	**Euro**	**Euro**
0,62	0,77	0,77
1,24	1,55	1,81
1,86	4,13	4,39
4,96	8,26	10,33
8,06	16,53	20,66
SERVIZIO INTERNAZIONALE		

* Obiettivi ufficiali di consegna in Italia entro il giorno lavorativo successivo all'invio: almeno 75% in media nel 2000, almeno 80% in media nel 2001.

** Agli invii non standard fino a 20g si applica la tariffa del secondo scaglione di peso.

*** Obiettivi ufficiali di consegna per l'Europa entro 3 giorni successivi all'invio: almeno 85% in media.

[1]il… *the next day* [2](*postal/zip code*) [3]*stamp* [4]*envelope* [5]*label* [6]orari… *pick-up times* [7]*mailboxes* [8]*self-adhesive* [9]*tobacconist's shop (stamps are also sold in tobacconist's shops)* [10]*put it* [11]*within*

1. Secondo (*According to*) la pubblicità, cos'è la Posta Prioritaria?
   a. È un servizio postale per spedire (*to send*) solo la corrispondenza all'estero (*abroad*).
   b. È un servizio postale per spedire la corrispondenza in tutto il mondo in modo veloce, facile e economico.
   c. È un servizio postale molto caro.
2. Perché è veloce?
   a. Viaggia (*travels*) in treno.
   b. Viaggia in aereo.
   c. Viaggia in autobus.
3. Perché è facile?
   a. Ha bisogno solo di un francobollo speciale.
   b. Ha bisogno solo di un'etichetta blu.
   c. Ha bisogno solo di un francobollo speciale e di un'etichetta blu.
4. Perché è internazionale?
   a. È posta solo per le nazioni extraeuropee (*outside of Europe*).
   b. È posta per l'Europa e il resto del mondo.
   c. È posta per le nazioni europee.
5. In Italia, in quanti giorni arriva la Posta Prioritaria?
   a. Entro un giorno.
   b. Entro tre giorni.
   c. Entro quattro-otto giorni.
6. Quanto costa il francobollo standard per gli Stati Uniti?
   a. 0,62 euro.
   b. 0,77 euro.
   c. 1,81 euro.

CAPITOLO 3

Mia sorella studia all'università

Parte 1: Vocabolario

A. Materie di studio... Read the following dialogue, then complete the chart with information from the dialogue.

VALERIO: Ciao, sono Valerio, e voi?
PRISCILLA: Sono Priscilla, sono americana. Studio all'Università del Colorado.
ALIZA: Anch'io sono una studentessa dell'Università del Colorado.
VALERIO: Oh, siete del Colorado... Parenti?
PRISCILLA: Sì, Aliza è mia sorella...
VALERIO: Siete qui in Italia per studiare?
PRISCILLA: Sì, studio la storia dell'arte e la lingua italiana. Ma ho un interesse particolare per la storia e la filosofia del Rinascimento.[1]
ALIZA: Io invece[2] studio storia moderna e contemporanea.
VALERIO: Che materia interessante!
ALIZA: Studio anche scienze politiche e economia.
VALERIO: Parlate già bene italiano[3]! E poi siete nel posto giusto.[4] Firenze è la città del Rinascimento italiano.
PRISCILLA: E tu, Valerio, cosa studi[5]? Qual è la tua specializzazione?
VALERIO: Studio letteratura italiana contemporanea, ma ho passione anche per l'arte.

[1] *Renaissance*
[2] *on the other hand*
[3] Parlate... *You already speak Italian well!* / [4] nel... *in the right place*
[5] cosa... *what are you studying*

Materie di studio di Valerio: ______________

Materie di studio di Priscilla: ______________

Materie di studio di Aliza: ______________

Perché Firenze è la città giusta per Priscilla e Aliza? ______________

Chi sono Aliza e Priscilla? ______________

B. Relazioni familiari. Provide the name of the family member defined.

1. È il fratello di mio padre: ______________________________
2. È la sorella di mia madre: ______________________________
3. È il figlio dei miei genitori: ______________________________
4. È il padre di mio padre: ______________________________
5. È la figlia dei miei nonni ed è anche uno dei miei genitori: ______________________________
6. Sono figli dei miei zii: ______________________________

❖ Now answer these questions about your family.

Hai un fratello? Com'è Hai una sorella? Com'è Quanti anni hanno? Hai molti parenti?

____

____

____

C. Associazioni. Match up the topics in the two columns.

	A		B
1.	_____ economia e commercio	a.	il comportamento (*behavior*) umano
2.	_____ lingue e letterature straniere	b.	il linguaggio dei computer
3.	_____ scienze politiche	c.	i mass media e la società
4.	_____ psicologia	d.	le novelle (*short stories*) cinesi
5.	_____ informatica	e.	il sistema monetario europeo
6.	_____ sociologia	f.	il parlamento inglese

D. Un piccolo cruciverba (*crossword puzzle*).

	1	2	3	4	5	6	7	8	9	10	11	12	13	14
1														
2	F	I	L	O	S	O	F	I	A					
3														
4														
5														
6														
7														
8														
9														
10														
11														
12														
13				L										
14				E										
15				T										
16				T										
17				E										
18				R										
19				E										

ORIZZONTALI

2, 1 — È la materia di Aristotele.
5, 1 — I dottori studiano questa materia.
5, 10 — Questi esami sono più frequenti in Italia.
9, 1 — Gli studenti che studiano questa materia amano costruire (*love to build*).
15, 6 — Giulio Cesare, Carlo Magno, Napoleone: in un corso di ______________ europea
17, 1 — In quale corso studiate la geometria e l'algebra?

VERTICALI

2, 2 — Può (*It can*) essere fisica, nucleare o meccanica.
4, 13 — Dante, Boccaccio, Shakespeare: in quale facoltà siete?
6, 7 — storia, latino, fisica, biologia: sono ______________
11, 2 — sinonimo di **legge;** gli avvocati studiano questa materia
13, 1 — All'università gli studenti scelgono (*choose*) una ______________.
13, 10 — Questi esami sono più frequenti negli Stati Uniti.

❖ **E. La mia** (*My*) **settimana all'università.** Complete the chart with your class schedule.

	lunedì	martedì	mercoledì	giovedì	venerdì	sabato
8.00						
9.00						
10.00						
11.00						
12.00						
1.00						
2.00						
3.00						
4.00						
—						

Now write a paragraph telling what your week is like. Use another sheet of paper.

Espressioni utili: la mattina (*in the morning*); il pomeriggio (*in the afternoon*); impegnato (*busy*); libero (*free*)

ESEMPIO: Il martedì e il giovedì ho un corso di economia la mattina e un corso di tennis il pomeriggio. Il lunedì e il mercoledì sono molto impegnata… Il venerdì sono libera tutto il giorno…

❖ **F. Domande personali.** Answer these questions about your academic interests, strengths, and weaknesses with the names of subjects.

1. Cosa studi questo semestre? ______________________________
2. Cosa devi (*do you have to*) studiare? ______________________________
3. In quale materia sei bravo/brava? ______________________________
4. In quale materia non sei bravo/brava? ______________________________
5. Qual è la tua (*your*) materia di studio preferita? ______________________________
6. E qual è una materia noiosa? ______________________________

Parte 2: Grammatica

A. Presente dei verbi in *-are*

A. Che gruppo in gamba (*sharp*)! Marco talks about his college friends. Complete the paragraph with the correct verb endings.

Isabella studi_____[1] economia e commercio, lavor_____[2] part-time in una banca e parl_____[3] molto bene tedesco. Monica e Sandro studi_____[4] lingue e letterature moderne, parl_____[5] bene francese e spagnolo. La sera mangi_____[6] sempre in fretta perché lavor_____[7] per un giornale (*newspaper*) e non ritorn_____[8] mai a casa per cena (*dinner*). Io abit_____[9] vicino all'università ma arriv_____[10] sempre in ritardo (*late*)! Frequent_____[11] la facoltà di ingegneria e impar_____[12] molto; i miei professori spieg_____[13] molto bene. Isabella, Monica, Sandro ed io siamo buoni amici; studi_____,[14] mangi_____[15] e lavor_____[16] spesso insieme (*together*). Ogni (*Every*) sabato (noi) suon_____[17] in un club del centro e guadagniamo (*earn*) un po' di soldi!

B. Un professore che è un disastro... Complete the dialogue between Benedetta, Antonietta, and Giuseppina with the correct form of verbs from the list. Some verbs may be used more than once.

arrivare cominciare dimenticare frequentare imparare parlare ricordare spiegare

BENEDETTA: Sono agitata, davvero! Il professore di biologia è un disastro: ______________________[1] malissimo e ______________________[2] le lezioni sempre in ritardo.

ANTONIETTA: Sì, non è una novità: ______________________[3] a lezione con circa (*about*) trenta minuti di ritardo ed è così noioso, ______________________[4] sempre nella stessa maniera. Non ______________________[5] mai che ha un orario d'ufficio (*office hours*) e ______________________[6] anche i compiti degli studenti in classe.

GIUSEPPINA: Vero (*True*), con lui (noi) ______________________[7] poco! Perché non ______________________[8] di questo problema con la segretaria del dipartimento?

C. Io e la mia famiglia. Complete the following description of a family with the correct form of verbs from the list. Some of the verbs may be used more than once.

abitare amare frequentare parlare portare telefonare ritornare

Io ______________________[1] la mia famiglia. Io e mia sorella ______________________[2] con mio padre e mia madre in una grande casa in centro città. Siamo una famiglia unita. Con noi ______________________[3] anche mia nonna. Quando mia sorella non è a casa perché ______________________[4] l'università in una città distante, i miei genitori ____________________[5] a lei molte volte al giorno per

____________________[6] con lei. Quando mia sorella ____________________[7] a

casa il week-end, ____________________[8] sempre un regalo (*gift*) per mia nonna.

D. Il mondo della scuola e il mondo del lavoro. Complete the sentences logically with the correct form of **-are** verbs. (Consult the lists in your textbook if you can't remember them all.)

1. Patrizia è infermiera: ____________________ in un ospedale.
2. Sono professore d'italiano in un'università americana: ____________________ lingua e letteratura italiana.
3. Voi siete studenti della facoltà di Medicina all'università: ____________________ anatomia.
4. Tu e Bruno siete musicisti: durante (*during*) un concerto ____________________ il flauto e il clarinetto.
5. Sei uno studente con la memoria corta: ____________________ sempre tutto!
6. Angela è studentessa: ____________________ il corso d'italiano elementare.
7. Michele è un bravo ballerino: ____________________ il flamenco e il tango molto bene.
8. Luciano Pavarotti è un cantante d'opera: ____________________ al Met di New York e al Teatro alla Scala di Milano.
9. Sono il presidente di una grande banca: ____________________ molti soldi.

B. *Dare, stare, andare e fare*

A. Lezioni private. Anna has found a way to earn some money while at college. Everybody in the house has to tutor! Complete the paragraph with the correct forms of **dare.**

Io ______________[1] lezioni di giapponese. Luca e Chiara ______________[2] lezioni di musica. Tu ______________[3] lezioni di chimica. Io e Luca ______________[4] anche lezioni di matematica. Tu e Chiara ______________[5] anche lezioni di filosofia. E Giusi? Lei ______________[6] lezioni di fisica.

B. A un congresso. Now Anna is telling her friend Cristina how everybody is going to an important conference. Complete the paragraph with the correct forms of **andare.**

(Noi) Non ______________[1] in aereo! Io ______________[2] in treno; Luca e Chiara ______________[3] in macchina; Giusi ______________[4] in moto. E tu, Cristina, come ______________[5]? Tu e Paolo ______________[6] in pullman (*inter-city bus*)?

Proverbi e modi di dire

Chi non fa, non falla.*
Those who do nothing make no mistakes.

Chi fa falla e chi non fa sfarfalla.
Those who act, make mistakes; and those who do nothing really blunder.

C. Cosa facciamo stasera? Complete the following dialogue with the correct forms of **stare** and **fare.**

DANIELA: Ciao, Cinzia, come ____________[1]?

CINZIA: ____________[2] benissimo, grazie! Cosa ____________[3] stasera?

DANIELA: Mah! Io e Giorgio non ____________[4] niente di speciale (*nothing special*), ____________[5] in casa con amici; (io) ____________[6] una bella spaghettata (*spaghetti dinner*). E voi, ____________[7] il solito (*usual*) giro in centro?

CINZIA: Probabilmente sì! A proposito (*By the way*), come ____________[8] i tuoi (*your*) amici di Bologna?

DANIELA: Loro ____________[9] bene; sono sempre molto energici, ____________[10] mille cose alla volta (*a thousand things at once*).

CINZIA: E la loro (*their*) bambina, Caterina, come ____________[11]?

DANIELA: Adesso ____________[12] meglio (*better*); va a scuola ed è contenta.

D. Una festa in onore di Valentina. Complete the sentences using the correct forms of the verbs **andare, dare, fare, stare.** (Note that some verbs may be used more than once.)

CRISTINA: Patrizia, tu e Fabrizio ____________[1] a casa di Stefano stasera per la festa che lui ____________[2] per Valentina?

PATRIZIA: Purtroppo no, ____________[3] un esame domani e così ____________[4] a casa e ____________[5] a letto presto.

CRISTINA: Che cosa ____________[6]?

PATRIZIA: Gli scritti di matematica. Ho paura di dimenticare tutto! Mi dispiace per (*I'm sorry about*) la festa: ho voglia di ____________[7] ma ho bisogno di ____________[8] a casa a studiare.

CRISTINA: E Fabrizio, cosa ____________[9]?

PATRIZIA: Non sono sicura, ma stasera forse lavora. Il martedì ____________[10] lezioni di karatè e ____________[11] un sacco di soldi!

---

*The verb **sbagliare,** not **fallare,** is currently used to mean *to make a mistake.*

E. Un congresso a Dallas... Cathy is writing her friend Dawn an email about attending a conference in Texas, where Dawn lives. Read the paragraph first then complete the sentences with the appropriate forms of the verbs **andare, fare, stare** and **dare.** Some sentences may require the infinitive.

Cara Dawn,

come ______________[1]? Io così così... Cosa ______________[2] questo week-end? Dove ______________[3]? Luca, Natasha, io e Gerry ______________[4] di sicuro al congresso d'italianistica sabato prossimo, a Dallas. Sono molto nervosa, la mia relazione (*report*) non è pronta, e domani ______________[5] anche un esame di letteratura: non ho molto tempo prima del congresso. Luca e Natasha ______________[6] in pullman e arrivano da te (*at your place*) venerdì. Gerry invece ______________[7] in treno, perciò arriva con un giorno di ritardo: ______________[8] un esame anche lui e comunque (*anyhow*) ______________[9] male se ______________[10] in pullman, allora viaggia in treno. Io invece arrivo ultima e ______________[11] in macchina. Ho bisogno di preparare la mia relazione molto bene: di solito il pubblico ______________[12] sempre attento e dopo la presentazione ______________[13] molte domande. Ma dimmi (*tell me*), che tempo ______________[14] lì in Texas? ______________[15] caldo? A Dallas ______________[16] anche come turista, se possibile. Ho una nuova macchina fotografica e ______________[17] molte foto. Quali sono le attrazioni principali? Fammi sapere (*Let me know*)!

A presto.

Cathy

❖ Now write three sentences that summarize what you just read:

1. Cathy ____
2. Gerry ____
3. Luca e Natasha ____

F. Breve conversazione. Complete the exchange by using the correct forms of the verbs **andare, dare, insegnare, lavorare, studiare, suonare.**

PAOLO: Dov'è mia sorella?

MONICA: Tua sorella ______________[1] in biblioteca con Marta. E voi, dove ______________[2]?

PAOLO: Patrizia ed io ______________[3] in libreria a comprare i libri per il corso di biologia. E tu, Monica, ______________[4] ancora (*still*) lezioni di fisica?

MONICA: Purtroppo no. ______________[5] fisica non è facile e poi non ho molta pazienza. Preferisco (*I prefer*) ______________[6] in biblioteca!... Ecco tua sorella! Ma chi è quel ragazzo?

PAOLO: È un suo caro amico; ______________[7] il violino insieme.

❖ **G. Che noia!** Imagine that you're attending a boring lecture. Using another sheet of paper, write a note to a friend in which you:

1. ask what he is going to do tonight. 2. ask if Gianni is giving a party. 3. ask if Marco and Adele are staying home. 4. suggest that you eat at a pizzeria and then go to the movies. 5. ask if he and Manuela are taking the sociology orals on Monday. 6. tell him that it's really hot in the class. 7. tell him that tomorrow you are going home by train. 8. ask him why he is not paying attention when the professor speaks!

❖ **H. Domande personali.** Answer the following personal questions.

1. Come vai a scuola? E al lavoro? Abiti lontano? Non ci sono mezzi pubblici (*public transportation*)? Il traffico è troppo intenso per la macchina?

____

____

2. Stai sempre attento/attenta in classe quando parla il professore o la professoressa? Fai una domanda quando hai difficoltà di comprensione? O stai zitto/zitta anche quando non capisci?

____

____

3. Quando dai l'esame finale d'italiano? Hai molti scritti questo semestre?

____

____

4. Cosa fai questo week-end?

____

____

5. Stai a casa il sabato sera? Telefoni agli amici?

____

____

6. Dai spesso feste o vai alle feste di amici?

____

____

Parte 3: Grammatica

C. Aggettivi possessivi

A. Di chi sono? Whose objects are these? Complete the sentences with the correct possessive adjective. Remember to include the definite article.

—La mia famiglia è molto originale…

1. Tu compri (*my*) _____ _____ macchina.
2. Noi facciamo (*our*) _____ _____ compiti.
3. Franco studia (*his*) _____ _____ lezioni.
4. Io vedo (*I see*) (*my*) _____ _____ compagni di classe.
5. Giulia invita (*her*) _____ _____ amici.
6. Dove abitano (*their*) _____ _____ fratelli?

B. Sì o no? Bettina wants to know what belongs to whom, so she asks you and the following people about everything she sees. Answer her questions affirmatively or negatively.

ESEMPIO: tu / carta →
—È la tua carta?
—Sì, è la mia carta.

1. io / scuola ________________________________
   No, ________________________________
2. tu / compiti ________________________________
   Sì, ________________________________
3. voi / matite ________________________________
   Sì, ________________________________
4. Luisa / bicicletta ________________________________
   No, ________________________________
5. Stefano / gatti ________________________________
   Sì, ________________________________
6. io e tu / quaderni ________________________________
   No, ________________________________

C. Che lista lunga… Sonia is telling her friend Marco about a box she has found in her garage filled with many items belonging to her friends and family. Read the passage, then answer questions using possessive adjectives.

Sonia:

Marco, la mia visita in garage è stata (*was*) una sorpresa… Ecco, finalmente, il libro di Paolo, lo zaino di Marisa, la penna dello zio Beppe, il block-notes (*notepad*) di Irene, la borsa di Giovanni, gli occhiali che tu e Marisa usate sempre; ci sono anche le chiavi (*keys*) della nostra macchina e c'è il cellulare di Francesco. Ma è incredibile!

Cosa c'è di Paolo in garage? *il suo libro*

1. E di Marisa? ______
2. E dello zio Beppe? ______
3. E di Irene? ______
4. E di Giovanni? ______
5. E di Marco e Marisa? ______
6. E di Sonia e Marco? ______
7. E di Francesco? ______

D. Possessivi con termini di parentela

A. Mini-dialoghi. Complete the following dialogues with the appropriate possessive adjective.

1. Beatriz e Jennifer parlano dei loro genitori.

   BEATRIZ: E *tua* mamma, è italiana?

   JENNIFER: Sì, ______[1] mamma è italiana, ma ______[2] papà è tedesco. E ______[3] genitori, sono italiani?

   BEATRIZ: No, ______[4] genitori sono messicani.

2. Danila e Valeria, Mario e Cesare parlano dei loro cugini.

   DANILA E VALERIA: Ciao, ragazzi! Come stanno ______[1] cugini? Sono proprio simpatici!

   MARIO E CESARE: ______[2] cugini stanno molto bene. E ______[3] cugine?

   DANILA E VALERIA: ______[4] cugine stanno benissimo, grazie!

3. Loriana e Lisetta parlano della famiglia di Anna.

   LORIANA: Com'è il marito di Anna?

   LISETTA: ______[1] marito? È simpaticissimo. Ha un grande senso dell'umorismo (*a great sense of humor*).

   LORIANA: E hanno bambini, vero? Come sono?

   LISETTA: ______[2] bambini sono veramente carini, molto intelligenti e vivaci.

B. Chi arriva oggi? There are many arrivals in your neighborhood. Tell who is coming, as in the example.

ESEMPIO: a friend (*f.*) of mine →
Oggi arriva una mia amica.

1. a nephew of mine

____

2. two cousins of ours

____

3. two aunts of yours (*sing.*)

____

4. two sisters of yours (*pl.*)

____

5. a niece of theirs

____

6. a brother of hers

____

E. *Questo e quello*

A. Quello, non questo! Laura wants to decide everything today: whatever you say, she will say the opposite. Write what Laura says, according to the example.

ESEMPIO: Entriamo in questo bar? → No, in quel bar!

1. Invitiamo questo ragazzo? _______________
2. Prendiamo (*Shall we take*) quest'automobile? _______________
3. Telefoniamo a queste amiche? _______________
4. Aspettiamo quest'autobus? _______________
5. Visitiamo questo zoo? _______________
6. Parliamo con questi studenti? _______________
7. Compriamo vestiti in questi negozi? _______________
8. Salutiamo questi amici? _______________

B. Questo o quello? Complete the sentences with the correct form of **questo** or **quello.**

1. (Quella/Quello/Questo) moto funziona ancora.
2. (Questi/Quelli/Queste) professori sono eccellenti.
3. (Quel/Quella/Quell') amico non telefona mai.
4. (Quelle/Quei/Quegli) notti sono lunghe.
5. (Questo/Questi/Questa) cinema non è grande.
6. (Quel/Quella/Quello) bar ha pochi clienti.

Parte 4

Un po' di scrittura

❖ **La vita a scuola.** Use the passage below as a model to describe what your life at school is like, what courses you take, and what your instructors are like. Notice that when we give information we tend to explain the reason why (**perché...**) we do something, or why we like or do not like something. Read the whole passage first, then add your personal information. Make sure you complete the sentences that require an explanation.

Io studio ____________ ma non studio ____________ perché....

Devo studiare ____________ perché...

Sono bravo/brava in ____________ ma non sono bravo/brava in ____________.

La mia materia preferita all'università è ____________, mentre (*whereas*) detesto ____________, perché è ____________. Il professore / La professoressa d'italiano è ____________ e ____________ e ____________.

L'italiano (non) è divertente perché ____________.

Now go back to exercise **H. Domande personali,** on page 39. Use the answers to those questions to compose a coherent and cohesive passage about your school life. Use connectors such as **e, poi, perché** to link sentences. You should also employ expressions of frequency, **ogni giorno, spesso, sempre, non... mai,** detailing how many times you do certain activities. Note that adverbs of frequency are either placed right after the verb or at the end of the sentence: **Studio sempre italiano.** Use a separate sheet of paper.

Attualità

L'Università per Stranieri di Perugia. You are interested in studying Italian in Italy or online and would like some information. Refer to the following web page for the **Università per Stranieri di Perugia** to answer the questions on the next page.

Università per Stranieri - *Perugia*

IN EVIDENZA

Presentazione delle Lauree Specialistiche
Mercoledì 21 maggio 2003

ILPC 2003

AVVISO
iscrizione agli esami
(Nuovo Orario)

UniverCity: *Perugia 3-6 aprile 2003*
Un evento dedicato a Città e Università.
PROGRAMMA dell'Università per Stranieri di Perugia
Per il programma completo dell'evento: www.univer-city.it

IMMATRICOLAZIONE
Cittadini Stranieri

Corsi di Laurea
- Insegnamento della Lingua e della Cultura Italiana a Stranieri
- Laurea in Lingua e Cultura Italiana (impartito per via telematica)

Corsi di Diploma Universitario
- Insegnamento Lingua Italiana a Stranieri

Corsi di perfezionamento e aggiornamento[1]
- Corsi di aggiornamento insegnanti d'italiano all'estero
- Corso di lingua italiana contemporanea
- Corso di storia dell'arte

Centri Speciali
- Centro Studi ricerca e formazione problematiche soggetti portatori handicaps
- Centro Elaborazione Dati Universitario Italia Centrale-CEDUIC

Servizi
- Borse di studio
- Relazioni Internazionali
- Alloggi[2] e mense
- Centro Universitario Sportivo Perugia

Certificazione Conoscenza Lingua Italiana

Concorsi
- Docenti e ricercatori
- Personale tecnico amministrativo
- Collaboratori linguistici

Bandi
- Socrates/Erasmus
- Programma Leonardo Da Vinci - Progetto Forunder
- Programma scambio con Università St. Intern.di Kanda (Giappone)
- Programma scambio con Università Sangyo di Kyoto (Giappone)
- Programma scambio Università Quintana Roo di Chetumal (Messico)
- Programma scambio Università di Momoyama Gakuin di Osaka (Giappone)

- ITALIANO_L2 mailing list per docenti di italiano L
- International E-mail Tandem Network
- Virtual Reference Desktop
- Perugia Bibl. umanistico rinascimentale perugina

[1]*refresher* [2]*lodging*

Write the name of the link or links you would click on to find information on the following topics.

1. corsi di italiano per studenti stranieri

   ____

2. corsi di italiano per insegnanti di italiano all'estero

   ____

3. dove abitare a Perugia e dove mangiare

   ____

4. dove fare uno sport

   ____

5. programma di scambio (*exchange*) con il Giappone

   ____

1. Quali sono le attrattive della Valle d'Aosta secondo la pubblicità?

   ____

2. Quando è possible sciare in Valle d'Aosta?

   ____

3. Se voglio avere informazioni, a chi posso mandare un'e-mail?

   ____

4. In quale città è l'ufficio del turismo della regione?

   ____

CAPITOLO 5

Prendiamo un caffè?

Parte 1: Vocabolario

A. Cosa ordinano? Choose the drink from the list most suitable for each person described below. (Use each drink only once.)

Le bevande: un aperitivo, un bicchiere di vino rosso, un cappuccino, una cioccolata calda con panna, una Coca-Cola, una spremuta d'arancia, un succo di carota, un tè caldo con miele, un tè freddo

ESEMPIO: Giampiero è un signore molto sofisticato; prima di cena prende sempre un aperitivo.

1. Daniela ha il raffreddore (*cold*) e ha bisogno di molta vitamina C. Prende ______________.
2. A cena, in un ristorante italiano, Pietro prende ______________.
3. I ragazzi mangiano il solito hamburger con le patatine fritte (*french fries*). Da bere prendono ______________.
4. Il signor Pieri ha mal di gola (*a sore throat*). Prende ______________.
5. Lidia e Paolo sciano da tre ore e hanno freddo! Prendono ______________.
6. Fa molto caldo; Davide prende ______________.
7. Francesca è vegetariana e mangia solo cibi (*foods*) naturali. Prende ______________.
8. Sono le otto di mattina; i ragazzi prendono ______________ con una pasta.

B. Uno spuntino al bar. Read the following dialogue between Andrea and Silvia. Then provide the information based on the dialogue.

ANDREA: Silvia, cosa prendi?
SILVIA: Una pasta va bene, grazie.
ANDREA: Non bevi niente? Un tè o un caffè…
SILVIA: Un cappuccino allora, e anche un bicchiere di acqua minerale. Di solito non prendo niente nel pomeriggio, ma se insisti…
ANDREA: Un cappuccino? Ma il cappuccino è per la mattina!
SILVIA: No, non è vero, latte e caffè vanno sempre bene…
ANDREA: (*alla cassiera*) Allora… un succo di arancia, un cappuccino, un'acqua minerale e due paste.

Al banco.

IL BARISTA: Desiderano?
ANDREA: Un succo di arancia, ben fresco, un cappuccino, un'acqua minerale e due paste. Ecco lo scontrino.
IL BARISTA: Come vuole l'acqua?
SILVIA: Naturale, grazie.

Lo spuntino di Silvia: ____________________

Lo spuntino di Andrea: ____________________

❖ **C. E tu, cosa prendi di solito?** Check the column and the item that corresponds to your breakfast of choice. Then write two sentences, one beginning with **Di rado** (*Rarely*)**…** , the other with **Certe volte** (*At times*)**…** .

	DI RADO	CERTE VOLTE
un caffè (un espresso)	☐	☐
una brioche, un cornetto	☐	☐
un cappuccino	☐	☐
il latte	☐	☐
un tramezzino	☐	☐
una pasta	☐	☐
una bibita in lattina	☐	☐
i cereali	☐	☐
un succo di frutta	☐	☐

1. ____________________
2. ____________________

❖ **D. Domande personali.** What do you drink at the following times or in the following situations?

1. alle otto di mattina

   ____

2. a cena

   ____

3. dopo attività sportive

   ____

4. quando studiate

____

5. con i salatini, quando guardate la TV

____

6. alle cinque del pomeriggio, con i biscotti

____

Parte 2: Grammatica

A. Preposizioni articolate

A. La routine giornaliera di Chiara Martini. Complete with the correct simple and articulated prepositions.

1. Tutte le mattine vado ________ bar ________ otto.
2. Faccio colazione in fretta, prendo un espresso e poi prendo l'autobus ________ otto e un quarto per andare ________ università.
3. Frequento i corsi e ________ una ________ pomeriggio mangio ________ mensa universitaria ________ gli amici.
4. Dopo aver mangiato, andiamo ________ bar a prendere un caffè e poi andiamo a studiare ________ biblioteca.
5. ________ quattro ho voglia di uno spuntino.
6. Vado ________ bar e prendo un tè caldo. ________ tè metto ________ miele. Mangio anche un tramezzino.
7. Torno ________ casa di solito dopo le cinque. Infatti, ________ cinque vado ________ fermata (*stop*) ________ autobus e prendo l'autobus ________ cinque e dieci.

B. Di chi sono queste cose? Indicate the owners of the following items, according to the example.

ESEMPIO: il sigaro / il dottore → Il sigaro è del dottore.

1. i biscotti / il bambino ____
2. la brioche / lo zio ____
3. i salatini / la nonna ____
4. il pane e la marmellata / lo studente ____
5. le paste / le signore ____
6. le bibite / gli studenti americani ____

C. Di che cosa hanno paura? Tell what the following people need, want, or fear. Use **avere bisogno di, avere voglia di,** or **avere paura di** in your answer.

ESEMPIO: io / gli esami → Ho paura degli esami.

1. i bambini / il buio (*dark*)

   ____

2. noi / la bomba atomica

   ____

3. tu / il caffè macchiato

   ____

4. le persone ricche / le tasse (*taxes*)

   ____

5. lo zio Antonio / gli ospedali

   ____

6. Roberto / l'esame di matematica

   ____

7. io / ?

   ____

D. Da chi ricevono le lettere? Tell from whom the following people receive letters.

ESEMPIO: Fabio / le amiche → Fabio riceve le lettere dalle amiche.

1. la mamma / lo zio

   ____

2. io e Grazia / la nonna

   ____

3. tu / la tua ragazza

   ____

4. i nonni / le zie

   ____

5. Francesca / gli amici

   ____

6. il signor Agnelli / l'avvocato (*lawyer*)

   ____

PROVERBI E MODI DI DIRE

Lontano dagli occhi, lontano dal cuore.
Out of sight, out of mind.

E. A che ora? Maria is a busy young woman. Based on the drawings, tell what she's doing and at what time.

ESEMPIO:  Maria fa colazione alle sette.

1. ____________________
2. ____________________
3. ____________________
4. ____________________
5. ____________________
6. ____________________
7. ____________________
8. ____________________

F. Nel frigo di Maria. Maria's refrigerator is filled with all kinds of drinks. Complete the description of it with the preposition **di** + *article*. Then tell what drinks you have in your refrigerator.

1. Nel frigo di Maria c'è ____________[1] acqua minerale, ci sono ____________[2] bibite, c'è ____________[3] spremuta d'arancia, ci sono ____________[4] birre, c'è ____________[5] tè freddo e ____________[6] latte fresco.

❖ 2. Nel mio frigo c'è ____

____

____

G. Dove? Complete the sentences with **preposizioni semplici** or **preposizioni articolate,** as necessary.

1. Dove mangiate? —Mangiamo ____________ cucina o ____________ sala da pranzo.
2. Da dove venite? —Veniamo ____________ biblioteca.
3. Dove andate? —Andiamo ____________ biblioteca.
4. Il libro ____________ professoressa è ____________ tavolo.
5. Francesca è molto diligente. Studia sempre ____________ 9.00 ____________ 12.00.
6. Valeria e Giacomo vanno ____________ ufficio molto presto, ma escono ____________ ufficio tardi.
7. Quando ho bisogno ____________ soldi, vado sempre ____________ banca.

B. Passato prossimo con *avere*

A. Che cosa fanno stasera e che cosa hanno fatto ieri sera? You and your friends don't like routines. What you do today is different from what you did yesterday. Complete the following sentences, using the **passato prossimo** of the italicized verb.

ESEMPIO: Stasera mangio al ristorante; ieri sera ___*ho mangiato*___ a casa.

1. Stasera *scrive* una poesia; ieri sera ____________________ un racconto.
2. Stasera *finiamo* tardi; ieri sera ____________________ presto.
3. Stasera *ho* amici a cena; ieri ____________________ amici a pranzo.
4. Oggi *metto* il miele nel tè; ieri ____________________ lo zucchero.
5. Oggi *cantiamo* in italiano; ieri ____________________ in francese.
6. Stasera *leggete* il giornale; ieri sera ____________________ un libro.
7. Oggi *prendono* l'autobus; ieri sera ____________________ il treno.
8. Stasera *bevi* birra; ieri sera ____________________ vino.
9. Oggi *pulisco* il garage; ieri ____________________ la casa.
10. Oggi *dipingo* un ritratto (*portrait*); ieri ____________________ un paesaggio (*landscape*).

B. Questa sera e ieri sera. Read the following paragraph, then rewrite it using the **passato prossimo.** Use another sheet of paper.

Questa sera io finisco il romanzo (*novel*) di Antonio Tabucchi e Marianna incomincia i racconti di Enrico Deaglio. Alle dieci io telefono a Federico e parliamo della riunione del Centro sociale; Marianna chiama (*calls*) Rossana e parlano della lezione di fotografia. Alle undici Marianna prepara la camomilla, alle undici e mezzo leggiamo una rivista. A mezzanotte guardo la televisione mentre Marianna prepara un panino. All'una ascoltiamo un po' di musica… Questa sera abbiamo un po' d'insonnia?

ESEMPIO: Ieri sera io ho finito il romanzo…

PROVERBI E MODI DI DIRE

Chi ha avuto ha avuto e chi ha dato ha dato.
What's done is done. (Lit., Those who've had have had and those who've given have given.)

Uomo avvisato, mezzo salvato.
Forewarned is forearmed. (Lit., An informed man is half saved.)

C. Cosa hai fatto ieri? Read the following dialogue between Tiziana and Sabrina.

TIZIANA: Cosa hai fatto ieri?
SABRINA: Più o meno le solite cose… Ho studiato per un esame di italiano, ho mangiato al ristorante cinese, poi a casa ho letto il giornale, ho guardato la televisione, ho ascoltato un po' di musica, ho scritto un saggio (*essay*) al computer, ho fatto la doccia (*a shower*), ho giocato al computer e ho scritto due lettere…

Now answer a few personal questions about your own routine yesterday.

❖ 1. Hai studiato?

____

2. Hai letto un libro?

____

3. Hai scritto al computer?

____

4. Hai mangiato al ristorante?

____

5. Hai fatto la doccia la mattina o la sera?

____

6. Hai bevuto un cappuccino a colazione?

____

7. Hai pulito la casa?

____

8. Hai fatto aerobica o degli esercizi fisici?

____

Parte 3: Grammatica

C. Passato prossimo con *essere*

A. Questa mattina e ieri mattina. Read the following paragraph, then rewrite it using the **passato prossimo.** Use a separate sheet of paper.

Questa mattina alle nove arriva Margherita e insieme andiamo a fare colazione al bar. Alle dieci lei va alla Stazione Centrale e alle dieci e mezzo parte per Torino. Io vado all'università perché a mezzogiorno una professoressa americana viene a fare una conferenza sul femminismo. Anche Mauro e Federico vengono alla conferenza ma non Gianni: è impegnato fino alle tre del pomeriggio.

ESEMPIO: Ieri mattina alle nove è arrivata Margherita...

—La televisione è arrivata anche da noi,[a] purtroppo...

[a]da... *in our area*

B. La serata di Cinzia e dei suoi amici. Read the dialogue and answer the questions that follow.

MARILENA: Cinzia, sei poi uscita di casa ieri sera? Sei andata al cinema con Romano e Lorella?

CINZIA: No, sono stata a casa a studiare tutta la sera. Sono andati al cinema Paolo e Leonardo. Sono usciti alle nove. Invece Rita è venuta qui a casa, è arrivata alle nove e mezzo e siamo state a casa a studiare. I ragazzi sono ritornati dopo mezzanotte. Paolo è andato subito a letto e Leonardo è stato nello studio a giocare al computer per un po'.

1. Dove è stata Cinzia ieri sera? ______________________
2. Dove sono andati i ragazzi? ______________________
3. A che ora sono usciti? ______________________
4. Che cosa ha fatto Rita ieri sera? ______________________
5. Che cosa hanno fatto i ragazzi quando sono ritornati? ______________________

____

C. La tua giornata ieri. Tell at what time you did these things yesterday.

ESEMPIO: uscire di casa → Ieri sono uscito/uscita di casa alle nove di mattina.

1. arrivare all'università

____

2. entrare in classe

____

3. andare in biblioteca

____

4. uscire con gli amici

______

5. ritornare a casa

______

D. Cosa ha fatto Chiara ieri? We already know Chiara's daily routine. She probably did the same things yesterday. Write down what she did beginning with **Ieri…** .

1. Vado al bar alle otto. ______

______

2. Faccio colazione in fretta e poi prendo l'autobus per l'università. ______

______

3. Frequento i corsi e all'una mangio alla mensa. ______

______

4. Dopo aver mangiato, io e i miei compagni di classe andiamo al bar a prendere un caffè e poi io e la mia amica Cinzia andiamo a studiare in biblioteca. ______

______

5. Alle quattro faccio uno spuntino. ______

______

6. Ritorno al bar, bevo un caffè e mangio una pasta. ______

______

7. Alle cinque riprendo l'autobus e ritorno a casa. ______

______

E. ***Essere* o *avere*?** Complete the dialogue with the **passato prossimo** of the verbs.

MARIANNA: Federico, ______[1] (tu / chiedere) il conto al cameriere?

FEDERICO: Sì, ma lui ______[2] (andare) all'altro tavolo!

MARIANNA: ______[3] (tu / dire) che abbiamo fretta?

FEDERICO: Sì, ma lui ______[4] (rispondere) che tutti hanno fretta!

MARIANNA: Ma quel signore ______[5] (venire) dopo di noi!

FEDERICO: Sì, ma lui ______[6] (salutare) tutti. Deve essere un cliente abituale (*regular*)!

MARIANNA: Ecco, è la solita storia! Ma se io ______[7] (arrivare) prima e ______[8] (chiedere) il conto prima, voglio andare via prima!

FEDERICO: E allora andiamo!

CAMERIERE: Signori… un momento! ______[9] (io / preparare) il conto!

D. *Conoscere e sapere*

A. Sai fare questo esercizio? Complete the following sentences, using the appropriate form of **conoscere** or **sapere.**

1. Io non ____________ questa signora.
2. Tu ____________ giocare a tennis?
3. Voi ____________ perché cantano?
4. Enrico ____________ molti studenti stranieri.
5. Noi non ____________ cucinare.
6. Loro ____________ un buon ristorante.

B. Conosci l'Italia? Indicate whether you know the following people, places, or facts, and whether you have the following abilities.

ESEMPIO: San Francisco → Sì, conosco San Francisco. (*o* No, non conosco San Francisco.)
giocare a bridge → Sì, so giocare a bridge. (*o* No, non so giocare a bridge.)

1. un buon ristorante italiano ____________
2. parlare francese ____________
3. dove abita l'insegnante ____________
4. Giuseppe Tornatore ____________
5. chi è Isabella Rossellini ____________
6. fare il pesto ____________
7. delle ricette italiane ____________
8. ballare il tango ____________

Proverbi e modi di dire

Chi sa fa e chi non sa insegna.
Those who know, do, and those who don't know, teach.

❖ **C. Non so...** Tell three things you don't know how to do.

ESEMPIO: Non so parlare russo.

1. ____________
2. ____________
3. ____________

D. Non La conosco! There are many people you don't know. Complete the sentences, following the model of the cartoon caption.

—Lei chi è? Non La conosco!

1. Lui, chi è? ______________________
2. Tu, chi sei? ______________________
3. Voi, chi siete? ______________________
4. Marta, chi è? ______________________
5. Queste ragazze, chi sono? ______________________
6. Questi ragazzi, chi sono? ______________________
7. Lei, signora, chi è? ______________________
8. Lei, signore, chi è? ______________________

Parte 4

Un po' di scrittura

❖ **La giornata di Roberta Tabanelli.** When narrating in the past, it is not only important to use the appropriate tense but to tie the elements of the narration together logically. You can just list the facts:

Roberta è ritornata a casa stanca.
Ha guardato la televisione.
Ha avuto fame.
Ha preparato un panino.
Ha fatto la doccia.
Ha preso una bibita dal frigorifero.
È andata in cucina.

Or you can link your sentences coherently and consistently in a narration by using some of the connectors you are acquainted with already.

Ieri sera Roberta è ritornata a casa stanca *e* ha fatto la doccia **subito. Quindi** (*then*) ha guardato la televisione **e poi** ha preso una bibita dal frigorifero. **Ma subito dopo** ha avuto fame **e allora** è andata in cucina **e** ha preparato un panino. **Più tardi…**

Complete the passage about Roberta's day, imagining what else she did yesterday after she got home from school. You can write down all the actions she did first and then link them in a paragraph, as in the model provided above. Use a separate sheet of paper.

Attualità

Un caffè, per favore! You are in an Italian supermarket to buy some coffee. Refer to the following package labels to answer the questions below.

[1]*blend* [2]*flavor* [3]*round* [4]*full-bodied*

1. Per quale prodotto è questa pubblicità?

   ____

2. Quali tipi di caffè sono pubblicizzati? Qual è la differenza tra i due tipi?

   ____

   ____

3. Se siamo stanchi e abbiamo bisogno di un caffè forte, quale caffè è più adatto (*suitable*)?

   ____

4. Se vogliamo offrire un caffè con un dolce, quale caffè è probabilmente più adatto?

   ____

CAPITOLO 7

Fare bella figura

Parte 1: Vocabolario

A. Le attività di ogni giorno. Guarda i disegni e descrivi la mattina tipica di Francesca.

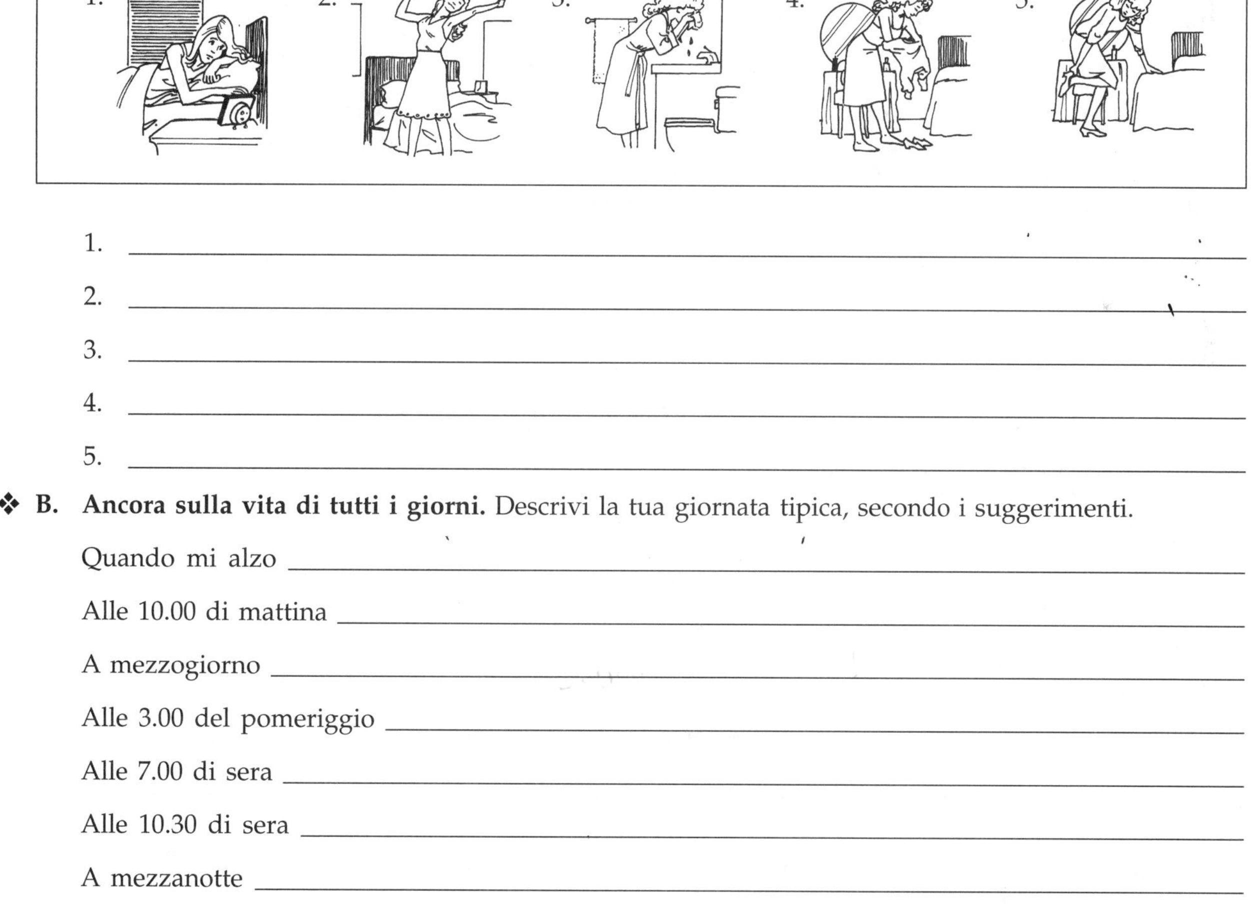

1. ______________________________
2. ______________________________
3. ______________________________
4. ______________________________
5. ______________________________

❖ **B. Ancora sulla vita di tutti i giorni.** Descrivi la tua giornata tipica, secondo i suggerimenti.

Quando mi alzo ______________________________

Alle 10.00 di mattina ______________________________

A mezzogiorno ______________________________

Alle 3.00 del pomeriggio ______________________________

Alle 7.00 di sera ______________________________

Alle 10.30 di sera ______________________________

A mezzanotte ______________________________

C. Laurearsi o diplomarsi? Completa le frasi con i verbi seguenti: **chiamarsi, diplomarsi, fermarsi, laurearsi, sentirsi, specializzarsi** (*to major*), **sposarsi.**

ESEMPIO: Ugo e Vittoria si ___sposano___ se trovano una casa.

1. Io mi __________ Valentina. Tu come ti __________?
2. Andate dal dottore quando non vi __________ bene?
3. Maria frequenta l'università. Vuole prima __________ in medicina e poi __________ in cardiologia.
4. Gli studenti italiani si __________ alla fine del liceo. Poi vanno all'università.
5. Paola ha bisogno di soldi; deve __________ in banca.

Parte 2: Grammatica

A. Verbi riflessivi

A. Riflessivo o no? Completa le seguenti frasi. Scegli una delle espressioni date tra parentesi.

1. Prima di uscire io (sveglio / mi sveglio) i bambini e preparo la colazione.
2. Noi (laviamo / ci laviamo) le mani prima di mangiare.
3. Lei (si chiama / chiama) il marito e gli dice di comprare il pane.
4. Loro (organizzano / si organizzano) bene prima di partire.

B. Nel passato. Completa le seguenti frasi con il passato prossimo del verbo tra parentesi.

1. Noi __________ (svegliarsi) alle 6.00, poi __________ (alzarsi) e __________ (fare colazione).
2. Luciano __________ (fermarsi) a mangiare un panino al bar della stazione.
3. Dopo la telefonata (*phone call*) di Marina, __________ (vestirsi / voi) in fretta e __________ (uscire).
4. Perché __________ (annoiarsi / tu) ieri sera? Tutti gli altri __________ (divertirsi) molto.
5. __________ (Laurearsi / noi) in quattro anni.
6. __________ (Sposarsi / io) dopo la laurea.

PROVERBI E MODI DI DIRE

Chi s'aiuta, Dio l'aiuta.
God helps those who help themselves.

Fidarsi è bene, non fidarsi è meglio.
To trust is good, not to trust is better.

—Vedo che oggi si sente meglio,[a] Rossi!

[a] *better*

C. È sempre la stessa vita! Oggi Massimo ha fatto le stesse cose che fa tutti i giorni. Riscrivi ciascuna (*each*) frase al passato prossimo.

ESEMPIO: Massimo si alza alle otto. → Si è alzato alle otto.

1. Va in bagno per una doccia. ______________
2. Si asciuga (*He dries himself*). ______________
3. Si lava i denti. ______________
4. Si fa la barba. ______________
5. Si guarda allo specchio e si pettina (*brushes his hair*). ______________
6. Si mette le lenti a contatto. ______________
7. Si veste. ______________
8. Esce di casa alle otto per prendere l'autobus. ______________

❖ **D. La mia vita.** Ora racconta la tua giornata tipica. Usa il passato prossimo.

ESEMPIO: Ieri mi sono svegliata alle otto...

____

____

____

____

____

____

____

B. Costruzione reciproca

A. Aiutarsi. Completa le frasi con la costruzione reciproca.

ESEMPIO: Ilaria e le amiche ___*si vedono*___ spesso.

1. Quando gli italiani ______________ (incontrarsi), ______________ (abbracciarsi) e ______________ (baciarsi).
2. Per Natale, io e i miei amici ______________ (farsi) dei regali.

3. Che cosa ______________________ (dirsi / voi) quando ______________________ (salutarsi)?
4. Marina e Daniele ______________________ (scriversi) e ______________________ (telefonarsi) spesso.
5. Noi ______________________ (conoscersi) da molto tempo e ______________________ (capirsi) molto bene.
6. Voi ______________________ (aiutarsi) quando siete in difficoltà?

> ### PROVERBI E MODI DI DIRE
> Gli estremi si toccano.
> *Extremes meet.*

B. Una storia d'amore. Racconta a Valeria la storia d'amore di due tuoi amici, secondo i suggerimenti.

ESEMPIO: conoscersi / l'anno scorso → Si sono conosciuti l'anno scorso.

1. incontrarsi / in un bar ______________________
2. vedersi / all'università ______________________
3. rivedersi (*to see each other again*) / due giorni dopo ______________________
4. telefonarsi / ogni giorno ______________________
5. baciarsi / dopo un mese ______________________
6. sposarsi / dopo un anno ______________________

—Allora ci vediamo fra cinque minuti, il tempo per mettere in ordine[a] la mia camera!

[a]*order*

Parte 3: Grammatica

C. Presente + *da* + espressioni di tempo

A. Da quanto tempo? Usa le informazioni date per fare delle domande e poi rispondere. Comincia con **da quanto tempo.**

ESEMPIO: Eric / suonare la chitarra / due anni →
Da quanto tempo suona la chitarra Eric? Da due anni.

1. Nicoletta / uscire con Mauro / quattro anni

   ____

2. voi / scrivere racconti / molti anni

   ____

3. Mario e Renata / vivere in Svizzera / cinque anni

   ____

4. tu / aspettare / mezz'ora

   ____

5. io / non pulire il frigo / un mese

   ____

6. Leo / prendere lezioni di musica / molto tempo

   ____

❖ **B. Domande per te.** Di' da quanto tempo fai le seguenti cose.

ESEMPIO: Da quanto tempo scrivi queste frasi? → Scrivo queste frasi da (cinque minuti).

1. Da quanto tempo sei qui?

   ____

2. Da quanto tempo corri (giochi a tennis, nuoti)?

   ____

3. Da quanto tempo leggi riviste e giornali?

   ____

4. Da quanto tempo frequenti lo stesso bar?

   ____

5. Da quanto tempo non esci di casa?

   ____

6. Da quanto tempo studi chimica (informatica, storia)?

   ____

D. Numeri superiori a 100

A. Prezzi italiani. Carlo e Cristina si trasferiscono (*are moving*) in un appartamento nuovo e devono comprare molte cose. Guarda l'elenco (*list*) delle spese e scrivi in lettere (*write out*) il prezzo di ogni articolo.

1. uno stereo: 1.030 euro ______________________________
2. un frigo: 360 euro ______________________________
3. un televisore: 410 euro ______________________________
4. una lavatrice (*washer*): 330 euro ______________________________
5. un divano (*couch*): 2.200 euro ______________________________
6. un aspirapolvere (*vacuum cleaner*): 280 euro ______________________________
7. un letto: 465 euro ______________________________
8. un servizio di piatti (*set of dishes*): 130 euro ______________________________

B. Prezzi americani. Ora di' quanto costano approssimativamente i seguenti articoli. Scrivi i prezzi, in lettere, in italiano.

1. un lettore (*player*) di Cd ______________________________
2. un computer ______________________________
3. una giacca di pelle (*leather jacket*) ______________________________
4. un monolocale (*studio apartment*) ______________________________
5. una motocicletta ______________________________

C. Operazioni di matematica. Scrivi in lettere le seguenti operazioni di matematica e le loro risposte.

Espressioni utili: più (+), meno (−), diviso (÷), per (×), fa/uguale (=)

1. 150 × 10 =

   ____

   ____

2. 2.650.000 − 2.560.000 =

   ____

   ____

3. 3.120 + 7.050 =

   ____

   ____

4. 600.000 × 5 =

   ____

   ____

Nome ______________________________ Data ______________ Classe ______________________

Parte 4

Un po' di scrittura

❖ **Giornate in famiglia.** Com'è la giornata dei membri della tua famiglia? Quando si divertono, si annoiano, si arrabbiano, si lamentano? Scegli un membro della tua famiglia e scrivi un breve tema. Segui l'esempio.

ESEMPIO: Mio fratello si alza sempre tardi. Si lava, si veste, non si fa la barba perché non ha tempo prima di andare al lavoro e corre via. Di solito dimentica qualcosa: le chiavi, gli occhiali o i documenti…

Attualità

Lavarsi i capelli non è facile! Sei commesso / commessa in un supermercato e vendi prodotti per capelli. Sul mercato ci sono molti tipi di prodotti. I tuoi amici ti chiedono un consiglio per i loro capelli. Che cosa raccomandi? Rispondi alle domande.

1. Ho bisogno di uno shampo adatto a diversi tipi di capelli, perché, come sai, mio marito, io e i miei figli ci laviamo spesso la testa. Quale tipo mi consigli e perché?

____

2. Ho sempre difficoltà a pettinarmi; inoltre i miei capelli hanno perso un po' il colore. Quale prodotto raccomandi?

____

3. Io invece voglio avere un colore più forte per i miei capelli e comunque ridare colore. Che cosa consigli?

____

4. Ho capelli duri e difficili da pettinare. Il colore va bene, ho solo bisogno di un prodotto per rendere (*to make*) i miei capelli più docili e morbidi (*soft*). Quale può andare bene?

____

CAPITOLO 8

C'era una volta...

Parte 1: Vocabolario

A. Piccole conversazioni. Completa con la forma adatta delle seguenti parole: **l'attore; la colonna sonora; il cronista; il giornalista; l'intervista; pubblicare; la redattrice; la redazione; la recensione; la stampa.**

1. S1: Hai letto la ____________________[1] dell'ultimo film di Moretti?

   S2: Sì, diceva che gli ____________________[2] erano bravissimi e che la ____________________[3] era eccezionale: anch'io ho pensato che la musica era perfetta.

2. S1: Stefano è un ____________________[1] della *Repubblica,* ma è stanco di occuparsi di cronaca nera. Preferisce fare ____________________[2] a personaggi famosi.

   S2: Voglio fargli conoscere la mia ____________________.[3] Al mio giornale cercano un ____________________[4] per la sezione spettacoli.

3. S1: Non mi piace la ____________________[1] americana. Non ____________________[2] abbastanza notizie di politica estera.

   S2: Non tutti i giornali americani sono uguali. Ci sono anche quelli che hanno una buona ____________________[3] per l'estero.

B. Che significa? Spiega il significato dei seguenti verbi con un sinonimo o con una piccola frase in italiano.

ESEMPIO: mandare in onda → trasmettere

1. doppiare: ______________________________
2. girare: ______________________________
3. produrre: ______________________________
4. recensire: ______________________________
5. trasmettere: ______________________________

C. Televisione o cinema. Leggi il dialogo e poi rispondi alle domande.

ROSSANA: Hai letto la recensione del film di Benigni? Vuoi andare a vederlo?
FABRIZIO: C'è una partita di calcio alla RAI, gioca l'Italia!
ROSSANA: Sempre televisione, televisione, televisione…
FABRIZIO: Io la televisione la vedo per gli sport e per il telegiornale. I giornali li leggo raramente, preferisco le riviste o i settimanali. La recensione dove l'hai letta?
ROSSANA: L'ho letta su *La Repubblica* di oggi. Perché non andiamo al cinema stasera?
FABRIZIO: Gioca l'Italia, come ti ho detto…
ROSSANA: Ma che insistenza! Vuoi vedere la partita, eh? Sai che hanno inventato il videoregistratore? Perché non registri° la partita e vieni al cinema?
FABRIZIO: Sei tu insistente! La partita è affascinante perché è una trasmissione in diretta, non voglio vederla con il videoregistratore.
ROSSANA: Va bene, allora vado al cinema da sola.

°*to record*

1. Cosa vuole vedere alla RAI Fabrizio? ______________________________

____

2. Cosa vede Fabrizio di solito? ______________________________

____

3. Cosa legge Fabrizio? ______________________________

____

4. Secondo Rossana, che cosa può fare Fabrizio? ______________________________

____

5. Come risponde Fabrizio? ______________________________

____

D. Fuori posto (*Out of place*)**.** Trova la parola che sembra fuori posto e spiega perché.

ESEMPIO: lo schermo, stampare, il quotidiano →
Lo schermo è la parola fuori posto, perché non riguarda (*concern*) i giornali.

1. il produttore, le notizie, l'attrice

____

2. doppiare, girare, pubblicare

____

3. il settimanale, il mensile, la produttrice

____

4. la trasmissione, lo schermo, il quotidiano

____

Parte 2: Grammatica

A. Imperfetto

A. Ora e prima. Riscrivi le seguenti frasi. Di' che prima avevi...

ESEMPIO: Ora non ho fame. → Prima avevo fame.

1. Ora non ho sete. ______
2. Ora non abbiamo paura. ______
3. Ora non hanno fretta. ______
4. Ora non hai freddo. ______
5. Ora non avete caldo. ______
6. Ora non ha sonno. ______

B. Un cantante del passato. Chi era Elvis? Completa il brano con i verbi all'imperfetto.

abitare amare avere cantare essere prendere scrivere suonare

Elvis Presley ______[1] un cantante americano molto famoso. Lui ______[2] le sue canzoni, ______[3] la chitarra e ______[4] per i giovani negli anni '50, '60 e '70. Durante l'ultima parte della sua vita ______[5] a Las Vegas e ______[6] molte droghe. Elvis ______[7] molti problemi, ma i suoi ammiratori (*admirers*) lo ______.[8]

C. Una passeggiata. Le seguenti sono le tue frasi dette ieri durante una passeggiata. Racconta le tue impressioni sulla passeggiata di ieri. Usa l'imperfetto.

ESEMPIO: Non fa freddo → Non faceva freddo.

1. Non piove, fa bello!

   ______

2. Sono le quattro del pomeriggio.

   ______

3. C'è molta gente per le vie.

   ______

4. I bambini ritornano a casa da scuola.

____

5. Le persone guardano le vetrine (*shop windows*).

____

6. Molti turisti entrano ed escono da chiese e musei.

____

D. Da bambino / bambina (*When you were a child*)**...** A Marina piace sapere come erano gli altri da giovani. Completa le sue domande e rispondi con frasi complete. Usa l'imperfetto.

1. Come ______________________ (essere) da piccolo / piccola?

   ____

2. ________________ (Giocare) tutto il giorno quando ________________ (essere) piccolo / piccola?

   ____

3. Dove ___________________ (abitare) quando ___________________ (avere) otto anni?

   ____

4. Ti ______________________ (piacere) andare a scuola?

   ____

5. Che cosa ______________________ (preferire) mangiare?

   ____

6. Che cosa ______________________ (bere) a colazione?

   ____

7. ______________________ (Dire) molte bugie?

   ____

8. Chi ti ______________________ (raccontare) le favole (*fables*) la sera?

   ____

9. ______________________ (Sapere) scrivere a cinque anni?

   ____

10. ______________________ (Potere) uscire quando ______________________ (volere)?

    ____

11. A che ora ______________________ (dovere) andare a letto?

    ____

12. Quando ______________________ (fare) i compiti?

    ____

B. Imperfetto e passato prossimo

A. Quella volta, invece... Completa le seguenti frasi con le forme appropriate dell'imperfetto o del passato prossimo. Aggiungi nuove informazioni.

ESEMPIO: Di solito compravo carne; ieri, invece, ho comprato pesce.

1. Di solito prendevo l'aereo; quel giorno, invece, ____
   ____
2. Di solito ____________________________; quella domenica, invece, ci siamo alzati a mezzogiorno.
3. Di solito non parlavamo mai; quella volta, invece, ______________________________
   ____
4. Di solito ____________________________; ieri, invece, sei andato a teatro.
   ____
5. Di solito le regalavate un libro; quell'anno, invece, ______________________________
   ____
6. Di solito Paolo ______________________; ieri, invece, mi ha detto «Ciao!»
7. Di solito facevo la doccia la sera; lunedì, invece, ______________________________
   ____
8. Di solito ____________________________; ieri, invece, non ha piovuto.

B. Pigrone (*Lazybones*)**!** Guido è un pigrone e si diverte sempre mentre tu ed i vostri compagni di casa studiate o lavorate. Spiega come il suo comportamento ieri vi ha dato fastidio.

1. Ieri mi sono arrabbiata perché mentre io ____________________ (studiare), lui ____________________ (ascoltare) Cd.
2. Ieri Luigi si è arrabbiato perché mentre ____________________ (pulire) il bagno, Guido non ____________________ (fare) nulla (*anything*).
3. Ieri Francesca si è arrabbiata, perché mentre ____________________ (fare) una traduzione, Guido ____________________ (cantare) l'opera.
4. Ieri voi vi siete arrabbiati perché mentre ____________________ (guardare) la TV, Guido ____________________ (parlare) a voce alta (*loud*).
5. Ieri ti sei arrabbiato perché mentre tu ____________________ (preparare) i panini, Guido li ____________________ (mangiare).

Parte 3: Grammatica

C. Trapassato

A. L'avventura di tre studenti. Racconta l'avventura di tre studenti al passato, usando il **passato prossimo,** il **trapassato** o l'**imperfetto,** a seconda del contesto. Indica anche la tua scelta, segnando rispettivamente **PP, TP, I.** Fai molta attenzione al rapporto temporale tra le azioni espresse.

Sabato scorso tre studenti ____________________[1] (decidere, PP, TP, I) di andare in città. I tre studenti ____________________[2] (essere, PP, TP, I) due ragazze e un ragazzo. Loro ____________________[3] (uscire, PP, TP, I) dal dormitorio alle 10 di mattina. Quando ____________________[4] (arrivare, PP, TP, I) in stazione, però, il treno ____________________[5] (partire PP, TP, I). ____________________[6] (dovere, PP, TP, I) aspettare un'ora, ma mentre ____________________[7] (aspettare, PP, TP, I) ____________________[8] (fare, PP, TP, I) progetti per la loro giornata in città. Finalmente, ____________________[9] (partire, PP, TP, I), ma anche se ____________________[10] (aspettare, PP, TP, I) un'ora in stazione ____________________[11] (dimenticare, PP, TP, I) di fare il biglietto! Uno studente ____________________[12] (rendersi conto, PP, TP, I) di non avere il portafoglio e gli altri due non ____________________[13] (avere, PP, TP, I) abbastanza soldi in contanti per tre biglietti. Infatti, quando ____________________[14] (uscire, PP, TP, I) dal dormitorio, ____________________[15] (pensare, PP, TP, I) di usare le carte di credito in città e non ____________________[16] (prendere, PP, TP, I) soldi in più con il bancomat (*ATM*). Che viaggio scomodo (*inconvenient*) per uno studente! Infatti, gli studenti ____________________[17] (dovere, PP, TP, I) nascondersi (*hide themselves*) per non farsi trovare dal controllore, e allora ____________________[18] (fare, PP, TP, I) tutta l'ora di viaggio chiusi in bagno!

B. La storia di Luisa. Completa la storia di Luisa usando il **passato prossimo,** il **trapassato** o l'**imperfetto,** a seconda del contesto. Fai attenzione al rapporto temporale tra le azioni espresse.

Ieri ____________________[1] (essere) una giornata di molte sorprese. Io ____________________[2] (uscire) già per andare al lavoro verso le sette perché ____________________[3] (avere) un appuntamento prestissimo con il mio capo, quando Mario, che lavora con me, e che poco tempo fa ____________________[4] (essere) il mio fidanzato, mi ____________________[5] (chiamare) sul cellulare per chiedermi di andare a cena con lui, lui che non mi ____________________[6] (chiamare) più in tutto questo tempo. Mario mi ____________________[7] (volere) convincere a rimettermi insieme con lui. Che tipo strano! Ma lui ____________________[8] (dovere) essere molto determinato, perché lui ____________________[9] (chiamare) alle sette di mattina! A dire il vero, a me Mario piace ancora, e allora io lo ____________________[10] (richiamare) per dire sì, ma gli _______________ [11] (dire) che noi ne _______________ [12] (dovere) discutere seriamente. Ma io _______________ [13] (capire) che Mario _______________ [14] (essere) serio quando io _______________ _______________ [15] (arrivare) al lavoro e io _______________ [16] (trovare) una dozzina di rose rosse, freschissime, sulla mia scrivania. Chissà a che ora Mario _______________ [17] (andare) a mettercele!

C. **Sapevi che… ?** Marta non parla con gli amici da tanto tempo. La sua amica le racconta le ultime novità (*latest news*). Comincia ogni frase con **Sapevi che… .**

ESEMPIO: Rosanna si è laureata → Sapevi che Rosanna si era laureata?

1. Stefano ha comprato una Mercedes.

   ____

2. Ha avuto un incidente (*accident*).

   ____

3. È andato all'ospedale.

   ____

4. È uscito dall'ospedale dopo una settimana.

   ____

5. Marina ha trovato un buon lavoro.

   ____

6. Si è sposata con Roberto.

   ____

7. Hanno comprato una casa a Roma.

   ____

❖ D. **Domande per te.** Rispondi alle seguenti domande con frasi complete.

1. Avevi già imparato a scrivere prima di andare a scuola?

   ____

2. Avevi già studiato italiano prima di incominciare l'università?

   ____

3. Ti eri già laureato/laureata a sedici anni?

   ____

4. Si era già sposata a ventidue anni tua madre?

   ____

D. Avverbi

A. Facilmente! Cambia i seguenti aggettivi in avverbi.

ESEMPIO: splendido → splendidamente

1. chiaro (*clear*) ______________________
2. particolare ______________________
3. affettuoso (*affectionate*) ______________________
4. fortunato ______________________
5. intelligente ______________________
6. probabile ______________________
7. intero (*entire*) ______________________
8. gentile ______________________
9. speciale ______________________
10. vero ______________________

❖ **B. Personalmente.** Completa le seguenti frasi secondo le tue preferenze. Scegli uno degli avverbi tra parentesi.

1. Preferisco i film che finiscono (tragicamente / felicemente / comicamente).
2. Non mi piacciono le persone che arrivano (presto / tardi / inaspettatamente [*unexpectedly*]).
3. Sono d'accordo con i miei genitori (completamente / parzialmente / raramente).
4. Di solito io faccio le cose (impulsivamente / meditatamente / consapevolmente [*consciously*]).
5. Mi piacciono le persone che mi rispondono (gentilmente / pacatamente [*calmly*] / aggressivamente).
6. Spero di vivere il resto dei miei giorni (comodamente [*comfortably*] / tranquillamente / pericolosamente).

Parte 4

Un po' di scrittura

❖ **Narrare una storia al passato** (*Narrating a story in the past*)**:** Quando narri una storia al passato, devi avere in mente chiaramente le seguenze degli eventi, così puoi fare la concordanza dei tempi.

Leggi l'esempio sotto e nota bene il tempo dato:

ieri< - - - - - - - x - - - - - - - - - - - - - - - x - - - - - - - - - - - x - - - - - - - - - - x - - - - - - - - - - - x - - - - >

8:00 di mattina	2:00 del pomeriggio		10:00 di sera	12:00 di notte
alzarsi	pranzare	studiare	andare fuori	tornare a casa

Ieri sera sono andato in discoteca con gli amici, anche se era mercoledì e oggi dovevo andare a scuola. Sono tornato a casa a mezzanotte. Ero stanco, perché mi ero alzato alle 8 di mattina, e avevo anche fame, perché avevo mangiato solo un panino alle due, mentre dalle due fino alle dieci avevo studiato.

Come vedi, l'uso del **trapassato** segnala chiaramente l'ordine degli eventi nel passato. Gli eventi più recenti nel passato sono causati da altri eventi nel passato: «Avevo fame a mezzanotte» dipende dal fatto che «Avevo mangiato solo un panino alle due del pomeriggio».

Usa il diagramma dato sopra per descrivere la tua giornata di ieri. Indica quello che è successo e quando e quello che era già successo prima. Non dimenticare di dare particolari sull'ora, sui posti, sulle persone e sulle azioni che hai fatto e le ragioni per cui le hai fatte. Usa un altro foglio.

Attualità

I film italiani e la pubblicità. Apri il giornale alla pagina degli spettacoli perché vuoi andare al cinema a vedere un film e vedi questa pubblicità. Leggi la pubblicità, poi rispondi alle domande.

IO NON HO PAURA

Due bambini scoprono il mondo violento degli adulti, trovandosi sui due lati contrapposti della tana della vittima di un rapimento. Un bellissimo ritratto psicologico dei protagonisti e del Terzo mondo del nostro Sud. Purtroppo Salvatores eccede in retorica nelle scelte figurative e nella musica.

❑ **All'America, Cineplex e Uci Fiumara**

1. Com'è intitolato (*entitled*) il film?

____

2. Chi è il regista?

____

3. Quali sono i giornali che hanno recensito il film?

____

4. Questo film è un film originale?

5. È possibile trovare informazioni in rete su questo film?

6. Chi sono i protagonisti di questo film?

7. Secondo la recensione, quali sono i limiti del film?

8. In quanti cinema è possibile vedere il film?

9. Che cosa vuol dire che al cinema «si viaggia su comode poltrone»?

CAPITOLO 9

Come ti senti?

Parte 1: Vocabolario

A. Come ti senti? Come vedi, i personaggi nei disegni non si sentono bene. Che cos'hanno?

ESEMPIO:  Il signore ha mal di cuore.

1. 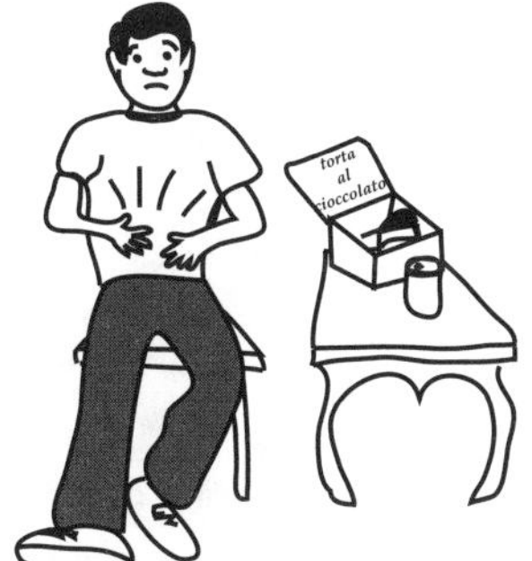

Il ragazzo ha mal il stomaco

2.  L'uomo ha mal l'orrcheo

3.  La donna ha mal teste

4.  Il giovane ha mal la gola

5.  La signora ha mal la sciena

B. Le parti del corpo. Di quali parti del corpo parliamo? Indovina!

ESEMPIO: Li usiamo per camminare. → i piedi

1. La usiamo per parlare. la boca
2. Li usiamo per respirare. il petto
3. Fa male quando abbiamo il raffreddore o l'influenza. ______
4. Fanno male se mangiamo molti dolci. ______
5. Le usiamo per scrivere. ______
6. Lo mandiamo alle persone che amiano per San Valentino. ______
7. Le usiamo per nuotare. ______
8. Con essi (*them*) vediamo il mondo. ______

❖ **C. Domande per te.** Rispondi alle seguenti domande.

1. Ti sei mai rotto/rotta una gamba? Se sì, come e quando?

   ______

2. Quando sei stato malato/stata malata l'ultima volta? Sei andato/andata dal dottore per guarire?

   ______

3. Hai mai il mal di testa o il mal di denti? Quando?

   ______

4. Sei mai andato/andata all'ospedale? Perché?

   ______

Parte 2: Grammatica

A. Pronomi tonici

A. Con noi o con lei? I tuoi amici non ricordano con chi si allenano (*are training*) oggi. Devi informarli. Sostituisci le parole tra parentesi con i pronomi tonici adeguati.

ESEMPIO: Puoi allenarti con noi? (con Laura) → No, devo allenarmi con lei.

1. Puoi fare aerobica con noi? (con Marco)

   Si, devo con ~~Marco~~ lui

2. Posso giocare il doppio con te? (con Paola e Leo)

   No, devo te con lui

3. Può pattinare con loro? (con me e Luca)

   No, devo con lei.

4. Possiamo correre con lui? (con Silvia)

   Si, devo correre lei.

5. Possono nuotare con Mirella? (con te e Alberto)

   No, devo con nuotare loro.

B. Per me o per te? Abbina (*Match*) le risposte della colonna B con le domande della colonna A.

A

1. ______ Il caffè è per te?
2. ______ Parlate di me?
3. ______ Com'è Sandro?
4. ______ Perché hanno invitato solo noi?
5. ______ Dove andiamo stasera? Da voi?
6. ______ Questa lettera è per la signora Lina?
7. ______ È più importante la salute o il lavoro?
8. ______ Chiara e Gianna lavorano da sole?

B

a. Sì, da noi.
b. Sì, preferiscono fare da sé.
c. Sì, è per lei.
d. Secondo me, la salute.
e. È pieno (*full*) di sé.
f. Sì, parliamo proprio di te.
g. Non so, di solito invitano anche loro.
h. No, non è per me.

C. Da voi o da loro? Completa le seguenti frasi con i pronomi tonici appropriati. Aggiungi le preposizioni dove è necessario.

ESEMPIO: I signori Brunetti abitano al quinto piano (*fifth floor*), io abito al sesto (*on the sixth*); loro abitano sotto *di me*.

1. Buon compleanno, Alessia! Questi sci nuovi sono per ______________!
2. Non ho proprio voglia di uscire con Bianca e Michele: parlano sempre di ______________!
3. Se Massimo deve allenarsi domani, vieni senza ______________.
4. Non posso assolutamente perdere; tutta la squadra conta su ______________.
5. Eccovi finalmente! Cercavo proprio ______________!
6. Partiamo tutti da casa nostra: venite da ______________ alle otto.
7. Non ho visto Paola e Daniela perché sono partite prima ______________.

B. Comparativi

A. Comparativi. Guarda i disegni e rispondi alle domande con frasi complete.

ESEMPIO: GUSTAVO FRANCO Chi è più alto, Franco o Gustavo? → Gustavo è più alto di Franco.

Nome ______________________ Data ____________ Classe ______________

1. 

Chi è più veloce, Nella o Mara?

Nella è più veloce di Mara.

2. 

Per il signor Rossi, è più facile nuotare o sciare?

Signor Rossi è più nuotare di sciare.

3. 

Chi è più forte, Gregorio o Michele?

Gregorio è come forte cose Michele.

4. 

Per Gianna, cosa è più faticoso: il ciclismo o il jogging?

Gianna è meno jogging che ciclisimo

5. 

Chi fa più aerobica, Stefania o Roberto?

Stefania è piu aerobica di Roberto.

B. Sei più bravo di me? Leggi le descrizioni delle seguenti persone e cose e scrivi delle frasi con il comparativo.

ESEMPIO: Marisa ha 28 anni. Grazia ha 34 anni. → Marisa è più giovane di Grazia.

1. Maria è alta m. 1,65. Giuliana è alta m. 1,70.

   Maria è più alta di Giuliana
2. Francesco pesa (*weighs*) 100 kg. Marco pesa 89 kg.

   Marco è meno pesa che Francesco.
3. Per Cristina è facile pattinare. Per Cristina è difficile nuotare.

   Cristina è più pattinare che nuotare.
4. Simone si allena molto. Anche Chiara si allena molto.

   Simone è cose allena come chiara.
5. Il baseball è poco faticoso. Il calcio è molto faticoso.

   baseball è cose poco come il calcio
6. L'alimentazione è importante. Anche lo sport è importante.

   L'alimentazione è cose importante è come lo sport.

C. Ancora comparativi. Completa le frasi con **di** o **che.**

ESEMPIO: Ho partecipato a più ___di___ dieci maratone.

1. Giovanni è meno energico ___di___ Ugo.
2. Claudia mangia più carne ___che___ Marcella.
3. I nostri giocatori bevono più acqua ___di___ aranciata.
4. I tuoi amici giocano più a calcio ___di___ a baseball.
5. Fa più freddo a Milano ___che___ a Roma.
6. Per Luisa è più divertente nuotare ___di___ correre.
7. Tuo fratello è meno noioso ___di___ te.
8. Mia sorella ha più amici ___che___ amiche.
9. Mia madre ha ricevuto più lettere da me ___che___ dai miei fratelli.
10. Chi lavora più ___di___ me?

D. Lisa, Antonella, Gianni e Marina, chi ha più, chi ha meno… Paragona adesso queste quattro persone a seconda dell'altezza, del peso, degli hobby (qui il nuoto), del lavoro, dello stipendio e delle spese che hanno fatto ieri. Scrivi sei frasi e cerca di essere piuttosto preciso. (Usa **più, meno, tanto… quanto.**)

ESEMPIO: Marina è più grande di Lisa, Antonella e Gianni, Gianni è più grande di Lisa e Antonella, Lisa è più grande di Antonella ma meno grande di Gianni.

	LISA segretaria	ANTONELLA studentessa	GIANNI guardia notturna (*night watchman*)	MARINA insegnante
ETÀ	23	21	28	38
ALTEZZA (*height*)	1,73 m	1,65 m	1,73 m	1,58 m
PESO (*weight*)	64 kg	52 kg	90 kg	48 kg
NUOTO	2 volte alla settimana	il giovedì	—	il mercoledì e il venerdì
LAVORO	tutti i pomeriggi	—	il martedì sera e il sabato	dal lunedì al venerdì dalle 8 alle 15
STIPENDIO MENSILE	1.000 euro	—	900 euro	1.200 euro
IERI HANNO COMPRATO	3 Cd 2 libri	1 Cd	—	5 libri 2 Cd

1. _______________

2. _______________

3. _______________

4. _______________

5. _______________

6. _______________

Parte 3: Grammatica

C. Superlativi relativi

A. Un tipo entusiasta. Cambia le seguenti frasi in modo da mostrare entusiasmo per la tua città. Usa il superlativo relativo. Usa espressioni come **della città, della regione** e **del paese.**

ESEMPIO: È una bella chiesa. → È la chiesa più bella del mondo (*world*).

1. È un grande stadio. È la grande del stadio
2. È un albergo moderno. È lo albergo del moderno.
3. È un museo famoso. È un museo della regione famosa
4. È un buon ristorante. È un buon dei ristorante
5. È un bel teatro. È un bel della citta teatro
6. È un viale (*avenue*) lungo. È un della citta lungo.

❖ **B. Il più o il meno di tutti?** Cosa pensi dei seguenti sport e atleti? Completa le frasi secondo le tue preferenze.

ESEMPIO: Di tutti gli sport, il golf →

Di tutti gli sport, il golf *è il più (il meno) interessante!*

1. Di tutti gli sport, il canottaggio (*rowing*) ______!
2. Di tutti i ciclisti, Lance Armstrong ______!
3. Di tutti i tennisti, André Agassi ______!
4. Di tutte le pattinatrici (*skaters*), Michelle Kwan ______!
5. Di tutte le partite, quelle di football ______!

❖ **C. Domande per te.** Rispondi alle seguenti domande. Esprimi la tua opinione personale. Scrivi frasi complete!

1. Secondo te, qual è l'attore più bravo di tutti? E l'attrice più brava di tutte?
2. Qual è stato il film meno interessante dell'anno? Perché?
3. Qual è lo sport più popolare nel tuo paese? E lo sport meno popolare?

4. Qual è il posto (*place*) più interessante di questa città? Perché?

____

____

5. E il ristorante meno costoso della città? Cosa mangi quando vai lì (*there*)? Quanto spendi?

____

____

—Vorrei un cameriere più magro: il medico mi ha proibito i grassi...

D. Comparativi e superlativi irregolari

A. Meglio o migliore? Completa le seguenti frasi. Usa **meglio, migliore** o **migliori.**

ESEMPIO: Nessuno cucina meglio di me.

1. Abbiamo mangiato nei ____________ ristoranti.
2. Quando studi ____________ tu? Di notte o di giorno?
3. C'è un tenore che canta ____________ di Luciano Pavarotti? —Sì, Plácido Domingo!
4. Abbiamo usato la stessa macchina fotografica, ma le sue foto sono ____________ delle mie.
5. Hanno risposto ____________ di noi.
6. L'esame di Nicoletta è stato il ____________ di tutti.
7. Ieri notte ho dormito ____________ perché non c'era più vento.

Proverbi e modi di dire

Meglio un asino vivo che un dottore morto.
Better a live ass than a dead scholar.

Meglio un uovo oggi che una gallina domani.
A bird in the hand is worth two in the bush. (Lit., Better an egg today than a hen tomorrow.)

❖ **B. I buoni propositi** (*intentions*)**.** Di' due cose che devi fare di più e due cose che devi fare di meno.

ESEMPIO: Devo camminare di più.
Devo fumare di meno.

1. ______________________________
2. ______________________________
3. ______________________________
4. ______________________________

❖ **C. Una volta era meglio...** Erano fatte meglio le cose nel passato? Segui il modello della vignetta e scrivi quattro frasi che descrivono le cose o le situazioni che erano migliori. Comincia con **Una volta...**

—Una volta gli animali sopportavano[a] meglio il freddo.

[a] *used to tolerate*

1. ______________________________
2. ______________________________
3. ______________________________
4. ______________________________

D. Bene o male? Completa le frasi con la forma corretta di: **migliore, peggiore, meglio** o **peggio.**

1. Secondo me, Justin Timberlake canta ____________ (*better*) di Madonna.
2. No, secondo me, Madonna è ____________ (*better*) di Justin Timberlake!
3. Pensate che i vini della California siano ____________ (*better*) di quelli italiani?
4. In Italia non cambia nulla: il nuovo governo è ____________ (*worse*) di quello di prima.
5. Mi piace cucinare: cucino ____________ (*better*) di mia madre.
6. Qual è ____________ (*the best*) squadra di football in America?
7. Qual è ____________ (*the worst*) squadra di calcio in Italia?
8. Il formaggio del Wisconsin è ____________ (*the best*) del mondo!
9. Federico Fellini e Michelangelo Antonioni sono ____________ (*the best*) registi italiani.
10. Oggi sto ____________ (*worse*) di ieri.

Nome __________ *Data* __________ *Classe* __________

Parte 4

Un po' di scrittura

❖ **Differenze e somiglianze fra la medicina tradizionale e la medicina naturale.** Scrivi un tema (150 parole almeno) basato sul confronto fra la medicina tradizionale e la medicina naturale. Se vuoi, puoi scrivere prima uno schema con le differenze o le somiglianze nel costo, nel numero dei medici e delle erboristerie, nella cura della persona intera. Sei mai andato/andata a un medico omeopatico? Perché sì o perché no?

Attualità

Prendersi cura della pelle. In una farmacia trovi questo depliant (*brochure*) sulla cura della pelle che attira (*draws*) la tua attenzione. Leggi il depliant e poi rispondi alle domande.

PROGETTO CUTE SANA 2003

COME PRENDERE APPUNTAMENTO CON IL DERMATOLOGO?

A partire dal 1° Febbraio 2003 sarà attivo il Sito Internet ***www.progettocutesana.it*** a cui collegarsi inserendo i propri dati e il codice di controllo qui di seguito indicato. Si otterrà così la possibilità di registrarsi per una valutazione dello stato cutaneo (durante il mese di marzo 2003) presso uno dei Dermatologi, più vicino a casa Sua, aderenti al "progetto cute sana 2003". In alternativa si può chiamare il numero verde 800 175 300 (02.49988223 dai cellulari). Possono usufruire dell'iniziativa le persone che hanno compiuto i 18 anni di età e che non presentano patologie cutanee sul viso.

QUALE SARÀ IL CONTENUTO DELL'INCONTRO CON IL DERMATOLOGO?

Il Dermatologo eseguirà dei test per valutare lo stato di salute della pelle del Suo viso.

COME PREPARARSI ALL'INCONTRO CON IL DERMATOLOGO?

Occorre presentarsi con questa scheda compilata in tutte le sue parti. In caso di necessità chieda consiglio al Suo Farmacista che La saprà aiutare per riempirla correttamente.

1. Presentarsi con la pelle pulita, struccata e senza aver applicato creme.
2. Non aver fatto peeling e lampade UV negli ultimi 30 giorni.
3. Non aver effettuato alcuna pulizia profonda del viso negli ultimi 15 giorni.
4. Non essere in terapia anti-acne, cortisonica o antibiotica.
5. Non avere una cute affetta da patologie.

1. Di quale parte specifica del corpo si occupa il «Progetto Cute Sana»?

____

2. Cosa è possibile fare con il Progetto Cute Sana?

____

3. Come è possibile trovare un dermatologo vicino a casa?

____

4. Quali sono i due modi per ottenere una visita dermatologica?

____

5. Che cosa è necessario portare al dermatologo?

____

Adesso rispondi al questionario e poi confronta le tue risposte con quelle degli altri studenti.

NB. per la risposta barrare sempre la casella più appropriata

ABITUDINI DI VITA

	SPESSO	A VOLTE	MAI
Lavoro all'aria aperta	☐	☐	☐
Trascorro il tempo libero all'aria aperta	☐	☐	☐
Bevo alcoolici	☐	☐	☐
Pratico sport	☐	☐	☐
Assumo farmaci	☐	☐	☐
Seguo una dieta dimagrante	☐	☐	☐
Mi sottopongo a trattamenti estetici	☐	☐	☐
Faccio uso di lampade solari	☐	☐	☐

FUMO

Non fumatore	☐
Ex fumatore da meno di due anni	☐
Ex fumatore da più di due anni	☐
Fumatore	☐
Numero di sigarette al giorno	☐

REAZIONE DELLA PELLE AL SOLE

Si scotta sempre/non si abbronza mai	☐
Si scotta sempre/si abbronza poco	☐
Si scotta occasionalmente/si abbronza sempre	☐
Non si scotta mai/ si abbronza sempre	☐
Pelle scura (creola, asiatica, ecc.)	☐
Pelle molto scura (africana)	☐

LA MIA PELLE SI ARROSSA IN SEGUITO A:

	SPESSO	A VOLTE	MAI
Vento/freddo	☐	☐	☐
Variazioni della temperatura ambientale	☐	☐	☐
Uso di detergenti aggressivi	☐	☐	☐
Uso di sola acqua	☐	☐	☐
Applicazione di prodotti cosmetici	☐	☐	☐
Piccoli traumi/sfregamenti	☐	☐	☐
Emozioni	☐	☐	☐

ABITUDINI COSMETICHE (Utilizzo i seguenti prodotti)

	SPESSO	A VOLTE	MAI
Latte detergente per il viso	☐	☐	☐
Saponi "delicati"	☐	☐	☐
Crema idratante per il viso	☐	☐	☐
Crema nutriente per il viso	☐	☐	☐
Prodotti solari	☐	☐	☐
Prodotti antietà	☐	☐	☐
Trucco	☐	☐	☐

INOLTRE:

	SI	NO
Godo di buona salute		
Assumo abitualmente farmaci		
Ho subito interventi chirurgici nell'ultimo anno		
Mi sono sottoposto/a a trattamenti estetici (peeling,impianti intradermici...) nell'ultimo mese		
Soffro di allergie		

CAPITOLO 10

Buon viaggio!

Parte 1: Vocabolario

A. Vacanze, che mal di testa! Leggi il dialogo e rispondi alle domande.

MARIO: Allora, cosa hai intenzione di fare per le vacanze?
DANIELE: Mah, a dire il vero, cerchiamo qualcosa da affittare in Sicilia, sul mare, ma per quest'agosto sembra difficile.
MARIO: Ma hai ancora tre mesi, sono sicuro che un appartamento o una casa li trovi... Che hai fatto l'anno scorso?
DANIELE: Abbiamo passato le ferie a Cefalù, ma in albergo, e tra camera matrimoniale, camera singola e pensione completa abbiamo speso tantissimo! Era meglio davvero affittare una casa e avere più spazio.
MARIO: E come vai in Sicilia?
DANIELE: Come l'anno scorso: voliamo da Milano a Palermo e poi noleggiamo una macchina per le tappe interne. Stiamo soprattutto sulla costa e ci divertiamo al mare.

1. Dove ha intenzione di andare Daniele quest'estate?

   ____

2. Che mese è adesso?

   ____

3. Dove ha passato le vacanze l'anno scorso?

   ____

4. Cosa fa Daniele quando è in Sicilia?

   ____

B. Io vado all'estero! Dove vanno queste persone? Usa espressioni con il verbo **andare.**

ESEMPIO:  I signori Moretti *vanno in vacanza*.

1. Paola e Andrea ______________________________
____

2. La famiglia Sbraccia ______________________________
____

3. I ragazzi ______________________________
____

4. Io e Gabriele ______________________________
____

C. Viva le vacanze! Completa le frasi con le forme adatte delle seguenti espressioni: **affittare, una cartolina, con aria condizionata, con televisore, di lusso, economico, fare una crociera, l'itinerario, lasciare un deposito, Natale, noleggiare, la tappa.**

ESEMPIO: A Franco e Daniele piace molto il mare; quest'anno hanno deciso di *fare una crociera*.

1. Donata è un tipo molto indipendente; non le piacciono gli ______________________________ fissi.
2. Se vai in Umbria devi ______________________________ una macchina.
3. La signora Peccianti è giornalista. Prenota sempre camere ______________________________ perché non può perdere il telegiornale.
4. Andiamo in moto da Los Angeles a New York. Dobbiamo dividere il viaggio in varie ______________________________.
5. Piera e Daniele sono studenti. Cercano un alloggio (*lodging*) ______________________________.
6. Ho due mesi di vacanza; penso di ______________________________ una casa al mare.
7. Il signor Caretti non sopporta (*tolerate*) il caldo. Vuole sempre camere ______________________________.
8. Adele, sapevi che la signora Luciani era in vacanza? Ho appena ricevuto ______________________________.

9. Il dottor Bruscagli e il dottor Tellini sono professori universitari. Possono permettersi (*afford*) un albergo ______.
10. La signora Dei mi ha detto che ha già ______ per la casa che affitta per le vacanze di ______.

Proverbi e modi di dire

Chi tardi arriva, male alloggia.
Those who arrive late get the worst accomodations (lit., lodge poorly).

Smuovere mare e monti.
To move heaven and earth (lit., the sea and the mountains).

❖ **D. Domande personali.** Rispondi alle seguenti domande.

1. Cosa hai intenzione di fare per le vacanze (quest'inverno / quest'estate)?
______
______
2. Stai di solito negli Stati Uniti quando vai in vacanza o vai all'estero? Dove?
______
3. Vai da solo / da sola o con la famiglia? O con amici?
______
4. Che tipo di albergo preferisci?
______
5. Cosa fai per divertirti quando sei in vacanza?
______
______

Parte 2: Grammatica

A. Futuro semplice

A. Partire è un po' morire. Quali sono i programmi di Jeff per le vacanze? Leggi il monologo e poi rispondi alle domande.

Alla fine di giugno partirò per l'Italia con i miei genitori e mia sorella. Saliremo in (*we will get on an*) aereo a New York, faremo tappa a Londra e poi voleremo fino a Roma. Staremo una settimana insieme a Roma, poi i miei genitori ritorneranno a Londra e mia sorella continuerà il suo viaggio da sola: noleggerà una macchina e andrà in Sicilia. Nella prima tappa, visiterà Pompei ed Ercolano e starà qualche giorno a Capri. Io, invece, da Roma andrò a Siena, dove studierò italiano e farò corsi di letteratura inglese, per cinque settimane. Quando ritornerò a casa alla fine di agosto probabilmente parlerò un italiano migliore. Mi dispiacerà lasciare l'Italia, che amo molto. Capisco bene il proverbio che dice: «partire è un po' morire»; anche per me sarà così...

1. Quali sono le tappe della vacanza di Jeff?

____

2. Quali sono le tappe della vacanza di sua sorella?

____

3. Che cosa farà Jeff a Siena?

____

4. Come si sentirà Jeff quando ritornerà a casa alla fine di agosto?

____

B. Domani! Di' cosa tu ed i tuoi amici non avete ancora fatto, ma avete intenzione di fare.

ESEMPIO: Non ti hanno scritto, ma ______ *ti scriveranno* ______.

1. Non si sono sposati, ma ______________________
2. Non è venuto a casa mia, ma ______________________
3. Non l'avete detto, ma ______________________
4. Non hai comprato la moto, ma ______________________
5. Non hanno visto il film, ma ______________________
6. Non siete andate a Parigi, ma ______________________
7. Non ho capito la lezione, ma ______________________

C. L'anno che verrà... Scrivi tutti i buoni propositi (*resolutions*) per l'anno nuovo.

ESEMPIO: io / imparare una lingua straniera → Quest'anno imparerò una lingua straniera.

1. io / scrivere agli amici italiani ogni mese

____

2. tu / finire di scrivere il romanzo

____

3. Paolo e Gabriele / giocare a tennis ogni settimana

____

4. io e mia sorella / non guardare la TV ogni sera

____

5. voi / laurearsi

____

6. Priscilla / non mangiare tanti dolci

____

❖ **D. È già fortuna se...** Segui il modello della vignetta per completare le frasi che seguono. A quali altre situazioni ti fa pensare la vignetta?

—Non possiamo andare in vacanza: è già una fortuna se potremo restare in città!

1. Non posso ______________: è già una fortuna se ______________
____
2. Gli studenti non possono ______________: è già una fortuna se ______________
____
3. L'insegnante non può ______________: è già una fortuna se ______________
____
4. Gli amici ed io non possiamo ______________: è già una fortuna se ______________
____

❖ **E. Non più!** Elenca (*List*) le cose che fai ora da studente ma che non farai più dopo la laurea. Segui l'esempio.

ESEMPIO: Ora passo i week-end in biblioteca. →
Dopo la laurea, non passerò più i week-end in biblioteca.

ORA	DOPO LA LAUREA
1. Ora mangio alla mensa dell'università.	______________
2. Ora mi alzo presto per studiare.	______________
3. ______________	______________
4. ______________	______________
5. ______________	______________

B. Usi speciali del futuro

A. Forse. Hai appena conosciuto una giovane donna a Roma, sull'autobus per il Vaticano. Il suo accento e la guida che tiene in mano ti dicono che è straniera. Ti chiedi da dove verrà e cosa farà qui. Completa le frasi che esprimono i tuoi pensieri con il futuro di probabilità.

________________[1] (Essere) francese. No, forse ________________[2] (venire) dalla Spagna, perché parla un po' come Carmencita. ________________[3] (Avere) più o meno venticinque anni, ________________[4] (viaggiare) per motivi di lavoro o forse ________________[5] (seguire) un corso di lingua italiana. Sicuramente ________________[6] (volere) vedere le città italiane più famose. Oggi, probabilmente ________________[7] (andare) in Piazza San Pietro o ________________[8] (visitare) i Musei Vaticani. Stasera, ________________[9] (salire) a Trinità dei Monti e ________________[10] (guardare) tutta Roma dal Pincio.

B. Se, quando, appena. Carlo cerca di rassicurare (*reassure*) i suoi genitori sul fatto che si comporterà bene mentre loro saranno via per due settimane. Scrivi quello che dice Carlo. Segui l'esempio.

ESEMPIO: telefonare alla polizia / se / sentire un rumore →
Telefonerò alla polizia se sentirò un rumore.

1. chiamare la zia Pina / se / avere bisogno di soldi

   ____

2. andare dal dottore / se / stare male

   ____

3. fare il letto / appena / alzarmi la mattina

   ____

4. non prendere la macchina di papà / quando / uscire la sera

   ____

5. non organizzare feste / quando / voi non esserci

   ____

6. bere il latte / quando / fare colazione

   ____

7. dare da mangiare (*feed*) ai gatti / quando / ritornare a casa

   ____

8. lavare i piatti / appena / finire di mangiare

   ____

❖ **C. Un grosso colpo.** Segui il modello della vignetta per completare le frasi che seguono. Cosa sarà un colpo (*shock*) per le seguenti persone?

—Sarà un grosso colpo per mia moglie quando le dirò che non potete rimanere a pranzo…

Sarà un grosso colpo per…

1. l'insegnante

   ____

2. il mio compagno / la mia compagna di stanza

   ____

3. i miei genitori

   ____

4. gli studenti

   ____

Parte 3: Grammatica

C. *Si* impersonale

A. Come si preparano? Completa le battute (*exchanges*) con la forma corretta dei verbi tra parentesi. Usa il **si** impersonale.

1. S1: Come ______________ (preparare) gli spaghetti alla carbonara?

   S2: ______________ (fare) soffriggere (*to brown*) la pancetta e ______________ (aggiungere) a questa delle uova sbattute e del formaggio. ______________ (mettere) questa salsa (*sauce*) sugli spaghetti cotti al dente (*not overcooked*).

2. S1: Cosa ______________ (fare) in montagna?

   S2: ______________ (dormire) fino a tardi e ______________ (divertirsi) a giocare a carte o a fare passeggiate.

3. S1: Ci sono tanti film da vedere! Come ______________________ (fare) a decidere?

   S2: Bo', ______________________ (potere) semplicemente andare al cinema più vicino.

4. S1: A che ora ______________________ (partire) domani mattina?

   S2: ______________________ (partire) molto presto e non ______________________ (fermarsi) da nessuna parte (*anywhere*), così ______________________ (arrivare) al mare in serata (*by evening*).

B. Una visita a Milano. Barbara ti racconta del suo viaggio a Milano con suo fratello. Cambia le sue frasi al passato, secondo l'esempio.

ESEMPIO: Si vedono delle mostre interessanti. → Si sono viste delle mostre interessanti.

1. Si arriva all'aeroporto Malpensa.

   ____

2. Si trova un albergo nel centro storico.

   ____

3. Si mangia fuori ogni sera.

   ____

4. Ci si ferma sui navigli (*canals*).

   ____

5. Si fanno tante foto.

   ____

6. Si visita il museo di Brera.

   ____

7. Si va a vedere la casa di Manzoni.

   ____

8. Ci si diverte un mondo (*tons*)!

   ____

❖ **C. Tutto da scoprire.** Osvaldo è arrivato da poco in paese. Rispondi liberamente alle sue domande.

ESEMPIO: Dove si danno i film migliori in questa città? →
I film migliori si danno al cinema Astoria.

1. Dove si fanno le pizze migliori?

   ____

2. Dove si va per noleggiare una macchina?

   ____

3. Dove si vendono le riviste e i giornali stranieri?

______

4. Dove si mangia il miglior gelato?

______

5. Dove si comprano vestiti a buon mercato (*at a good price*)?

______

6. Dove si trovano i musei più interessanti?

______

7. Dove si ascolta la musica rock più originale?

______

8. Dove ci si diverte di più in questa città?

______

❖ **D. Se non si hanno i soldi...** Completa le seguenti frasi. Usa la costruzione impersonale e il tempo appropriato del verbo.

ESEMPIO: Se non si hanno i soldi... → ci si può divertire in modo semplice!

1. Ci si diverte di più quando ______
2. Quando non si sa cosa fare ______
3. Quando si è camminato molto ______
4. Ci si lamentava ogni volta che ______

—Quando non si hanno i soldi per comprare la benzina, la macchina è meglio venderla!

Proverbi e modi di dire

Morto un papa, se ne fa un altro.
Life goes on. (Lit., When one pope dies, they find another.)

D. Formazione dei nomi femminili

Chi sono? Guarda i disegni e scrivi chi sono.

ESEMPIO: 

un operaio comunista e un'operaia comunista

1. ______________________________
2. ______________________________
3. ______________________________
4. ______________________________
5. ______________________________
6. ______________________________

Nome ______________________ Data ______________ Classe ______________________

Parte 4

Un po' di scrittura

❖ **Una vacanza ideale.** Immagina di avere molto tempo, molti soldi e di poter andare in vacanza con un famoso attore o una famosa attrice (o cantante... pensa ai tuoi idoli!). Scrivi a un tuo amico / una tua amica e descrivi, con ricchezza di particolari, le cose che farai, i luoghi che visiterai, gli alberghi in cui starai, le attività o le escursioni... e usa il futuro quando è necessario. Scrivi su un altro foglio.

Attualità

Una vacanza in Sardegna. Hai deciso di fare una vacanza in Sardegna con un tuo amico/una tua amica e leggi vari depliant per il turismo alternativo. Trovi questa pagina che attira subito la tua attenzione. Leggi la pubblicità e poi rispondi alle domande.

Costa sud/occidentale della Sardegna

La Sardegna è pronta a rapirvi. Con i suoi colori mozzafiato, le sue emozioni da brivido, la suo ospitalità che fa battere forte il cuore. Lasciatevi catturare dalla sua natura selvaggia e incontaminata, dalle sue tradizioni dal sapore antico, dal suo mare capace di imprigionare tutte le sfumature del blu e del verde. Concedetevi il lusso di indimenticabili momenti di evasione di libertà. Immergetevi nella macchia mediterranea respirando i profumi del ginepro, del rosmarino e del mirto e godetevi senza fretta il panorama mozzafiato di una strada a picco sul mare. Abbandonatevi al piacere esclusivo di una spiaggia deserta tutta per voi e ascoltate il silenzio delle valli e dei picchi di granito che vi circondano. Queste e tante altre sono le emozioni che la Sardegna percorsa al lento ritmo della bicicletta vi potrà offrire.

TOUR IN LIBERTÀ

PROGRAMMA - KM TOTALI 293 o 300

1° GIORNO: Arrivo individuale a San Salvatore Sinis.
2° GIORNO: San Salvatore Sinis – Is Arutas – San Salvatore Sinis 52 km.
3° GIORNO: San Salvatore Sinis – Piscinas 46/53 km.
4° GIORNO: Piscinas – Nebida 49 km.
5° GIORNO: Nebida – Calasetta 43 km.
6° GIORNO: Calasetta – S. Anna Arresi 43 km.
7° GIORNO: S. Anna Arresi – Pula 60 km.
8° GIORNO: Dopo colazione termine dei servizi.

CARATTERISTICHE TECNICHE

Livello:▲▲▲ – media, lievemente collinare o collinare dove è possible trovare anche ondulazioni continue, una giornata abbastanza impegnativa (previsti 2 transfer per eliminare 2 salite impegnative); tappe che vanno da 40 a 53 km giornalieri, che ad una media di 13 km/h (moderata) significa da 3h00 a 4h00 di pedalata da suddividere nella giornata.
Strade: 100% asfaltate.
Bid: city bike o cicloturismo.
Durata: 8 giorni / 7 notti (6 giorni di bicicletta),
Partenze: tutti i giomi da marzo a glugno e da settembre a novembre.
Partecipanti: minimo 2 pax.
Trasporto dei bagagli: si.
Consigliato per bambini: da 2 a 4 anni sul seggiolino, 0 da 13/14 anni con la propria bici.

QUOTE INDIVIDUALI

Qüota partecipazione	685
Suppl. camera singola	150
Suppl. nolo bicicletta	55
Riduz, 3° letto adulti o bambini	NO

LA QUOTA

Comprende:
Sistemazione 1 notte in hotel** e 6 notti in hotels*** in camere doppie con servizi privati, trattamento di mezza pensione dalla cena del primo giorno alla colazione dell ultimo giomo; trasporto bagagli nei trasferimenti di hotel; 2 transfer per evitare le salite, carta, guida e materiale informativo; descrizione dettagliata del percorso.
Non comprende:
Il viaggio a/r per la Sardegna, i pranzi, le bevande, gli ingressi, il noleggio delle biciclette, il traghetto da e per l'isola di Carloforte, gli extra in genere e tutto quanto non espressamente indicato.

1. Che mezzo di trasporto è adatto a questo giro?

____

2. Che tipo di giro è questo, a quale livello (*level*)? Quanti chilometri si fanno al giorno?

____

3. Quanti giorni e quante notti occorrono (*are necessary*) per questo giro?

____

4. Quanti euro costa il giro per due persone che avranno camere separate (partecipazione, hotel, noleggio del mezzo)?

____

5. Nella quota di partecipazione, sono incluse le visite ai musei o ai monumenti?

____

6. Se partecipi a questo giro, devi comprare carte e libri sulla regione che visiterai o tutte le informazioni saranno incluse nel prezzo?

____

7. Puoi fare questo giro se vuoi una vacanza tra il 15 luglio e il 15 agosto?

____

8. Da chi è organizzato il giro?

____

CAPITOLO 11

Un vero affare!

Parte 1: Vocabolario

A. Negozi e negozianti. Chi vende il pane e dove lavora? Seguendo l'esempio, di' cosa vendono e dove lavorano le persone rappresentate.

ESEMPIO:  Il fruttivendolo vende frutta e verdura e lavora al mercato.

1. ____
2. ____
3. ____
4. ____

5. ______________________________

6. ______________________________

B. Spese. Completa le frasi con le forme adatte delle seguenti espressioni: **la bancarella, la commessa, il commesso, fare la spesa, fare spese, il grande magazzino, un negozio di abbigliamento, il venditore, la venditrice.**

ESEMPIO: I venditori al mercato espongono (*display*) sulle ___bancarelle___ gli oggetti che vendono.

1. Il ______________ è un negozio che vende vestiti, oggetti per la casa, elettrodomestici (*home appliances*), eccetera.
2. In Italia molte persone ______________ tutti i giorni: dal fruttivendolo, dal panettiere o nel negozio di alimentari vicino a casa loro.
3. I ______________ e le ______________ al mercato fanno spesso buoni sconti.
4. Lei vuole comprarsi una camicia ma non vuole andare né al mercato, né in una boutique, né in un grande magazzino. Può andare in ______________.
5. Le persone che servono i clienti nei negozi sono i ______________ e le ______________.
6. Ci sono persone a cui (*whom*) non piace ______________ in centro.

—C'è una «elle» in più... la lasciamo?

❖ **C. Dove vanno a fare la spesa (spese)?** Queste persone hanno bisogno di varie cose. Dove vanno a comprarle? Segui l'esempio.

ESEMPIO: Stasera Francesca prepara gli spaghetti alle vongole (*clams*). →
Compra gli spaghetti in un negozio di alimentari e le vongole in una pescheria.

1. Lucia ha intenzione di fare una gita domani. Vuole preparare dei panini con prosciutto, salame e formaggio. Vuole anche portare una bottiglia d'acqua e una di vino.

____

____

2. Il signor Lazzarini ha invitato degli amici a cena. Vuole servire un arrosto di maiale, patate al forno, un'insalata, delle paste e una bottiglia di spumante.

____

____

3. Il bambino della signora Ghidini sta male. Ha bisogno di molte spremute d'arancia e può mangiare solo yogurt e pollo.

____

____

4. La settimana prossima Fiorella comincia l'università. Ha bisogno di una giacca nuova, di un paio di jeans e di un paio di stivali. Non vuole spendere troppo.

____

____

5. Domani è il compleanno di Giovanna. Sua madre vuole comprarle un cappotto all'ultima moda molto elegante.

____

____

❖ **D. Domande personali.** Rispondi alle seguenti domande.

1. Dove vai quando vai a fare la spesa? ______________________________

____

2. Descrivi il negozio o il supermercato che ti piace di più. Perché ci vai? ______________________________

____

3. Vai spesso a fare spese? Cosa compri di solito? ______________________________

____

4. Vai mai in libreria? Che tipi di libri ti piace comprare? ______________________________

____

5. Usi i contanti, la carta di credito o gli assegni quando fai la spesa o spese? ______________________________

____

Parte 2: Grammatica

A. Usi di *ne*

A. Ne parli? Chiedi ad un amico se parla spesso dei seguenti argomenti. Rispondi di sì o di no e usa **ne** nella tua risposta.

ESEMPIO: religione →
S1: Parli spesso di religione?
S2: Sì, ne parlo spesso. (No, non ne parlo spesso.)

1. filosofia

S1: ______________________________

S2: ______________________________

2. moda

S1: ______________________________

S2: ______________________________

3. letteratura

S1: ______________________________

S2: ______________________________

4. sport

S1: ______________________________

S2: ______________________________

5. la violenza nella società moderna

S1: ______________________________

S2: ______________________________

—E bambini, ne ha?

B. No, ne voglio un altro... Sei molto esigente (*demanding*) e vuoi sempre qualcosa di diverso da quello che ti è offerto. Rispondi di no alle seguenti domande. Usa **ne** e le informazioni date tra parentesi per spiegare esattamente cosa vuoi.

ESEMPIO: Non vuoi una casa in città? (in campagna) → No, ne voglio una in campagna.

1. Non vuoi un gelato al limone? (al cioccolato)

____

2. Non vuoi molti Cd di musica classica? (di musica country)

____

3. Non vuoi due etti di prosciutto cotto? (mezzo chilo)

____

4. Non vuoi una camicetta di cotone (*cotton*)? (di seta [*silk*])

____

5. Non vuoi comprare un negozio di abbigliamento? (di alimentari)

____

6. Non vuoi studiare solo una lingua? (molte)

____

Proverbi e modi di dire

Chi cento ne fa, una ne aspetti.
What goes around comes around. (Lit., Those who commit a hundred misdeeds must expect one in return.)

C. Perché mi piace! Le seguenti persone hanno delle ragioni molto semplici per fare quello che fanno. Segui l'esempio e rispondi alle domande.

ESEMPIO: Perché compri sempre molte cravatte? → Perché mi piace comprarne molte.

1. Perché mangi sempre molto pane a tavola?

   ____

2. Perché vedete sempre molti film classici il sabato sera?

   ____

3. Perché fa sempre molte foto Gianna?

   ____

4. Perché danno sempre molti esami ogni semestre?

   ____

5. Perché fa sempre tanti sconti il tuo commesso?

   ____

6. Perché porti sempre molti anelli (*rings*)?

   ____

B. Usi di *ci*

❖ **A. Domande personali.** Rispondi alle seguenti domande secondo la tua esperienza. Usa **ci** nella tua risposta.

ESEMPIO: Mangi spesso alla mensa universitaria? →
Sì, ci mangio spesso. (*o* No, non ci mangio mai.)

1. Vai tutti i giorni in biblioteca? ____________________
2. Vai spesso a fare spese ai grandi magazzini? ____________________
3. Sei mai andato/andata a fare la spesa al mercato? ____________________
4. Credi all'astrologia? ____________________
5. Pensi spesso ai problemi politici e sociali? ____________________

❖ **B. Ci o ne?** Vuoi affittare una stanza in un appartamento a Roma. La tua futura padrona di casa ti fa delle domande. Rispondi alle sue domande con frasi complete. Usa **ci** o **ne,** secondo la necessità.

1. Hai animali domestici (*pets*)? ____________________
2. A che ora vai a letto di solito? ____________________
3. Ricevi molte telefonate di sera tardi? ____________________

4. Ritorni sempre a casa per pranzare? ______________________________

5. Hai intenzione di invitare molti amici? ______________________________

6. Vai all'università tutti i giorni? ______________________________

7. Da quanto tempo abiti in questa città? ______________________________

Ci
Navigo Anch'io!

Naviga alla velocità di light!

www.lightspeed.it

Parte 3: Grammatica

C. Pronomi doppi

A. Ha provato tutto? Leggi il dialogo e completa le domande.

COMMESSA: Allora, che gliene sembra della giacca e dei pantaloni? Ha provato tutto? Come va?
SIGNORE: La giacca è troppo larga, glielo avevo detto, ho bisogno di una misura (*size*) più piccola, mentre per i pantaloni non c'è male. Li prendo.
COMMESSA: Vuole provare un'altra giacca? Posso prendergliene un'altra di un'altra misura, se vuole.
SIGNORE: No, grazie, mi bastano i pantaloni.
COMMESSA: Va bene. Glieli metto in una borsa, un momento…
SIGNORE: Grazie.

1. «Che gliene sembra» si riferisce a…
   a. la giacca e i pantaloni. b. la giacca. c. i pantaloni.
2. «Posso prendergliene un'altra» vuol dire…
   a. posso prendere un'altra giacca, in generale, per farla provare a Lei.
   b. posso prendere un'altra giacca di un'altra misura.
   c. posso andare a prendere un'altra giacca di un altro colore.
3. «Glieli metto in una borsa» si riferisce a…
   a. i pantaloni. b. la giacca e i pantaloni. c. la giacca.

B. Sì, te la compro! Sei molto disponibile e fai tutto quello che ti chiedono gli altri. Rispondi di sì alle loro richieste. Usa i pronomi doppi appropriati.

ESEMPIO: Mi dai la tua macchina? → Sì, te la do.

1. Mi offri una sigaretta?

   ____

2. Mi fai lo sconto?

   ____

3. Mi paghi i corsi?

   ____

4. Mi presti la tua carta di credito per questa compera?

____

5. Ci prendi i vestiti in lavanderia (*laundromat*)?

____

6. Mi compri queste scarpe?

____

7. Regali ad Alberto un libro di cucina?

____

8. Spieghi la lezione a Elisabetta ed Enrico?

____

C. Quanti? Nino è curioso su tutto quello che fai. Rispondi alle sue domande. Usa le informazioni date tra parentesi.

ESEMPIO: Quante fotografie hai fatto a Caterina? (3) → Gliene ho fatte tre.

1. Quante rose hai dato alla mamma? (6)

____

2. Quante cartoline hai scritto a Enrico? (molte)

____

3. Quanti dollari hai regalato a Doriana? (5)

____

4. Quanti Cd hai portato a Carmela? (2)

____

5. Quante riviste hai prestato al professore? (1)

____

6. Quanti libri hai venduto alla signora? (pochi)

____

D. Chi te l'ha regalata? Carlo è molto elegante. Parla con un suo amico che gli fa i complimenti sui suoi vestiti e gli chiede chi glieli ha regalati. Carlo risponde sempre che glieli ha regalati la sua ragazza. Scrivi il loro dialogo.

ESEMPIO: cravatta →

S1: Che bella cravatta, Carlo! Chi te l'ha regalata?
S2: Me l'ha regalata la mia ragazza.

1. orologio

S1: ____

S2: ____

2. guanti

S1: ____

S2: ____

3. sciarpa

S1: ______________________________

S2: ______________________________

4. stivali

S1: ______________________________

S2: ______________________________

D. Imperativo (*tu, noi, voi*)

A. Non fare così! Teresa chiede i tuoi consigli su tutto. Dille cosa fare e cosa non fare, secondo i suggerimenti.

ESEMPIO: Che cosa devo servire: tè o caffè? → Non servire tè: servi caffè!

1. Che cosa devo comprare: carne o pesce?

____

2. Che cosa devo studiare: francese o spagnolo?

____

3. Dove devo vivere: in campagna o in città?

____

4. Che cosa devo mettermi: la gonna o i jeans?

____

5. Che cosa devo pulire: il bagno o la cucina?

____

6. Dove devo andare: dal macellaio o dal salumiere?

____

7. Che cosa devo dire al signor Branca: «Ciao!» o «Buon giorno!»?

____

8. Che cosa devo fare: le crêpe o una torta?

____

B. Entra! Fai il pediatra e devi dire ai tuoi pazienti cosa fare durante la visita. Scrivi le frasi alla seconda persona dell'imperativo (**tu**).

1. aprire la bocca ______________________________
2. mostrare la lingua (*tongue*) ______________________________
3. guardare in alto ______________________________
4. stare fermo (*still*) ______________________________

5. prendere la medicina prima dei pasti ______

______

6. bere tanta acqua ______

—Arrivano i turisti! Presto, assumete l'espressione feroce...

C. State fermi! I nostri genitori ci hanno detto tante cose quando eravamo piccoli. Segui l'esempio e scrivi frasi positive o negative all'imperativo, secondo i suggerimenti.

ESEMPIO: Quando noi non volevamo dormire, i nostri genitori ci dicevano... → Dormite!

1. Quando mangiavamo con la bocca aperta, i nostri genitori ci dicevano...

______

2. Quando non volevamo fare i compiti, i nostri genitori ci dicevano...

______

3. Quando non eravamo buoni, i nostri genitori ci dicevano...

______

4. Quando non avevamo pazienza, i nostri genitori ci dicevano...

______

5. Quando volevamo ritornare a casa tardi, i nostri genitori ci dicevano...

______

6. Quando non volevamo alzarci per andare a scuola, i nostri genitori ci dicevano...

______

Parte 4

Un po' di scrittura

❖ **Fare spese in Italia e nell'America del Nord.** Fai una lista dei luoghi possibili dove puoi andare a fare spese in Italia e negli Stati Uniti o in Canada. Usa il vocabolario se hai bisogno di parole nuove. Associa ai luoghi vari tipi di negozi e ai tipi di negozi i tipi di merce (*goods*). Prova anche a indicare i pro e i contro (*pros and cons*) di fare spese in questi negozi. Scrivi inoltre qualche riga su fare spese usando Internet. È una pratica comune negli Stati Uniti o in Canada? Perché? Quali sono i vantaggi? Sai se la stessa pratica è comune in Italia? Usa un altro foglio.

Attualità

Spese all'Ipercoop. Nella tua cassetta (*mailbox*) hai trovato questa pubblicità per le spese all'Ipercoop. Leggi la pubblicità e poi rispondi alle domande.

1. Che cosa succede all'Ipercoop dal 24 febbraio al 9 marzo?

   ____

2. Qual è l'orario d'apertura (*opening*) dell'Ipercoop? Quali giorni e quali ore?

   ____

3. Dove si trova quest'Ipercoop della pubblicità?

   ____

4. Che cosa deve fare ogni cliente per avere lo sconto sui prodotti?

   ____

5. Perché nella pubblicità si parla di «ritagliare» (*to clip*) il risparmio? Che cosa deve ritagliare l'eventuale cliente?

   ____

6. Quando deve essere presentata la carta di sconto alla cassa?

   ____

CAPITOLO 12

Cercare casa

Parte 1: Vocabolario

A. La casa e l'affitto. Leggi il dialogo tra Carmen e Pina e rispondi alle domande.

CARMEN: Allora, hai trovato casa?
PINA: Sì, l'ho trovata, ma adesso devo trovare un secondo lavoro per pagare l'affitto! È praticamente una soffitta! È un monolocale non ammobiliato in un palazzo senza ascensore e con poche finestre. Almeno è vicino a dove lavoro…
CARMEN: Anche un mio amico ha fatto fatica a trovare[1] un appartamento. Lui poi non è molto contento: l'appartamento va bene, dice, perché è anche ammobiliato, ma ha poca luce. Il palazzo ha altri palazzi accanto, davanti e dietro. E così è un po' triste perché, anche se ha moltissime finestre, non vede mai il sole…
PINA: Beh, meglio due stanze buie ma ben sistemate che una soffitta senza mobili!

[1]*had a hard time finding*

1. Qual è il problema di Pina?

____

____

2. Com'è l'appartamento dell'amico di Carmen?

____

____

3. Com'è l'appartamento di Pina?

____

____

4. Cosa risponde Pina alle osservazioni di Carmen?

____

____

B. Abitazioni. Guarda il disegno e scrivi il nome di ogni locale nello spazio corrispondente.

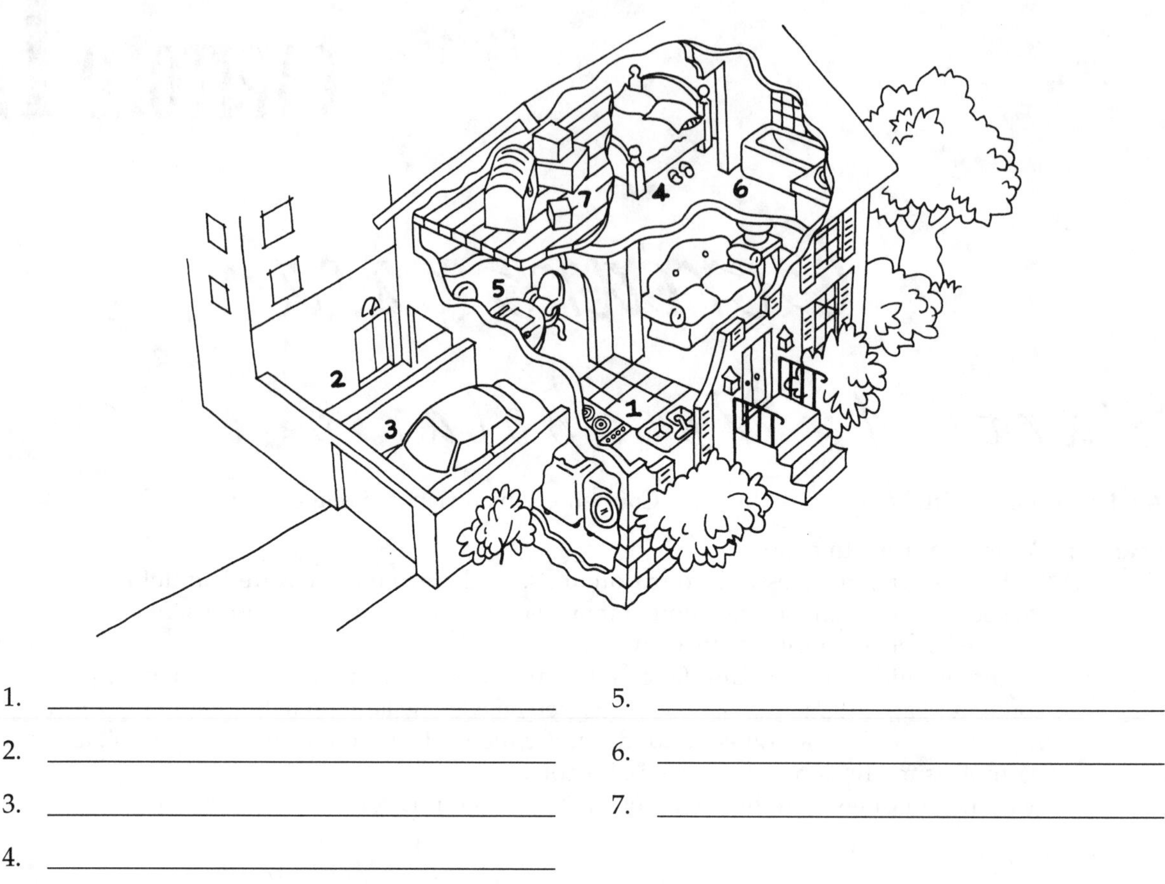

1. ______________________
2. ______________________
3. ______________________
4. ______________________
5. ______________________
6. ______________________
7. ______________________

C. Da Simonetta. Simonetta ha una grande casa, sempre piena di amici e parenti. Leggi le frasi e completale con il nome delle stanze in cui le varie persone si trovano.

Espressioni utili: il bagno, il balcone, la camera da letto, la camera degli ospiti (*guestroom*), la cucina, il garage, il salotto, lo studio.

ESEMPIO: Simonetta prepara la cena ______in cucina______.

1. Nanni è un amico di famiglia. È arrivato ieri sera da Firenze. In questo momento dorme ______________________.
2. Marcella ripara la sua macchina ______________________.
3. Franco, il marito di Simonetta, non si sente bene e si riposa (*he's resting*) ______________________.
4. La madre di Simonetta prepara la lezione per domani e corregge i compiti dei suoi studenti ______________________.
5. La nonna legge una rivista e il nonno fuma la pipa ______________________.
6. Lorenzo si prepara ad uscire. In questo momento si fa la barba ______________________.
7. A Mariella piace il sole. Si abbronza (*She's getting tan*) ______________________.

D. Cambiare casa. Completa il paragrafo con la forma adatta delle seguenti parole: **la soffitta, l'ascensore, l'inquilino, il monolocale, la padrona di casa, il riscaldamento, la vista.**

Alessandra è stanca del suo piccolissimo ____________________[1] all'ultimo piano senza ____________________.[2] D'inverno ha freddo perché il ____________________[3] non è molto efficiente. Non le piace l'____________________[4] che abita allo stesso piano e ha litigato con la ____________________[5] perché voleva aumentare l'affitto. Cerca un ____________________[6] con ____________________[7] sui tetti (*roofs*) di Roma e… qualche amica per dividere le spese!

Parte 2: Grammatica

A. Aggettivi indefiniti

A. E l'ascensore? Paolo e Gabriella cercano casa, senza successo. C'è qualcosa che non va in tutte le case che hanno visto. Riscrivi le loro lamentele (*complaints*). Cambia **qualche** in **alcuni / alcune.**

ESEMPIO: Qualche palazzo non aveva l'ascensore. → Alcuni palazzi non avevano l'ascensore.

1. Qualche mansarda costava 300.000 euro.

   ____

2. Qualche appartamento non aveva balconi.

   ____

3. Qualche stanza era troppo piccola.

   ____

4. C'era qualche topo in cantina.

   ____

5. Qualche inquilino faceva troppo rumore.

   ____

6. Qualche casa era senza garage e senza soffitta.

   ____

B. Non tutti. Domenico è un tipo entusiasta e a volte esagera. Correggi i suoi commenti riguardo alla festa che avete fatto. Cambia **tutti** in **alcuni / alcune.**

ESEMPIO: Tutti i ragazzi cantavano. → Alcuni ragazzi cantavano.

1. Tutte le ragazze erano belle.

   ____

2. Tutti gli ospiti si sono divertiti.

   ____

3. Tutti i vini costavano molto.

   ____

4. Tutti i nostri amici sono venuti.

   ____

5. Tutte le stanze erano affollate.

   ____

6. Tutte le persone hanno ballato sul tavolo.

   ____

C. Un appartamento in centro o una casa in campagna? Completa il dialogo con le espressioni mancanti. Alcune espressioni possono essere usate più di una volta.

Espressioni utili: alcune, alcuni, ogni, tutte, tutti i giorni

GIGI: Ciao, Claudio, come stai? È da ____________[1] giorni che non ti vedo. Ho sentito che hai cambiato casa. Dove abiti adesso?

CLAUDIO: Prima vivevo in un appartamento in centro, ma c'era troppo traffico e troppo rumore. ____________[2] notte non potevo dormire e ____________[3] era la stessa storia: difficilissimo trovare parcheggio (*parking*) per la macchina…

GIGI: E allora che hai fatto?

CLAUDIO: Ho deciso di andare a vivere in campagna. Ho consultato ____________[4] le possibili immobiliari, e non per una zona qualunque, ma per una con molte case con giardino e orto. Ho trovato alla fine una bella casa tutta di pietra, con un orto enorme pieno di alberi da frutta. ____________[5] stanza è dipinta con colore diverso. È grande e ____________[6] le finestre al secondo piano danno su (*look out onto*) un giardino…

GIGI: Sono contento per te! Sai che ti dico? ____________[7] persone nascono fortunate!

—Il nostro uomo aveva i capelli del numero uno, la taglia del due, il naso del tre, gli occhi del quattro e i baffi del cinque: li arresti tutti!

❖ **D. Ogni volta che...** Scrivi quattro frasi in cui dici cosa succede ogni volta che fai certe cose.

ESEMPI: Ogni volta che mangio alla mensa, sto male.
Ogni volta che vedo il professore d'italiano, gli parlo.
Ogni volta che mi lavo, uso l'acqua calda.

1. ______
2. ______
3. ______
4. ______

B. Pronomi indefiniti

Qualcuno. Riscrivi le seguenti frasi. Sostituisci le parole in corsivo con i pronomi indefiniti.

ESEMPIO: *Qualche persona* vuole accompagnarmi (*to come with me*)? →
Qualcuno vuole accompagnarmi?

1. *Alcune persone* parlavano, *alcune persone* ascoltavano.

   ______

2. *Qualche persona* può aiutarci.

   ______

3. *Ogni persona* ha il diritto di protestare.

   ______

4. È una persona impossibile! Si lamenta di *ogni cosa* e di *ogni persona*!

   ______

Parte 3: Grammatica

C. Negativi

A. Né questo né quello. Silvia è molto curiosa di sapere di Paolo e Francesca. Rispondi negativamente alle sue domande.

ESEMPIO: Frequentano ancora l'università? → No, non frequentano più l'università.

1. Ti telefonano qualche volta?

   ___

2. Sono già partiti per Siena?

   ___

3. Conoscono qualcuno in Italia?

   ___

4. Hanno un cane o un gatto?

   ___

5. Ti hanno portato qualcosa dalla Francia?

   ___

—Sei sicuro che non ci vede nessuno?

B. Pessimisti ed ottimisti. Dario vede tutto nero, mentre Mario è ottimista. Riscrivi le frasi di Dario dal punto di vista di Mario.

ESEMPIO: Nessuno è felice. → Tutti sono felici!

1. Le persone non si aiutano mai.

   ____

2. Non fanno più dei bei film.

   ____

3. Non c'è rispetto (*respect*) né per i vecchi né per i giovani.

   ____

4. Non succede niente di interessante nel mondo.

   ____

5. Nessuno mi ama.

   ____

PROVERBI E MODI DI DIRE

Nessuna nuova, buona nuova.
No news is good news.

Con niente non si fa niente.
You can't make something from nothing.

❖ **C. Delle domande per te.** Rispondi alle seguenti domande. Scrivi frasi complete.

1. Cosa hai in mente (*mind*) di fare quest'estate?

   ____

2. Hai già trovato un compagno / una compagna di stanza per l'anno prossimo?

   ____

3. Tu e il tuo compagno / la tua compagna di stanza litigate qualche volta?

   ____

4. Qualcuno ti aiuta nelle faccende (*chores*) di casa?

   ____

D. Imperativo (*Lei, Loro*)

A. Mi dica! Una rinomata (*renowned*) professoressa italiana è in visita alla tua università. Incoraggiala (*encourage her*) a fare le seguenti cose.

ESEMPIO: accomodarsi (*to make oneself comfortable*) → Professoressa, si accomodi!

1. parlarcene ______
2. prendere un caffè ______
3. aspettare un momento ______
4. finire con calma ______
5. riposarsi un po' ______
6. venire in giardino ______

Ora ripeti gli stessi incoraggiamenti a lei e a un suo collega.

ESEMPIO: Professori, si accomodino!

1. ______
2. ______
3. ______
4. ______
5. ______
6. ______

SORRIDA[a], PURE! NON SI PREOCCUPI, SIGNORA! STAMATTINA HA USATO DENTI-WHITE

[a]*Smile*

B. Sempre in ufficio. Ripeti le istruzioni della dottoressa Ongetta alla sua segretaria. Sostituisci le espressioni in corsivo con i pronomi appropriati.

ESEMPIO: Signorina, telefoni *all'avvocato!* → Signorina, gli telefoni!

1. Signorina, mi porti *l'agenda*!

   ______

2. Signorina, scriva subito *quelle lettere*!

   ______

3. Signorina, le mandi *il pacco* oggi!

____

4. Signorina, non parli *dei prezzi* con nessuno!

____

5. Signorina, *mi* prenoti *l'albergo*!

____

6. Signorina, vada *alla posta* stamattina!

____

Parte 4

Un po' di scrittura

❖ **Il problema della casa.** Nella tua città c'è il problema della casa? Ci sono molti senzatetto (*homeless*)? Tu, personalmente, hai mai avuto difficoltà a trovare una stanza, un appartamento o una casa ad un prezzo non troppo alto? Descrivi la tua situazione. Usa un altro foglio.

Attualità

Trovare casa in Italia. Leggi il giornale e questi quattro annunci immobiliari (*real estate ads*) attirano la tua attenzione. Rispondi alle domande che seguono.

1. Quale appartamento ha il garage per la macchina?

____

2. Quale appartamento ha il maggior numero di camere da letto?

____

3. Quale appartamento è il più piccolo?

____

4. Se hai bisogno di una stanza per i tuoi figli, da usare come studio o stanza dei giochi, lontana dalle camere da letto, quale appartamento può interessarti?

____

5. Se vuoi una buona veduta della città, quale appartamento può essere il migliore tra questi quattro e perché?

____

Nome ______________________ Data __________ Classe ________________

CAPITOLO 13

Proteggere l'ambiente

Parte 1: Vocabolario

A. Il traffico e l'ambiente. Abbina le espressioni della colonna A con le parole e le frasi della colonna B.

A	B
1. _____ l'inquinamento	a. l'indicazione, la comunicazione
2. _____ i rifiuti	b. se lo superiamo prendiamo la multa
3. _____ l'autostrada	c. se ci parcheggiamo prendiamo la multa
4. _____ il divieto di sosta	d. troppo spesso li scarichiamo invece di riciclarli
5. _____ il limite di velocità	e. è un problema ecologico serio
6. _____ il segnale	f. gli automobilisti possono guidare più velocemente su questa strada

❖ **B. Cosa non va?** Trova la parola che, secondo te, ha poco in comune con le altre. Poi scrivi una frase usando questa parola in un contesto logico.

ESEMPIO: il distributore di benzina, (il riciclaggio,) i mezzi di trasporto →
Il riciclaggio della plastica, della carta e del vetro è molto importante per la protezione dell'ambiente.

1. l'effetto serra, la fascia di ozono, la targa

____

2. inquinare, depurare, il limite di velocità

____

3. i rifiuti, la patente, scaricare

____

4. la protezione dell'ambiente, ecologico, prendere la multa

____

C. Guidare, parcheggiare. Guarda il disegno e scrivi cosa fanno le persone rappresentate. I numeri nel disegno corrispondono ai numeri delle frasi.

1. L'automobilista ______________________________.
2. Dario e Daniele ______________________________.
3. Renata ______________________________.
4. Claudia e Patrizia ______________________________.
5. Pina ______________________________ a Giorgio.
6. Il signor Ronconi ______________________________.
7. Il meccanico ______________________________.
8. Graziano e Lara ______________________________ senza benzina!

—Vittorio, dimmi un po': gli alberi sono assicurati?

Parte 2: Grammatica

A. Condizionale presente

A. Cosa faresti per non guidare? Un tuo amico ti chiede cosa saresti disposto (*willing*) a fare per evitare di guidare (*to avoid driving*). Scrivi le sue domande e le tue risposte personali.

ESEMPIO: uscire sempre a piedi →
S1: Usciresti sempre a piedi?
S2: Sì, uscirei sempre a piedi. (No, non uscirei sempre a piedi.)

1. vendere la tua macchina

   S1: ____

   S2: ____

2. fare l'autostop (*to hitchhike*) tutte le mattine

   S1: ____

   S2: ____

3. chiedere un passaggio a un amico

   S1: ____

   S2: ____

4. prendere l'autobus tutti i giorni

   S1: ____

   S2: ____

5. andare a lavorare a piedi

   S1: ____

   S2: ____

6. comprare un motorino o una bicicletta

   S1: ____

   S2: ____

7. viaggiare solo in treno

   S1: ____

   S2: ____

❖ **B. Non mi stancherei mai di** (*I would never get tired of*)**...** Segui il modello della vignetta e scrivi quattro frasi sulle cose che tu o altre persone non vi stanchereste mai di fare.

—Giuro[a] che non mi stancherei mai di starti vicino!

[a] *I swear*

1. io

____

____

2. il mio compagno / la mia compagna di stanza

____

____

3. i miei genitori

____

____

4. l'insegnante di italiano

____

____

B. *Dovere, potere* e *volere* al condizionale

A. Dovresti aiutarmi... Qualche volta non va bene dire le cose in modo troppo definitivo. Riscrivi le seguenti frasi al condizionale.

ESEMPIO: Puoi darmi un passaggio? → Potresti darmi un passaggio?

1. Dobbiamo allacciare le cinture di sicurezza.

____

2. Voglio fare il pieno.

____

3. Potete parcheggiare qui?

____

4. Scusi, può controllare l'olio?

____

5. Dovete pagare prima di fare benzina.

____

6. Vogliamo guidare il meno possibile.

____

B. Potrebbe? In una situazione particolare, cosa diresti? Segui l'esempio della vignetta e fai, per ognuna delle seguenti situazioni, una domanda con **potere** al condizionale.

—Sono scappato di[a] casa: potrebbe indicarmi una meta[b]?

[a]Sono... *I ran away from*
[b]*destination*

1. Non riesci a trovare il Centro per la Protezione dell'Ambiente. Fermi un vigile e domandi:

____

2. Vuoi comprare un orologio nuovo. Ce n'è uno che ti piace nella vetrina di una gioielleria (*jeweler's shop*). Entri nel negozio e dici:

____

3. Sei seduto/seduta al tavolino di un caffè. Non c'è zucchero sul tavolo. Chiami il cameriere e dici:

____

❖ **C. Brevi pensieri.** Rispondi alle seguenti domande secondo le tue esperienze personali.

1. Che cosa dovresti fare per contribuire a proteggere l'ambiente?

____

2. Che cosa potresti fare per avere più tempo da dedicare alle questioni sociali?

____

3. Che cosa vorresti fare quest'anno che non hai potuto fare l'anno scorso?

____

❖ **D. Dovresti...** Dici mai ai tuoi amici cosa dovrebbero o non dovrebbero fare? Segui l'esempio della vignetta e di' ad un buon amico tre cose che dovrebbe o non dovrebbe fare.

—Non dovresti giocare a poker se non sai controllare le tue emozioni...

1. ____

____

____

2. ____

____

____

3. ____

____

____

Parte 3: Grammatica

C. Condizionale passato

A. Io pensavo... Sei sorpreso/sorpresa (*surprised*) dalle scelte di alcune persone. Di' che pensavi che avrebbero fatto altre cose, secondo i suggerimenti.

ESEMPIO: Studierà recitazione. (musica) → Io invece pensavo che avrebbe studiato musica.

1. Suonerà il flauto. (la chitarra)

____

2. Studierete all'Università di Bologna. (all'Università di Roma)

____

3. Si metteranno un vestito lungo. (i jeans)

____

4. Diventerai cantautrice. (cantante d'opera)

____

5. Passerà due settimane a Parigi. (a Roma)

____

6. Andrai all'opera. (al cinema)

____

❖ **B. Ripensamenti** (*Second thoughts*). Roberta è una persona impulsiva e rimpiange (*regrets*) sempre le sue decisioni. Completa le sue frasi. Segui l'esempio.

ESEMPIO: Ho imparato a suonare il piano; *avrei preferito imparare a suonare la chitarra*.

1. Ho studiato arte drammatica; ____

2. Sono andata al Festival di Spoleto; ____

3. Ho letto un giornale; ____

4. Ho preso l'aereo; ____

5. Sono ritornata a casa a mezzanotte; ____

6. Sono partita alle quattro di mattina; ____

❖ **C. Che cosa avresti fatto tu?** Cosa hanno fatto le seguenti persone? Cosa avresti fatto tu al posto loro (*in their shoes*)?

1. Era la settimana degli esami. Giuseppina era a casa e studiava. Le ha telefonato una sua amica per invitarla ad andare con lei a un concerto di musica rock. Cosa ha fatto Giuseppina? Cosa avresti fatto tu? Avresti accettato o saresti restato/restata a casa a studiare?

____

____

____

2. Osvaldo aveva trovato un lavoro per l'estate: avrebbe fatto il cameriere in un ristorante chic. Ha saputo che suo cugino Leo aveva intenzione di fare il giro d'Europa in motocicletta e che cercava un compagno. Cosa ha fatto Osvaldo? Cosa avresti fatto tu?

____

____

____

3. Antonella è al ristorante con i suoi genitori. Ha mangiato molto e ora vuole solo un po' di frutta. Il cameriere porta in tavola una torta di cioccolato offerta dalla casa (*complimentary*). Cosa ha fatto Antonella? Cosa avresti fatto tu?

____

____

____

❖ **D. Ho detto che…** Cosa hai detto che avresti fatto e cosa hai fatto invece? Completa le frasi.

ESEMPIO: Ho detto che ___avrei scritto___ e invece non ho scritto.

1. Ho detto che ______________________________

   e invece non ho telefonato.

2. Ho detto che ______________________________

   e invece mi sono sposato/sposata.

3. Ho detto che ______________________________

   e invece ______________________________

4. Ho detto che ______________________________

   e invece ______________________________

D. Pronomi possessivi

A. Il nostro è quello. Rispondi alle seguenti domande con le forme appropriate del pronome **quello.**

ESEMPIO: Ecco il nostro tavolino! Dov'è il vostro? → Il nostro è quello.

1. Ecco la nostra macchina! Dov'è la vostra?

   ____

2. Ecco le nostre chiavi! Dove sono le vostre?

   ____

3. Ecco i nostri posti! Dove sono i vostri?

   ____

4. Ecco il nostro regalo! Dov'è il vostro?

______

5. Ecco nostro figlio! Dov'è il vostro?

______

B. La tua, com'è? Sei stato/stata appena presentato/presentata a Stefano e gli racconti della tua vita. Chiedigli anche com'è la sua vita.

ESEMPIO: La mia casa è piccola. → La tua, com'è?

1. La mia famiglia è numerosa. ______
2. Il mio lavoro è interessante. ______
3. Le mie amiche sono simpatiche. ______
4. Mio fratello è allegro. ______
5. Mia sorella è molto attiva. ______
6. I miei compagni di stanza sono pigri. ______

PROVERBI E MODI DI DIRE

A ciascuno il suo.
To each his own.

Parte 4

Un po' di scrittura

❖ **Pensiamo all'ambiente.** Quali sono i problemi ecologici più importanti di oggi? Secondo te, esagerano quelli che dicono che la terra è in pericolo? Fai una lista dei problemi più importanti per te e poi spiega in una riga o due perché ogni problema della lista è rilevante. Alla fine scrivi le tue conclusioni, dicendo (*saying*) cosa succederà alla terra se non si risolvono i problemi da te indicati. Usa un altro foglio.

Attualità

Prendere la patente in Italia. Hai trovato questo depliant dell'Autoscuola Cristoforo a Genova e pensi di prendere la patente di guida (patente A) per la macchina. Rispondi alle domande alla pagina seguente.

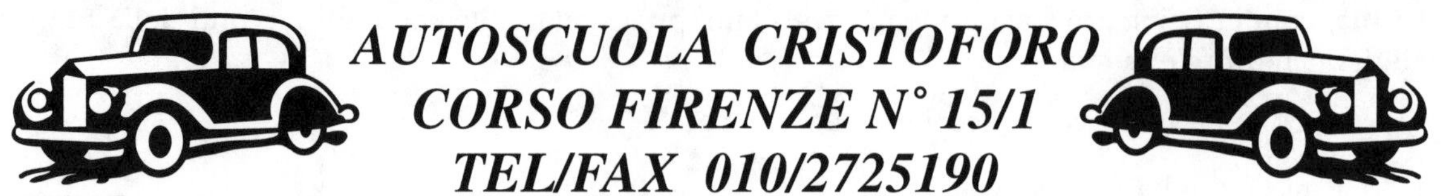

TARIFFE

Iscrizione alla scuola (spese e gestione di foglio rosa, corso di teoria) .... € 207.00

1 ora di guida .... € 22.00

Tassa esame di teoria in sede .... € 52.00

Tassa esame di guida in sede .... € 52.00

DOCUMENTAZIONE PER FOGLIO ROSA:

3 Fotografie formato tessera 42 × 42, fondo bianco e senza occhiali
visita medica in sede ogni **LUNEDÌ** costo € 26.00 + marca da bollo° da € 10.33 (dalle ore 17.30 alle ore 18.30)
Carta di identità valida

CORSO TEORICO

LUNEDÌ – MERCOLEDÌ - VENERDÌ Dalle ore 19.00 alle ore 20.00

ESTENSIONE PATENTE da "A a B; da B ad A"

Iscrizione, gestione foglio rosa .... € 155.00

Prenotazione, assistenza esame di guida .... € 55.00

1 ora di guida con la moto .... € 25.00

Autoscuola con sistema didattico informatizzato, e quiz on-line, all'indirizzo internet:

www.autoscuolacristoforo.col.it

°*revenue stamp*

1. Quanto ti costerebbe in tutto andare all'Autoscuola Cristoforo (senza lezioni di guida)?

   ____

2. Che cosa è necessario fare per avere il foglio rosa?

   ____

3. Di quale documento hai bisogno per avere il foglio rosa?

   ____

4. In quale giorno e a che ora devi andare per fare la visita medica?

   ____

5. Quante ore alla settimana è il corso di teoria?

   ____

6. Per quale mezzo di trasporto è la patente B?

   ____

7. Come puoi trovare informazioni sulla scuola guida e vedere il tipo di quiz che devi fare per l'esame di patente?

   ____

CAPITOLO 14

La musica e il palcoscenico

Parte 1: Vocabolario

A. Vero o falso? Se è falso, correggi!

ESEMPIO: Il (La) musicista scrive poesie. → Falso; il (la) musicista scrive musica.

1. Il (La) regista mette in (*sets to*) musica opere.

   ______

2. Il cantautore (La cantautrice) dirige un'orchestra.

   ______

3. Il compositore (La compositrice) scrive commedie.

   ______

4. Il baritono e il basso sono voci femminili.

   ______

5. Il soprano e il tenore cantano nell'opera.

   ______

6. La prima è l'ultima rappresentazione teatrale della stagione.

   ______

7. Quando il pubblico è soddisfatto fischia.

   ______

B. La parola giusta. Completa le frasi con le forme appropriate delle seguenti espressioni: **l'autrice, il balletto, la canzone, dilettante, mettere in scena, la tragedia.**

1. Il regista Giorgio Strehler ha ____________________ molte rappresentazioni teatrali.
2. Sono una cantante ____________________; non sono una cantante di professione.
3. Stasera andiamo a vedere l'*Edipo Re* (*Oedipus Rex*), una ____________________ greca.
4. Valentina ama ____________________. Adesso studia danza perché vuole diventare ballerina.
5. Chi è ____________________ di questa commedia?
6. Le ____________________ di Andrea Bocelli sono molto popolari negli Stati Uniti.

C. Fuori posto. Trova l'espressione che sembra fuori posto e spiega perché.

ESEMPIO: la tragedia, il baritono, la commedia →
Il baritono è l'espressione fuori posto perché non è una rappresentazione teatrale.

1. il palcoscenico, l'orchestra, recitare

   ____

2. comporre, fischiare, applaudire

   ____

3. l'aria, la lirica, il cantautore

   ____

Parte 2: Grammatica

A. Pronomi relativi

A. Che o cui? Completa le frasi con **che** o **cui.**

1. Chi è il regista _____ ha messo in scena questo spettacolo?
2. Il ragazzo con _____ esce Gianna è attore.
3. Non ho capito la ragione per _____ hanno fischiato.
4. Non sono d'accordo con quello _____ mi hai detto del concerto di Luciano Pavarotti.
5. Vi è piaciuta la commedia _____ avete visto ieri sera?
6. La signora a _____ ti ho presentato è una cantante bravissima.
7. Qual è l'opera da _____ viene l'aria «La donna è mobile»?
8. L'attrice _____ preferisco è Valeria Golino.

B. Qual è? Ad Antonio piace sapere tutto quello che fanno o pensano i suoi amici. Scrivi le domande che Antonio fa quando sente le seguenti informazioni. Comincia ogni domanda con **Qual è...**

ESEMPIO: Ha parlato con un regista. → Qual è il regista con cui ha parlato?

1. Ero innamorato di una studentessa del mio corso.

   ____

2. Pensiamo a una canzone.

   ____

3. Lavoreranno per una musicista.

   ____

4. Ho sentito parlare di (*heard about*) uno scrittore.

   ____

5. Abbiamo bisogno di un libro.

   ____

6. Dovrebbe rispondere a una lettera.

   ____

7. Uscirò con una compositrice.

   ____

Proverbi e modi di dire

Cane che abbaia non morde.
A dog that barks doesn't bite.

C. A cui, di cui... Completa i dialoghetti con **cui,** con o senza la preposizione.

1. S1: È questo il libretto ___________ ha bisogno?

   S2: Sì, grazie. Non dimenticherò mai l'estate _________ ho visto quest'opera per la prima volta.

2. S1: Gianna, chi è il ragazzo ___________ dai lezioni di piano?

   S2: Quello ___________ frequento il corso di recitazione.

3. S1: Dai, Sergio, dimmi la ragione ___________ sei tanto distratto!

   S2: Pensavo a quella musicista ___________ ho parlato ieri sera...

❖ **D. Quello che mi piace di Lei...** Segui l'esempio della vignetta e di' alle persone elencate che qualità o abitudine ti piace o non ti piace. Comincia ogni frase con **Quello che (non) mi piace...**

—Quello che non mi piace di te, è che sei troppo legato[a] al passato.

[a] *tied*

1. un amico / un'amica

   ____

2. il presidente degli Stati Uniti

   ____

3. il tuo / la tua cantante preferito/preferita

   ____

B. *Chi*

Proverbi e modi di dire

Ride bene chi ride ultimo.
Who ever laughs last laughs best.

A. Chi sta attento, capisce! Sostituisci le parole in corsivo con **chi.** Fai tutti gli altri cambiamenti necessari.

ESEMPIO: *Quelli che* mangiano troppo ingrassano. → Chi mangia troppo ingrassa.

1. *Quelli che* hanno studiato hanno fatto bene all'esame.

   ____

2. *La persona che* ha applaudito non ha capito niente.

   ____

3. I bambini non dovrebbero parlare con *le persone che* non conoscono.

____

4. Ad Elisabetta non piacciono *quelli che* cercano di attirare (*attract*) sempre l'attenzione.

____

5. *Quelli che* vanno nei ristoranti giapponesi amano mangiare il pesce crudo (*raw*).

____

6. *La persona che* suona il violino di professione è un/una violinista.

____

—Lo vedi cosa succede a chi continua a rosicchiarsi le unghie[a]?

[a]rosicchiarsi... *chew their nails*

B. Di chi parli? Completa con **chi,** con o senza una preposizione.

1. La professoressa ha dato un bel voto __________ ha fatto bene il compito di matematica.
2. __________ prende i libri dalla biblioteca, deve riportarceli.
3. Hai paura __________ non rispetta i limiti di velocità?
4. __________ hai telefonato?
5. A Marcello non piace uscire __________ beve troppo.
6. __________ dorme poco è molto nervoso.
7. La signora darà 52 euro __________ troverà il suo cane Fido.
8. __________ è il tenore italiano più famoso?

C. Chi prima arriva, meglio s'accomoda! Sapresti dire i seguenti proverbi in inglese?

1. Chi cerca trova.

____

2. Chi sa fa e chi non sa insegna.

____

3. Chi tardi arriva male alloggia (**alloggiare** = *to lodge*).

____

4. Chi dorme non piglia (prende) pesci.

____

Parte 3: Grammatica

C. Costruzioni con l'infinito

A. In ufficio. Completa le seguenti frasi con l'espressione corretta.

1. È vietato (*prohibited*) _____ in ufficio.
   a. fumare   b. fumato
2. _____ un concorso non è facile.
   a. Vince   b. Vincere
3. Bisogna _____ all'annuncio immediatamente.
   a. rispondere   b. a rispondere

B. La preposizione corretta. Completa le battute con le preposizioni appropriate, quando è necessario. (Se non ci vuole la preposizione, scrivi **/**.)

1. S1: Quando pensi _____ smettere _____ lavorare?

   S2: Ho intenzione _____ continuare _____ lavorare fino alla fine del mese; poi comincerò _____ stare a casa.

2. S1: Fermati _____ mangiare a casa mia stasera! Posso passare _____ prenderti al lavoro.

   S2: Stasera non posso; devo passare _____ salutare un mio vecchio collega.

3. S1: Non sono riuscita _____ finire _____ scrivere l'articolo.

   S2: Vuoi _____ fare sempre troppe cose! Devi _____ abituarti _____ lavorare di meno.

❖ **C. Un po' di fantasia.** Completa le frasi secondo le tue esperienze personali.

ESEMPIO: Invece di… → Invece di cercare lavoro ho deciso di specializzarmi.

1. Dopo aver…

   ____

2. Dopo essermi…

   ____

3. Per imparare…

   ____

4. Prima di...

____

5. Non sono mai riuscito/riuscita a...

____

D. Nomi e aggettivi in *-a*

A. Risposte facili. Guarda i disegni e rispondi alle domande.

ESEMPIO:

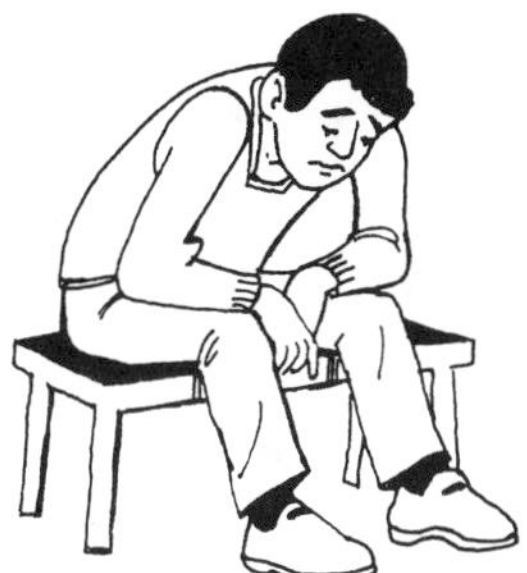

È ottimista Marco? → No, è pessimista.

1. 

Chi sono?

____

2. 

Sono delle artiste?

____

3. 

Chi è?

____

4.  È pessimista Flavia?

____

5.  Chi è?

____

B. Femminili e maschili. Cambia al maschile le seguenti espressioni.

ESEMPIO: quella poetessa pessimista → quel poeta pessimista

1. una ragazza ottimista ______________________________
2. le professoresse comuniste ______________________________
3. la famosa pianista ______________________________
4. delle presentatrici entusiaste ______________________________
5. le artiste interessanti ______________________________
6. le peggiori turiste ______________________________

C. Plurali e singolari. Riscrivi al singolare le seguenti espressioni plurali.

ESEMPIO: i migliori panorami → il migliore panorama

1. gli ultimi problemi ______________________________
2. i papi stranieri ______________________________
3. nei programmi comunisti ______________________________
4. ai poeti originali ______________________________
5. le registe italiane ______________________________
6. i partiti socialisti ______________________________

Parte 4

Un po' di scrittura

Una vita d'artista. C'è una carriera nel campo teatrale o in quello musicale che avresti dovuto fare? Se sì, quale? Perché? Prima scegli una carriera, poi scrivi tutte le caratteristiche positive e anche quelle negative. Ricordati che in italiano le frasi delle preferenze e dei desideri usano il condizionale. Usa un altro foglio.

Attualità

A teatro! Leggi su un quotidiano di Genova una breve recensione degli spettacoli di un attore-scrittore, Marco Paolini. Rispondi alle domande che seguono.

MARCO PAOLINI AL TEATRO DELLA CORTE:
Ironia, sdegno e vitalità comica di un testimone del nostro tempo

Marco Paolini è protagonista sul palcoscenico del Teatro della Corte - a sere alterne, dal 25 al 30 marzo - di due suoi *Album*: rivisitazioni ironiche e civili, percorse da una forte vitalità comica, del costume e della storia italiana. In *Aprile '74 e 5* (in scena il 25, 27, 29 marzo, alle ore 20.30) e in *Stazioni di transito* (in scena il 26 e 28 marzo alle 20.30, e domenica 30 alle ore 16), Paolini intreccia ricordi autobiografici e storie di personaggi della sua terra d'origine, lasciando che i racconti di sport, di bar e di piazza, si mescolino continuamente con i grandi avvenimenti che hanno contrassegnato la storia della sua generazione, cresciuta tra gli anni Settanta e Ottanta, tra la bomba di piazza della Loggia a Brescia e la caduta del muro di Berlino.

1. Che tipo di attore è Marco Paolini?

____

2. Qual è il titolo dei suoi «Album»?

____

3. Di che cosa parlano i suoi pezzi (*pieces*)?

____

4. Dove recita Paolini?

____

5. I suoi spettacoli hanno sempre gli stessi orari?

____

6. A favore di chi va l'incasso (*income*) dello spettacolo *Parlamento chimico*?

____

7. Puoi scegliere i posti per questo spettacolo?

____

8. Quanto costa?

____

CAPITOLO 15

Quando nacque Dante?

Parte 1: Vocabolario

A. Un'interrogazione su Dante. Leggi il dialogo e poi rispondi alle domande.

PROFESSORESSA STEFANIN: Allora, vediamo, chi chiamo oggi per l'interrogazione orale su Dante? Marco Bosca. Sei preparato, Marco? Cominciamo da una citazione famosa: «Un giorno leggiavamo per diletto[1] di Lancialotto[2] come amor lo strinse[3]; soli eravamo e senza alcun sospetto[4]»...

MARCO: Sono versi che fanno parte del racconto di Francesca, nel quinto canto dell' *Inferno*. Francesca racconta a Dante le circostanze del suo peccato[5] con Paolo, il fratello del marito. È dà la colpa[6] al tipo di lettura che facevano insieme: «Galeotto fu il libro e chi lo scrisse»...

PROFESSORESSA STEFANIN: Puoi essere più preciso?

MARCO: Dà la colpa della sua morte (il marito la uccise[7] insieme al cognato) alla lettura della storia di Lancialotto e del suo bacio a Ginevra, moglie di Re[8] Artù, che loro hanno imitato.

PROFESSORESSA STEFANIN: Francesca non ha responsabilità, allora?

MARCO: Secondo me, Dante crede alla responsabilità di un certo tipo di letteratura, ma vuole anche dirci che dobbiamo usare la nostra intelligenza e la fede[9] per non commettere[10] peccato. Francesca accusa il libro per diminuire[11] la sua responsabilità personale.

PROFESSORESSA STEFANIN: Bravo, Marco, sei un lettore sensibile!

[1] *pleasure* / [2] *Lancelot*
[3] *grasped* / [4] *suspicion*
[5] *sin*
[6] *blame*
[7] *killed*
[8] *king*
[9] *faith*
[10] *to commit*
[11] *to reduce*

1. Da dove viene la citazione?

____

____

2. Che cosa hanno imitato Paolo e Francesca?

____

____

3. Come interpreta Marco la posizione di Dante sul peccato di Francesca?

____

____

4. Secondo Francesca, chi è responsabile della sua morte?

____

____

B. Chi sono? Che cosa fanno? Guarda il disegno e di' qual è la professione delle seguenti persone e che cosa fanno.

ESEMPIO:

Gabriella è *un'archeologa; fa uno scavo archeologico*.

1.

2.

3.

4.

1. Paolo è ____

____

2. Claudia è ____

____

3. Giuliano è ____

____

4. Lina è ____

____

❖ **C. Il linguaggio della letteratura.** Scrivi cinque frasi che includono le seguenti parole.

1. la citazione: ____
2. la relazione: ____
3. il riassunto: ____

4. il brano: ____

5. il/la protagonista: ____

D. Preferenze. Valerio e Giovanna discutono delle loro preferenze letterarie. Completa il dialogo con la forma adatta delle seguenti parole: **il capolavoro, la poesia, il poeta, il racconto, il romanzo, lo scrittore, la scrittrice.**

VALERIO: Io preferisco leggere ________________[1] di venti o trenta pagine, non di più! I ________________[2] sono troppo lunghi per il mio carattere, non ho pazienza.

GIOVANNA: E le ________________[3]? Di solito sono brevi e intense. Sono la mia lettura (*reading*) preferita!

VALERIO: No, anche la rima non fa per me. La prosa è il mio genere.

GIOVANNA: C'è uno ________________[4] o una ________________[5] che leggi più spesso?

VALERIO: Beh, in questo momento leggo Tabucchi e mi piace molto; poi rileggo spesso Calvino… I suoi racconti sono affascinanti. E tu, invece?

GIOVANNA: Il mio ________________[6] preferito è Leopardi. Certo, non è un poeta contemporaneo, ma le sue poesie sono uniche. Sono dei ________________[7]!

Proverbi e modi di dire

Fermo come una statua.
Still as a statue.

Ogni medaglia ha il suo rovescio.
Every cloud has a silver lining. (Lit., Every medal has its reverse side.)

E. Il linguaggio dell'arte. Guarda il giochetto e cerca di trovare le seguenti parole: **affrescare, archeologia, architettura, dipinto, mosaico, opera, paesaggio, pittura, quadro, restauro, rovine, ruderi.**

C	A	R	O	A	D	I	P	I	N	T	O	H
R	L	L	O	I	G	G	A	S	E	A	P	P
E	N	T	E	G	R	U	D	E	R	O	N	I
S	O	M	M	O	S	A	I	C	O	E	R	T
T	E	A	R	L	A	R	C	H	E	N	G	T
A	R	E	P	O	I	R	E	D	U	R	O	U
U	S	T	R	E	L	L	E	N	I	V	O	R
R	A	R	C	H	I	T	E	T	T	U	R	A
O	S	T	R	C	C	A	N	I	N	O	B	E
O	S	F	E	R	A	C	S	E	R	F	F	A
I	N	Q	U	A	D	R	O	T	R	I	A	N

Parte 2: Grammatica

A. Passato remoto

A. Parliamo d'arte. Riscrivi le seguenti frasi prima con il passato prossimo e poi con il passato remoto.

ESEMPIO: Michelangelo scolpisce la Pietà →
Michelangelo ha scolpito la Pietà.
Michelangelo scolpì la Pietà.

1. Michelangelo affresca la Cappella Sistina.

   ____

   ____

2. Botticelli dipinge la *Primavera.*

   ____

   ____

3. Gli studenti di storia dell'arte ammirano i disegni di Leonardo.

   ____

   ____

4. Giovanni fotografa i mosaici di Ravenna.

   ____

   ____

5. La guida mostra le rovine del Foro Romano ai turisti.

   ____

   ____

6. I greci costruiscono molti templi in Sicilia.

   ____

   ____

B. Dante Alighieri. Completa il seguente testo su Dante. Scegli le espressioni giuste fra quelle date.

Espressioni: andò, apparteneva (*belonged*), aveva visto, capolavoro, morì, nacque, opera, poeta, si sposò, ritornò

Il ________________[1] Dante Alighieri ________________[2] a Firenze nel 1265. La sua famiglia ________________[3] alla piccola nobiltà fiorentina. Nel 1295 ________________[4] con Gemma Donati ma nel 1274 ________________[5] per la prima volta Beatrice, la sua musa, la sua ispirazione spirituale. Per motivi politici Dante ________________[6] in esilio nel 1301 e non ________________[7] mai più a Firenze. La sua prima ________________[8] letteraria importante è *La vita nuova* e il suo ________________[9] è il poema *La Divina Commedia.* ________________[10] a Ravenna nel 1321.

C. Dall'*Inferno* di Dante: Canto V, l'episodio di Paolo e Francesca

Dante parla con Francesca, morta (uccisa, anzi) per amore. Un amore peccaminoso (*sinful*). Nel suo dialogo con Dante, Francesca racconta la sua versione di come lei e Paolo, suo cognato, si innamorarono.

Noi leggiavamo un giorno per diletto
di Lancialotto come amor lo strinse;[1]
soli eravamo e sanza alcun sospetto.
Per più fiate[2] li occhi ci sospinse[3]
quella lettura, e scolorocci[4] il viso;
ma solo un punto fu quel che ci vinse.
Quando leggemmo il disiato riso[5]
esser baciato da cotanto[6] amante,
questi, che mai da me non fia[7] diviso,
la bocca mi baciò tutto tremante.

[1]*(da* ***stringere****)*
[2]*volte* / [3]*ci spinse in avanti*
[4]*ci scolorì, ci fece perdere colore*
[5]*il desiderato sorriso*
[6]*tanto grande*
[7]*sarà*

1. Cosa facevano Paolo e Francesca prima di commettere il loro peccato d'amore?

   ____

2. Perché, secondo Francesca, commettono questo peccato?

   ____

3. Fai una lista dei verbi al passato remoto e poi riscrivi il brano usando verbi al passato prossimo. Scrivi su un altro foglio.

D. Gli zii d'America. Il nonno racconta una storia ai suoi nipotini. Riscrivi la storia. Cambia i verbi dal passato remoto al passato prossimo.

Un giorno lo zio Antonio ________________[1] (prese) la nave a Genova e ________________[2] (partì) per gli Stati Uniti. Il viaggio ________________[3] (durò [*lasted*]) molte settimane e quando finalmente lo zio Antonio ________________[4] (arrivò) a New York ________________[5] (ebbe) paura di trovarsi in una città così grande dove non conosceva nessuno. ________________[6] (Cercò) lavoro per molto tempo, poi finalmente lo ________________[7] (trovò) in una piccola fabbrica (*factory*) di scarpe. Dopo un anno, ________________________ [8] (conobbe) Elisabetta, una ragazza del suo paese. Dopo un po' di tempo lo zio Antonio ________________________ [9] (chiese) ad Elisabetta se si voleva sposare con lui. Lei ________________________ [10] (rispose) di sì e così dopo due mesi ________________________ [11] (si sposarono). Non ________________________ [12] (fecero) una grande festa perché erano soli e i loro parenti ed amici erano tutti in Italia. Gli zii ________________________ [13] (ebbero) cinque figli. ________________________ [14] (Vissero) sempre negli Stati Uniti e non ________________________ [15] (ritornarono) mai in Italia.

E. Avvenimenti del passato. Completa le frasi con i verbi al passato remoto.

1. I miei antenati (*ancestors*) (venire) ________________________ dall'Irlanda nel 1830.
2. L'anno scorso, gli studenti del corso sul cinema italiano (vedere) ________________________ tutti i film di Federico Fellini.
3. Quando Cristoforo Colombo, nel 1492, (mettere) ________________________ piede sull'isola di San Salvador, (credere) ________________________ di aver raggiunto le Indie Orientali.
4. Michelangelo (vivere) ________________________ per molti anni della sua vita a Roma, dove (dipingere) ________________________ gli affreschi della Cappella Sistina, in Vaticano.
5. Io e Cosetta (andare ad abitare) ________________________ a Napoli nel 1998. Due anni dopo, (ritornare) ________________________ qui a Bologna.
6. Roma (diventare) ________________________ la capitale d'Italia nel 1870.
7. Amerigo Vespucci (1454–1512) (esplorare) ________________________ le coste del «Nuovo Mondo» e (dare) ________________________ il suo nome al nuovo continente.

F. Una favola: Cappuccetto Rosso. Completa la favola con il passato remoto o l'imperfetto.

________________________ [1] (Esserci) una volta una bambina che ________________________ [2] (chiamarsi) Cappuccetto Rosso. Un giorno Cappuccetto Rosso ________________________ [3] (dovere) andare dalla nonna a portarle un cestino (*basket*) di cibo, perché la nonna ________________________ [4] (essere) ammalata. Cappuccetto Rosso ________________________ [5] (uscire) di casa ed ________________________ [6] (entrare) nel bosco. Cappuccetto Rosso ________________________ [7] (vedere) dei fiori e ________________________ [8] (decidere) di raccoglierne (*to pick*) alcuni per la nonna. Improvvisamente ________________________ [9] (incontrare) un grosso lupo che le ________________________ [10] (chiedere) dove ________________________ [11] (andare). «Dalla nonna» ________________________ [12] (rispondere) Cappuccetto. Il lupo la ________________________ [13] (salutare) e ________________________ [14] (andare) via. Il lupo ________________________ [15] (correre) a casa della nonna, la ________________________ [16] (mangiare) e ________________________ [17] (mettersi) a letto al suo posto. Quando Cappuccetto Rosso ____________________[18] (arrivare) dalla nonna, la ____________________[19] (trovare) a letto. Ma la nonna ____________________[20] (sembrare) un po' strana. «Nonna, che orecchie lunghe che hai... » ____________________[21] (dire) la bambina. «È per sentirti meglio» ____________________[22] (rispondere) la nonna. «Nonna, che bocca grande che hai, che denti grandi che hai... » «È per mangiarti meglio!» E il lupo ____________________[23] (saltare [*to jump*]) dal letto e ____________________[24] (mangiare) la bambina.

G. Piccoli dialoghi. Completa i dialoghi o con il passato prossimo e l'imperfetto o con il passato remoto e l'imperfetto.

1. S1: Quando ____________________ (trasferirsi) in America i tuoi nonni?
   S2: Quando mio padre ____________________ (avere) due anni. Ma poi mio nonno ____________________ (dovere) tornare in Italia, due anni dopo.
2. S1: Luigi, come mai ____________________ (leggere) tutti quei libri?
   S2: Beh, ____________________ (volere) fare bella figura con il nuovo professore.
3. S1: ____________________ (Uscire) in fretta stamattina Marco e Nino. Perché?
   S2: ____________________ (Avere) un esame di storia e non ____________________ (potere) arrivare tardi all'università.

B. Numeri ordinali

A. Personaggi storici. Scrivi in lettere il numero ordinale.

1. Luigi XIV, re di Francia ____________________
2. Leone XIII, papa nel XIX secolo ____________________
3. Enrico IV, imperatore di Germania nel Medioevo ____________________
4. Bonifacio VIII, papa nel Medioevo ____________________
5. Vittorio Emanuele III, penultimo re d'Italia ____________________
6. Elisabetta II d'Inghilterra ____________________

B. In quale secolo? Scrivi a quale secolo appartengono questi anni.

1. L'anno 2000 ____________________
2. Il 1492 ____________________
3. Il 1776 ____________________
4. Il 1865 ____________________
5. Il 1620 ____________________

Parte 3: Grammatica

C. Volerci v. metterci

A. Cosa ci vuole? Completa con la forma corretta di **volerci.**

1. Per fare un tavolo, ______________________________ il legno.
2. Nel secolo passato ______________________________ tre giorni per andare da Firenze a Milano.
3. ______________________________ sei uova per fare questo dolce.
4. L'anno prossimo ______________________________ più professori di italiano per questa università.
5. ______________________________ coraggio per fare quest'esame.

❖ **B. Volerci o metterci?** Completa le seguenti frasi con **volerci** o **metterci,** secondo la costruzione della frase. Fai particolare attenzione al soggetto della frase.

ESEMPI: Io ci metto cinque minuti per arrivare all'università.
Per Gianni ci vuole molta volontà per studiare la chimica.

1. Mio padre dice sempre che ______________________________
2. Secondo mia madre ______________________________
3. I miei fratelli (Le mie sorelle) ______________________________
4. Per mia nonna ______________________________
5. I miei amici ______________________________

Parte 4

Un po' di scrittura

Raccontare una favola. Racconta una favola che conosci già bene o una favola di tua invenzione. Descrivi i personaggi e dai anche una morale alla fine della storia. Prima di scrivere la favola, scrivi delle note preliminari sui personaggi e sulle loro caratteristiche. Nota bene che a questo punto scrivi delle descrizioni e delle abitudini nel passato per cui usa **l'imperfetto.** Comincia la storia con «C'era una volta... ». Usa un altro foglio.

ESEMPIO: C'era una volta una bambina che si chiamava Cappuccetto Rosso, ... Un giorno lei andò a trovare la nonna e nel bosco incontrò il lupo...

Attualità

Una mostra d'arte a Palazzo Reale a Milano. È il week-end e hai deciso di visitare un museo. C'è una mostra di Modigliani, su cui hai letto un articoletto su un quotidiano riportato qui sotto. Rispondi alle domande che seguono.

Affluenza record per la mostra inaugurata ieri. Le prenotazioni sono oltre cinquantamila

Palazzo Reale, in coda per i capolavori di Modigliani

C'è una singolare «maledizione» (che per ora ha portato fortuna nell'affluenza di pubblico) che accompagna l'apertura delle grandi rassegne antologiche di Palazzo Reale. Quella su «Picasso» venne inaugurata il 15 settembre di due anni fa mentre il mondo era frastornato, ma non diviso, dall'attentato alle Torri Gemelle. In occasione dell'inaugurazione di quella mostra - che come quella di «Modigliani» era un'esposizione da 500mila visitatori e investimenti miliardari -, la curatrice Bernice B. Rose e Bernard Picasso ricordarono Pablo come «artista che non restò mai indifferente ai conflitti della civiltà» e Flavio Caroli parlò delle rovine del World Trade Center come «scomposizioni picassiane».

Con un incredibile passaggio di testimone, la mostra di «Modigliani», aperta al pubblico da ieri con già super-affluenza, è stata inaugurata nello stesso clima. E, si potrebbe dire, in un sinistro «ponte ideale» tra l'11 settembre e le sue conseguenze. Questa volta sono stati l'assessore Salvatore Carrubba e il promotore della mostra, Massimo Vitta Zelman, a fornire la nuova chiave di lettura. «Facciamo che la cultura diventi tessuto connettivo per superare queste tensioni delle coscienze», ha detto il primo all'inaugurazione. Zelman ha parlato di «occasione per godersi un momento di pausa nelle angosce del presente».

Ieri molti milanesi erano già in coda per osservare le straordinarie 144 opere dell'«Angelo dal volto sereno» e le 70 di una tra le sue belle, Jeanne Hébuterne. Mostra ancora più ricca di quella che ha registrato mezzo milione di presenze a Parigi e disposta in spazi più accoglienti rispetto al Museo del Lussemburgo. Da apprezzare per completezza e per il confronto artistico tra i due protagonisti di un passionale rapporto amoroso.

Ieri, nel suo primo giorno, la mostra è stata visitata da 1.500 persone. Le prenotazioni sono già a quota 55mila.

P.Pan.

ALLA MOSTRA DI MODIGLIANI CON LO SCONTO

Il Corriere della Sera offre ai suoi lettori una **visita esclusiva** alla mostra di **Modigliani** di Palazzo Reale. **Ogni sabato sera dalle 19.30 alle 23** (ultimo ingresso ore 22.00) sarà possibile entrare all'esposizione mostrando questo **coupon valevole per due persone**. Il tagliando dà diritto a uno **sconto** sul biglietto: **6,50 euro** anziché 9. L'ingresso è riservato **esclusivamente** ai lettori del «Corriere». Questo coupon da ritagliare è valido soltanto per la visita di questa sera, **22 marzo**. Ogni sabato sarà pubblicato il tagliando valevole per la serata

1. In quale città è la mostra su Modigliani?

____

2. Per quale giorno e quale orario è valido lo sconto? Per quante persone? Chi offre lo sconto?

____

3. Quanto si paga normalmente per andare a vedere questa mostra?

____

4. Quanti quadri di Modigliani sono esposti?

____

5. Sono esposte solo le opere di Modigliani?

____

CAPITOLO 16

Per chi voti?

Parte 1: Vocabolario

A. Un'Europa unita, con una sola moneta. Leggi il dialogo e rispondi alle domande.

MARISA: Cosa pensi di quest'Europa unita, con una sola moneta?
ADRIANA: Un po' mi dispiace che la lira non ci sia più ma penso che sia un bene per l'economia europea. Così sarà possibile essere più forti contro il dollaro…
MARISA: Non credo che quest'unità porti moltissimi vantaggi.
ADRIANA: Marisa! Che sorpresa! Che dici? Un mercato libero, molte leggi uguali per gli stati dell'Unione, una legislazione sociale più avanzata. Credo che sia un vantaggio sicuro!
MARISA: E tu, per chi voti per il nuovo parlamento europeo?
ADRIANA: Sai, io sono di sinistra, voto per un partito progressista…
MARISA: E io sono di centro, ma devo ancora decidere per chi votare!
ADRIANA: Spero che sia una decisione veloce, la tua! Le elezioni sono domani!

1. Che giorno è domani?

   ____

   ____

2. Cosa pensa Marisa dell'unificazione economica dell'Europa?

   ____

   ____

3. Per quale tipo di partito vuole votare Adriana?

   ____

   ____

B. Definizioni. Abbina le parole della colonna A con le parole e le definizioni della colonna B.

A	B
1. _____ eleggere	a. le leggi, lo statuto
2. _____ la riduzione	b. lo stipendio
3. _____ la costituzione	c. il membro del governo
4. _____ la disoccupazione	d. nominare, votare
5. _____ il ministro	e. la mancanza (*lack*) di lavoro
6. _____ il salario	f. la diminuzione, la limitazione

C. La Repubblica. Completa le frasi con le parole adatte.

1. Il ____________________ è il capo dello stato italiano.
2. Il ____________________ è il capo del governo.
3. Al governo partecipano i rappresentanti dei maggiori ____________________ italiani.
4. La ____________________ e il ____________________ formano il Parlamento.
5. Le ____________________ e il ____________________ sono gli strumenti della democrazia.

—... Buone notizie, signor ministro: il 60% della popolazione si augura una sua guarigione,[a] il 40% invece è decisamente contrario...

[a]*si... hopes that you recover*

D. Il costo della vita. Giulia e Guido sono preoccupati per il continuo aumento del costo della vita. Completa il dialogo con la forma adatta delle seguenti parole: **aumentare, aumento, diminuire, lo stipendio, le tasse.**

GIULIA: Il costo della vita è in continuo ____________________[1]!

GUIDO: Sì, è sempre peggio! I prezzi ____________________,[2] le ____________________[3] non ____________________ ...[4]

GIULIA: Tra poco ci ridurranno (*they'll reduce*) anche gli ____________________[5]!

GUIDO: Io faccio sciopero!

E. Cittadini e rappresentanti. Rispondi alle seguenti domande.

1. Come si chiamano i membri della Camera?

   ____

2. Come si chiamano i membri del Senato?

   ____

3. Chi sono i disoccupati?

   ____

4. Dove lavorano gli operai?

   ____

5. Dove lavorano gli impiegati?

   ____

6. Chi fa gli scioperi? Perché?

   ____

❖ F. **Domande personali.** Rispondi alle seguenti domande secondo la tua esperienza personale.

1. Chi sono i rappresentanti al Senato del tuo Stato? Conosci i loro programmi?

______

2. Vai a votare alle elezioni nazionali e statali? Perché sì, perché no?

______

3. Cosa pensi del *leader* di questo paese?

______

4. Quali sono i maggiori partiti in questo paese?

______

5. Secondo te, è importante interessarsi di politica?

______

—Oh, sì, lo so benissimo che cosa succede ai piccoli bugiardi: crescono e si danno[a] alla politica!

[a]si... *they devote themselves*

Parte 2: Grammatica

A. Congiuntivo presente

A. Un padre troppo protettivo. Il padre di Marina è molto severo (*strict*) e protettivo. Scrivi le sue risposte alle richieste (*requests*) di sua figlia.

ESEMPIO: Posso uscire con Claudio? → No, non voglio che tu esca con Claudio.

1. Posso prendere la macchina stasera?

______

2. Posso andare in discoteca con gli amici?

______

3. Possiamo fare una passeggiata dopo cena, io e Claudio?

______

4. Posso mettermi la minigonna?

____

5. Posso ritornare dopo mezzanotte il sabato sera?

____

6. Posso frequentare un corso di nuoto?

____

B. Io non ci credo! Enrico ha poca fede nella politica del governo. Segui l'esempio e scrivi le opinioni di Enrico.

ESEMPIO: il governo / aumentare gli stipendi →
Io non credo che il governo aumenti gli stipendi.

1. il governo / diminuire le tasse

____

2. il governo / aiutare gli immigrati

____

3. i ministri / risolvere il problema del deficit finanziario

____

4. i ministri / migliorare l'assistenza medica (*to improve health insurance*)

____

5. il governo / fare qualcosa per l'Aids

____

6. il parlamento / approvare leggi per cambiare il sistema universitario

____

C. Bisogna! Il signor Francesco è avanti con gli anni (*getting on in years*) ma molto vivace. Ti preoccupi per la sua salute. Incoraggialo a fare ciò che dovrebbe fare. Comincia ogni frase con **Ma bisogna che Lei...**

ESEMPIO: Non voglio andare dal dottore. → Ma bisogna che Lei vada dal dottore!

1. Non voglio guidare piano (*slowly*).

____

2. Non voglio smettere di fumare.

____

3. Non voglio bere meno vino.

____

4. Non voglio riposarmi (*to rest*).

____

D. Spero che... Sei preoccupato/preoccupata per la visita dei tuoi cognati (*in-laws*). Ne parli con tua madre. Rispondi alle sue domande con **Non so, ma spero che...** e le informazioni suggerite.

ESEMPIO: A che ora arriveranno? (tardi) → Non so, ma spero che arrivino tardi.

1. Quando partiranno? (domenica sera)

 ______

2. Dove dormiranno? (nella camera degli ospiti)

 ______

3. A che ora si alzeranno? (presto)

 ______

4. Di che cosa discuteremo? (di arte e di cultura, non di politica)

 ______

B. Verbi e espressioni che richiedono il congiuntivo

A. È bene? Esprimi la tua opinione riguardo ai seguenti fatti. Reagisci ad ogni affermazione cominciando con **È bene che...** o **Non è bene che...**

ESEMPIO: Il governo aumenta le tasse. →
È bene che (Non è bene che) il governo aumenti le tasse.

1. Il governo è principalmente un sistema di due partiti.

 ______

2. Negli Stati Uniti non c'è assistenza medica per tutti i cittadini.

 ______

3. Le Nazioni Unite aiutano i paesi più poveri.

 ______

4. I lavoratori esigono stipendi migliori.

 ______

5. Le femministe organizzano una manifestazione per la parità dei diritti.

 ______

B. Indicativo o congiuntivo? Completa i dialoghetti con la forma appropriata dell'indicativo o del congiuntivo.

1. S1: Peccato che tu oggi non ______ (stare) bene, perché volevo andare a fare una passeggiata.

 S2: Ho un brutto raffreddore ed è bene che io non ______ (uscire) e che ______ (bere) molto succo d'arancia.

2. S1: Penso che stasera ____________________ (arrivare) Valeria dall'Inghilterra. Vorresti andare a prenderla all'aeroporto?

S2: No, non posso. È meglio che io ____________________ (leggere) un po' e che poi ____________________ (andare) a letto presto.

—Credi che stia bene un vaso del paleolitico insieme ad un tavolo del paleozoico?

3. S1: Bambini, è ora che ____________________ (alzarsi) e ____________________ (prepararsi) per andare a scuola.

S2: Mamma, è proprio necessario che noi ____________________ (andare) a scuola?

❖ C. **Opinioni personali.** Completa le frasi secondo le tue opinioni personali.

ESEMPIO: È importante che il governo… →
È importante che il governo faccia di più per le persone povere.

1. Ho l'impressione che il presidente ____________________
2. È ora che i nostri senatori ____________________
3. Sembra che gli operai in questo paese ____________________
4. È strano che il papa ____________________
5. Spero che alle prossime elezioni ____________________
6. Ho paura che nel nostro paese ____________________

❖ D. **Peccato!** Quali situazioni o avvenimenti ti fanno dire «Che peccato!»? Scrivi tre frasi cominciando con **Peccato che…**

ESEMPIO: Peccato che i progressisti al governo siano pochi!

1. ____________________
2. ____________________
3. ____________________

Parte 3: Grammatica

C. Congiuntivo passato

A. Ieri. Completa le seguenti frasi con il congiuntivo passato del verbo.

ESEMPIO: Voi non avete scioperato. Speriamo che almeno Giovanni *abbia scioperato*!

1. Io non ho finito. È possibile che gli altri ____________________!
2. Hai votato! Sono contenta che tu ____________________!
3. Non si sono divertiti? Peccato che non si ____________________!

4. Vi siete trasferiti a Milano? È strano che vi ____________________ così lontano!
5. Non avete chiesto l'aumento? Mi dispiace che non ____________________ l'aumento!
6. Ho capito tutto! È incredibile che io ____________________ tutto!

B. Può darsi. Roberto è molto sicuro. Scrivi le sue risposte alle seguenti domande. Comincia con **Può darsi che...** segui l'esempio.

ESEMPIO: Sai quando arriva l'aereo? → Può darsi che sia già arrivato.

1. Sai quando vanno a dormire?
 ____
2. Sai quando fanno colazione?
 ____
3. Sai quando pagano?
 ____
4. Sai quando escono?
 ____
5. Sai quando parte il treno?
 ____
 ____
6. Sai quando danno i risultati delle elezioni?
 ____
 ____

—Sembra che abbia perso tutta la sua capacità di ricupero...

C. Piccoli dialoghi. Completa i dialoghetti con la forma appropriata del congiuntivo presente o passato.

1. S1: Sono contenta che Renata e Gianni ____________________ (incontrare) mio fratello ieri sera.
 S2: Ne sono contenta anch'io. Ho l'impressione che quei due non ____________________ (avere) molti amici qui a Roma.
2. S1: Credi che il signor Albi ____________________ (annoiarsi) alle feste?
 S2: Direi di no. Pare che lui ____________________ (divertirsi) tanto alla festa dei Mauri la settimana scorsa.
3. S1: Carlo, dove sono i ragazzi? Ho paura che ____________________ (succedere) qualcosa.
 S2: Non ti preoccupare, Franca. Immagino che quel distratto di nostro figlio ____________________ (dimenticare) di fare benzina.
4. S1: Spero che non ci ____________________ (essere) lo sciopero dei treni domani.
 S2: Ho appena sentito il giornale radio e pare che gli operai ____________________ (ottenere) l'aumento che chiedevano.

D. Congiuntivo o infinito?

❖ **A. L'aspettativa per uomini e donne.** Leggi il dialogo tra Fiorella e Valentina e rispondi alle domande.

FIORELLA: Ciao, Valentina! Come vanno le cose con il lavoro e la maternità?
VALENTINA: Oh, non sai! Pensavo di chiedere sei mesi di aspettativa per stare con Davide e invece ne ho chiesti solo tre.
FIORELLA: Come mai? Mandi il bambino all'asilo-nido,[1] o tua madre fa la babysitter?
VALENTINA: A dire il vero, no, Roberto ha deciso di stare con Davide per tre mesi. Penso che abbia ragione a dire che vuole passare più tempo con il bambino, e per fortuna la legge lo permette.
FIORELLA: Quando ritorni a lavorare, allora?
VALENTINA: Ho l'aspettativa per altri due mesi, ma sarò comunque impegnata a tempo pieno. Crescere un figlio è il vero lavoro, adesso!

[1] *day care center*

1. Esiste l'aspettativa per maternità in questo paese?

____

2. Cosa dice la legge in questo paese sui padri e le madri che lavorano? Che diritti hanno?

____
____
____
____

E Lei, signore,

farebbe il mammo[a]?

[a] *Mr. Mom*

B. È importante! Crea delle frasi nuove con le espressioni date tra parentesi.

ESEMPIO: Voto domani. (È importante / Ho intenzione / Voglio) →
È importante che io voti domani.
Ho intenzione di votare domani.
Voglio votare domani.

1. Si sono fatti sentire (*they made themselves heard*). (Sono contento / Pare / Credo)

____
____

2. Il governo applica le riforme. (È ora / Voglio / È importante)

____
____

3. Hai ripreso il lavoro (*you got back to work*). (È meglio / Sei felice / Lui spera)

____
____

4. Chiedete un grosso aumento. (È opportuno / Desiderate / Avete bisogno)

____
____

❖ C. **Obiettivi.** Di' cosa dovrebbe essere fatto in generale per ottenere i seguenti risultati, e poi di' cosa tu personalmente dovresti fare. Segui l'esempio.

ESEMPIO: per imparare bene l'italiano →
Per imparare bene l'italiano bisogna studiare ogni giorno.
Per imparare bene l'italiano bisogna che io vada al laboratorio.

1. per avere buona salute

______

______

2. per trovare un lavoro

______

______

3. per essere simpatici/simpatiche a tutti

______

______

4. per riuscire nella vita

______

______

Parte 4

Un po' di scrittura

A. Discussioni politiche. Ricordi una discussione politica con amici e parenti? Di che cosa avete parlato? Riporta la discussione alternando il racconto con il dialogo e usando il congiuntivo quando è necessario.

ESEMPIO: Due settimane fa ho avuto una discussione con Roberta. Discutevamo sull'uso delle tasse e sul sistema di assistenza sanitaria. Roberta ha detto: «Io non credo che sia giusto che il governo usi i miei soldi per l'assistenza medica per tutti!» Io invece ho risposto:[1] «Ma non credi che sia giusto invece che i più ricchi aiutino i più poveri e che il governo usi le tasse per assicurare a tutti, anche a chi non potrebbe permetterselo (*afford it*), l'accesso agli ospedali e alle cure mediche?»...

Attualità

Il parlamento italiano. Vorresti conoscere meglio il sistema istituzionale italiano. Fai una piccola ricerca in rete e trovi il sito della Camera dei Deputati. C'è la sua homepage alla pagina seguente.

Scrivi quale link clicchi per avere informazioni su:

1. la posizione dell'Italia in Europa

______

2. chi sono i membri della Camera

______

3. quali leggi si discutono in un giorno particolare

____

4. la possibilità di ascoltare, al computer, delle clip delle sedute

____

5. come andare a fare una visita alla Camera

____

CAPITOLO PRELIMINARE

Benvenuti a tutti!

A. Saluti e espressioni di cortesia

A. Presentazioni (*Introductions*). You will hear two professors introduce themselves to their classes. The first time, listen carefully. Pay attention to rhythm and intonation. The second time, write the missing words. The third time, the introductions will be read with pauses for repetition. Repeat after the speakers and check what you have written. Then check your answers in the Answer Key.

1. Buon giorno! ____________[1] Giovanni Vianello. Sono ____________.[2] Sono ____________[3] Firenze.

2. Buon ____________[4]! ____________[5] Gina Ferraro. Sono ____________.[6] Sono di Venezia.

B. E tu, chi sei? Now, following the examples, introduce yourself. Use the greetings you find most appropriate. First listen. Then introduce yourself.

ESEMPI: STUDENTE 1: Buon giorno! Mi chiamo (*My name is*) Brian Johnson. Sono studente d'italiano. Sono di Knoxville.

STUDENTE 2: Salve! Mi chiamo Aliza Wong. Sono studentessa d'italiano. Sono di Portland. E tu, chi sei?

Now introduce yourself, following one of the preceding models.

C. Formale o informale? You will hear three different dialogues in which people introduce themselves to each other. The first time, listen carefully. Pay attention to rhythm and intonation. The second time, write the missing words. The third time, the dialogues will be read with pauses for repetition. After repeating the dialogues, decide whether the situation presented is formal or informal, **formale o informale.** You will hear the answers at the end of the exercise. Check your written answers in the Answer Key.

DIALOGUE 1:
Professor Villoresi and Professoressa Stefanin meet for the first time at a professional meeting.

PROFESSORESSA STEFANIN: Buon giorno! Mi chiamo Alessandra Stefanin.

PROFESSOR VILLORESI: ____________[1]? Come si chiama?

PROFESSORESSA STEFANIN: Alessandra Stefanin.

PROFESSOR VILLORESI: Ah, ____________[2]! Marco Villoresi. Sono di Firenze. ____________[3] Lei?

PROFESSORESSA STEFANIN: ____________[4] di Venezia. Piacere!

Now indicate whether the dialogue is formal or informal.

formale   informale

DIALOGUE 2:
A student sees his professor in a restaurant.

STUDENTE: Buona sera, professor Villoresi! Come va?

PROFESSOR VILLORESI: ____________,[1] grazie. E ____________[2]?

STUDENTE: Non c'è ____________.[3]

PROFESSOR VILLORESI: Arrivederci!

STUDENTE: ____________.[4]

Now indicate whether the dialogue is formal or informal.

formale   informale

DIALOGUE 3:
Laura meets her friend Roberto.

LAURA: Ciao, Roberto! Come ____________[1]?

ROBERTO: Non c'è male. E ____________[2]?

LAURA: Bene, grazie!

ROBERTO: ____________[3]!

LAURA: Ciao!

Now indicate whether the dialogue is formal or informal.

formale   informale

D. Conversazioni brevi (*Short conversations*). You will hear a short phrase or expression. You will hear each one twice. Listen carefully, then indicate the most appropriate response to what you have heard. Scan the choices now.

1. _____ a. Così così.
2. _____ b. Buona sera, signora Gilli.
3. _____ c. Prego!
4. _____ d. Buona notte, mamma!
5. _____ e. Mi chiamo Roberto, piacere!

In ascolto

Conversazioni. Take a moment to read over the options listed below. Then, listen to the four brief conversations and select the relationship between the speakers you consider most plausible.

1. _____ professoressa e studente
   _____ due (*two*) studenti
   _____ madre e figlio (*mother and son*)
2. _____ colleghi di lavoro (*co-workers*)
   _____ madre e figlio
   _____ due studenti
3. _____ professoressa e studente
   _____ colleghi di lavoro
   _____ madre e figlio
4. _____ professoressa e studente
   _____ due studenti
   _____ madre e figlio

B. In classe

A. Alla classe. The instructor has asked the class to perform some actions. Match what you hear with the actions performed by the students in the drawings. Write the appropriate command from the list next to the corresponding drawing. Then check your answers in the Answer Key. Scan the list of directions now.

Alla lavagna!	Chiudete il libro!
Aprite il libro!	Ripetete **buona notte**, per favore!
Ascoltate!	Scrivete!

1. ______________________ 2. ______________________

3. ______________________ 4. ______________________

B. Come si dice? You will hear a series of brief classroom exchanges. You will hear each one twice. The first time, listen carefully. The second time, complete the dialogues with the expressions you hear. Check your answers in the Answer Key.

1. PROFESSORESSA: Paolo, ____________[1] si ____________[2] *alphabet* in italiano?
   STUDENTE: Alfabeto.

   PROFESSORESSA: Giusto! ____________[3]!

2. STUDENTESSA: ____________,[4] professore, come si ____________[5] **classe?**
   PROFESSORE: C L A S S E.
   STUDENTESSA: Grazie, professore!

   PROFESSORE: ____________,[6] signorina!

3. PROFESSORESSA: ____________[7] il libro e fate l'esercizio.

   STUDENTE: ____________[8]? Non ____________.[9] Ripeta, per ____________![10]

C. A lezione (*In class*). What would you say in Italian in the following situations? Repeat the response.

ESEMPIO: *You read:* You want your instructor to repeat something.
You say: Ripeta, per favore!
You hear: Ripeta, per favore!
You repeat: Ripeta, per favore!

1. You want to know how to pronounce a word.
2. You do not understand what your instructor has said.
3. You want to know how to say *excuse me* in Italian.
4. You want to ask what something means.
5. You did not hear clearly what your instructor said.
6. You do not know how to spell a word.

C. Alfabeto e suoni

A. «Nella vecchia fattoria... » You will hear a reading of «Nella vecchia fattoria». You will hear it twice. The first time, listen carefully. The second time, it will be read with pauses for repetition.

Nella vecchia fattoria, ia-ia-o!
Quante bestie ha zio Tobia, ia-ia-o!
C'è il cane (bau!) cane (bau!) ca-ca-cane,
e il gatto (miao!) gatto (miao!) ga-ga-gatto,
e la mucca (muu!) mucca (muu!) mu-mu-mucca...
nella vecchia fattoria, ia-ia-o!

B. L'alfabeto italiano. You will hear the names of the letters of the Italian alphabet, along with male and female Italian names. Listen and repeat, imitating the speaker. Starting in Chapter 1, you will practice the pronunciation of most of these letters individually.

a	a	Andrea	Antonella
b	bi	Bernardo	Beatrice
c	ci	Carlo	Cecilia
d	di	Daniele	Donatella
e	e	Emanuele	Enrica
f	effe	Fabrizio	Federica
g	gi	Giacomo	Gabriella
h	acca*		
i	i	Italo	Irene
l	elle	Luca	Lorella
m	emme	Marco	Marcella
n	enne	Nicola	Nora
o	o	Osvaldo	Ombretta
p	pi	Paolo	Patrizia
q	cu	Quirino	Quirina
r	erre	Roberto	Roberta
s	esse	Sergio	Simona
t	ti	Tommaso	Teresa
u	u	Umberto	Ursola
v	vu	Vittorio	Vanessa
z	zeta	Zeno	Zita

Now listen to the pronunciation of the following five letters, which are used in Italian with words of foreign origin. Repeat each one after the speaker.

j	i lunga
k	cappa
w	doppia vu
x	ics
y	ipsilon

---

*There are no Italian proper names beginning with **h.**

C. Lettere. Repeat the following abbreviations or formulas after the speaker.

1. K.O.
2. PR
3. LP
4. H_2O
5. CD
6. PC
7. S.O.S
8. P.S.
9. DVD
10. Raggi X (*X-rays*)

D. Come si pronuncia? You will hear the spelling of eight words you may not know. Write them down and then try to pronounce them. Repeat the response. Then check your answers and their translations in the Answer Key.

ESEMPIO: *You hear:* a-doppia erre-e-di-a-emme-e-enne-ti-o
You write: arredamento
You say: arredamento
You hear: arredamento
You repeat: arredamento

1. ____________________
2. ____________________
3. ____________________
4. ____________________
5. ____________________
6. ____________________
7. ____________________
8. ____________________

E. Vocali. Listen to and repeat the sounds of the seven Italian vowels and some words in which they are used. Note that vowels **e** and **o** have both closed and open forms.

Vocabolario preliminare

chiusa *closed*
aperta *open*

a	patata, casa, sala, banana
e chiusa	sete, e, sera, verde
e aperta	letto, è, bello, testa
i	pizza, vino, birra, timo
o chiusa	nome, dove, ora, volo
o aperta	posta, corda, porta, bosco
u	rude, luna, uno, cubo

F. Ancora vocali. Repeat each word after the speaker.

1. pazzo / pezzo / pizzo / pozzo / puzzo
2. casa / case / casi / caso
3. lana / lena / Lina / luna
4. auto / aiuto / iuta / uva / uova / Europa / aiuola

G. Consonanti *c* e *g*. **C** and **g** each have two sounds in Italian. Their sound is hard (as in English *cat* and *get*) when followed directly by **a, o, u,** or **h.** Their sound is soft (as in English *chain* and *giraffe*) when followed directly by **e** or **i.** Repeat each word after the speaker.

1. cane / casa / gatto / gamba
2. cibo / cera / gesso / gita
3. cena / che / getta / ghetto
4. Cina / chilo / giro / ghiro
5. gotta / Giotto / cotta / cioccolato
6. custode / ciuffo / gusto / giusto

H. Consonanti doppie. In this exercise you will practice the difference between single and double consonant sounds. Repeat each word after the speaker. Note that vowels before a double consonant are shorter in length than vowels before a single consonant. Notice the differences in pronunciation in the following two pairs of words.

carro (short **a** sound) ≠ **caro** (long **a** sound)

cassa (short **a** sound) ≠ **casa** (long **a** sound)

1. pala / palla
2. moto / motto
3. fato / fatto
4. nono / nonno
5. dita / ditta
6. sete / sette
7. papa / pappa
8. sono / sonno

I. Accento tonico. Can you hear where the stress falls in an Italian word? Underline the stressed vowel in each of the following words. You will hear each word twice. Then check your answers in the Answer Key.

1. grammatica
2. importanza
3. partire
4. partirò
5. musica
6. trentatré
7. subito
8. umiltà
9. abitano
10. cantavano

J. Accento scritto. Can you tell where a written accent is used in Italian? Remember, if written accents appear in Italian, they do so only on the final syllable of a word when that syllable is stressed. Add a grave accent (`) only when necessary to the following words. You will hear each word twice. Then check your answers in the Answer Key.

1. prendere
2. prendero
3. caffe
4. universita
5. cinquanta
6. civilta
7. virtu
8. tornare

D. Numeri da uno a cento

A. Numeri. Repeat the numbers after the speaker.

0	zero	11	undici	30	trenta
1	uno	12	dodici	40	quaranta
2	due	13	tredici	50	cinquanta
3	tre	14	quattordici	60	sessanta
4	quattro	15	quindici	70	settanta
5	cinque	16	sedici	80	ottanta
6	sei	17	diciassette	90	novanta
7	sette	18	diciotto	100	cento
8	otto	19	diciannove		
9	nove	20	venti		
10	dieci	21	ventuno		

B. Prefissi e numeri di telefono (*Area codes and telephone numbers*). Repeat the following area codes and phone numbers after the speaker.

ESEMPIO: *You read and hear:* (0574) 46-07–87
You say: prefisso: zero-cinque-sette-quattro;
numero di telefono: quarantasei-zero sette-ottantasette

1. (0574) 46-86-30
2. (055) 66-43-27
3. (06) 36-25-81-48
4. (02) 61-11-50
5. (075) 23-97-08
6. (0573) 62-91-78

In ascolto

Numeri di telefono. Take a moment to look over the telephone numbers listed below. Then, listen carefully and indicate the number you hear for each person or business.

1. Elisabetta. Numero di telefono: _________.
   a. 77.31.32 b. 67.21.32 c. 66.48.35
2. Pasticceria Vanini. Numero di telefono: _________.
   a. 94.19.35 b. 35.78.22 c. 44.78.16
3. Signora Cecchettini. Numero di telefono: _________.
   a. 21.51.83 b. 91.15.53 c. 98.12.35
4. Ristorante Bianchi. Numero di telefono: _________.
   a. 12.18.26 b. 12.38.37 c. 13.18.21

E. Calendario

A. Giorni della settimana (*Days of the week*). Write down the days of the week as you hear them. Then say them in the correct order. Check your answers in the Answer Key.

1. ____________________
2. ____________________
3. ____________________
4. ____________________
5. ____________________
6. ____________________
7. ____________________

B. I mesi. Repeat the names of the months in Italian, after the speaker.

gennaio	maggio	settembre
febbraio	giugno	ottobre
marzo	luglio	novembre
aprile	agosto	dicembre

C. In che mese? You will hear a series of questions about national holidays. Each question will be said twice. Listen carefully, then say the name of the month in which each holiday falls. Repeat the response.

ESEMPIO: *You hear:* In che mese è il giorno di Cristoforo Colombo?
You say: In ottobre.
You hear: In ottobre.
You repeat: In ottobre.

1. … 2. … 3. … 4. …

CAPITOLO 1

Finalmente in Italia

Parte 1: Vocabolario

A. Per cominciare. You will hear a short dialogue followed by a series of statements about the dialogue. Each statement will be read twice. Circle **vero** if the statement is true or **falso** if it is false.

CLIENTE: Buon giorno! Un biglietto per Venezia, per favore.
IMPIEGATO: Ecco! Sono cinquantasette euro.
CLIENTE: Ah, scusi, un'informazione. C'è un ufficio cambio qui in stazione?
IMPIEGATO: No, ma c'è una banca qui vicino, in Piazza Garibaldi.
CLIENTE: Grazie e arrivederci!
IMPIEGATO: Prego! Buona giornata!

1. vero falso
2. vero falso
3. vero falso

B. In una stazione italiana. You will hear a dialogue followed by five questions. You will hear the dialogue twice. The first time, listen carefully, paying attention to rhythm and intonation. The second time, Patrick's lines will be followed by pauses for repetition. Then answer the questions. Repeat the response.

PATRICK: Buon giorno. Ho una prenotazione[1] per due persone per Firenze, con un treno Eurostar.
IMPIEGATO: Scusi, un momento. Che cognome, prego?
PATRICK: Willis.
IMPIEGATO: Come si scrive?
PATRICK: Doppia Vu- I -Doppia Elle- I- Esse. Willis.
IMPIEGATO: Bene, ecco i due biglietti per Firenze e il supplemento per l'Eurostar. Va bene?
PATRICK: Va bene. Scusi, un'informazione. C'è un ufficio postale qui in stazione?
IMPIEGATO: No, non in stazione, ma qui vicino, in Via Gramsci.
PATRICK: Grazie e arrivederci!
IMPIEGATO: Prego! Buona giornata!

1. … 2. … 3. … 4. … 5. …

[1] *I have a reservation*

C. Mezzi di trasporto. You will hear five vehicle sounds. Listen carefully to the audio, then tell which vehicle you associate with the sound you hear. Use **È** (*It's . . .*) in your answer. Repeat the response.

ESEMPIO: *You hear:* (train sounds)
You read: un treno / un aeroplano
You say: È un treno.

1. un'auto / una moto
2. un autobus / una macchina
3. un aeroplano / un treno
4. una moto / una bicicletta
5. un treno / un autobus

D. Luoghi. You will hear six sounds of places around town. Listen carefully, then select the place you associate with the sound you hear. Use **È** (*It's . . .*) in your answer. Repeat the response.

ESEMPIO: *You hear:* (bells ringing)
You say: È una chiesa.

1. … 2. … 3. … 4. … 5. … 6. …

E. In città. You will hear a series of statements about where things are located in the city center. You will hear each statement twice. Listen carefully, then circle **vero** if the statement is true or **falso** if it is false. First, stop the audio and look over the map.

ESEMPIO: *You hear:* C'è una farmacia in Piazza Verdi.
You circle: vero / (falso)

1.	vero	falso
2.	vero	falso
3.	vero	falso
4.	vero	falso
5.	vero	falso

In ascolto

In centro (*Downtown*). Listen carefully and refer to the map of the city on page •••. Decide whether the statements you hear are true (**vero**) or false (**falso**).

Parole utili: tra (*between*)

1. vero falso
2. vero falso
3. vero falso

You will hear three questions about the locations of three buildings in the city. Listen carefully, refer to the map, and write down the answers.

4. ______________________________
5. ______________________________
6. ______________________________

Parte 2: Grammatica

A. Nomi: genere e numero

A. Per cominciare. You will hear a dialogue twice. The first time, listen carefully. The second time the dialogue will be read with pauses for repetition. Pay careful attention to rhythm and intonation.

VENDITORE: Panini, banane, gelati, vino, caffè, aranciata, birra…
TURISTA AMERICANA: Due panini e una birra, per favore!
VENDITORE: Ecco, signorina! Nove euro.
TURISTA AMERICANA: Ecco nove dollari. Va bene?

B. In una stazione. Alessandra, Marco, and their son Leonardo are waiting for their train. It's past noon and they are getting hungry. You will hear their dialogue twice. Complete the chart by marking an **X** in the box corresponding to the food or drink bought for each person. Check your answers in the Answer Key. Scan the chart now.

	panino	banana	gelato	vino	aranciata	caffè	birra
Alessandra							
Marco							
Leonardo							

C. Maschile o femminile? You will hear eight words twice. Indicate their gender by circling **maschile** or **femminile** (*masculine or feminine*), as appropriate.

ESEMPIO: *You hear:* ristorante
You circle: (maschile) femminile

1. maschile femminile
2. maschile femminile
3. maschile femminile
4. maschile femminile
5. maschile femminile
6. maschile femminile
7. maschile femminile
8. maschile femminile

D. Singolare e plurale. Give the plural forms of the following words. Repeat the response.

ESEMPIO: *You hear:* macchina
You say: macchine

1. … 2. … 3. … 4. … 5. … 6. …

B. Articolo indeterminativo e *buono*

A. Facendo le valige (*Packing*). Fabio is packing his bags for a trip to the United States. He is listing all the things he will need. Listen carefully to his list and check the items that he needs to take with him. You will hear the list twice. Check your answers in the Answer Key.

un biglietto aereo
un diario
una borsa grande
una mappa della città
una carta di credito
un passaporto
una carta d'identità
uno zaino

B. Un buon caffè in aeroporto… Fabio savors his last Italian coffee at the airport bar and comments on how good all the food is. First, stop the audio and complete the following passage with the correct form of **buono.** Then start the audio and listen to Fabio's praise. Check your answers in the Answer Key.

FABIO: Che ___________[1] bar è questo! Ha un ___________[2] espresso, un ___________[3] cappuccino e ___________[4] panini, una ___________[5] aranciata, una ___________[6] birra, un ___________[7] vino e ___________[8] liquori.

C. Auguri (*Best wishes*). At Fabio's departure his family exclaimed, **Buon viaggio!** Now send your wishes using the following list of words, with the appropriate forms of **buono.** Say each expression in the pause after the item number. Repeat the response.

ESEMPIO: *You read:* viaggio
You say: Buon viaggio!

1. Natale (*m., Christmas*)
2. Pasqua (*Easter*)
3. anno (*New Year*)
4. appetito
5. domenica
6. fortuna (*luck*)
7. week-end (*m., weekend*)
8. vacanze (*vacation*)

Parte 3: Grammatica

C. Presente di *avere* e pronomi soggetto

A. Per cominciare. You will hear a dialogue twice. The first time, listen carefully. The second time, it will be read with pauses for repetition. Pay careful attention to rhythm and intonation.

MASSIMO: E Lei, signora, ha parenti in America?
SIGNORA PARODI: No, Massimo, non ho parenti, solo amici. E tu, hai qualcuno?
MASSIMO: Sì, ho uno zio in California e una zia e molti cugini in Florida.

B. Parenti, amici, cugini (*cousins*) **in America.** The following dialogue will be read twice. The first time, listen carefully. The second time, write the missing words. Check your answers in the Answer Key.

MASSIMO: Ecco qui, signora Parodi, in questa foto ___________[1] sono con uno zio a Disneyland e qui sono a Miami, con un cugino. ___________[2] sono (*They are*) di Los Angeles.

SIGNORA PARODI: ___________[3] parenti in America?

MASSIMO: Sì, ____________[4] uno zio e un cugino in California e una zia e cugini in Virginia.

SIGNORA PARODI: ____________[5] molti cugini?

MASSIMO: Sì, otto. E ____________[6] e il signor Parodi, ____________[7] parenti in America?

SIGNORA PARODI: No, Massimo, non ____________[8] parenti, solo amici.

C. Cosa abbiamo? Tell what the following people have, using the oral and written cues. Repeat the response.

ESEMPIO: *You read and hear:* tu
You hear: una macchina
You say: Tu hai una macchina.

1. Roberto ed io
2. Giancarlo e Patrizia
3. tu e Elisa
4. una studentessa

D. Una domanda? You will hear some phrases that can be either statements or questions. Each phrase will be read twice. Listen carefully to the intonation used and circle *statement* or *question,* as appropriate.

ESEMPIO: *You hear:* Hai fame.
You circle: (statement) question

1. statement question
2. statement question
3. statement question
4. statement question
5. statement question
6. statement question

E. Fare domande. Ask questions based on the following drawings. Use the oral and written cues. Repeat the response.

ESEMPIO: *You hear and see:* una Ferrari
You read: tu
You say: Hai una Ferrari?

1. Marco
2. tu e Valerio
3. io e Leslie
4. io

F. Persone, persone… You will hear a series of statements. Circle the pronoun that refers to the subject of each sentence. As you know, Italian doesn't need to have an expressed subject in its sentences, since the verb endings tell who is doing what. Concentrate on the verb endings and circle the corresponding subject pronoun.

1. io tu
2. noi voi
3. io lei
4. noi loro
5. lui voi
6. tu lei

D. Espressioni idiomatiche con *avere*

A. Come sta Gilda? Look at the illustrations and tell how Gilda is doing today. Respond during the pause after each item number. Repeat the response.

ESEMPIO: *You see:*

You say: Gilda ha freddo.

1. 

2. 

3. 

4. 

5. 

B. Ho... You will hear a dialogue twice. The first time, listen carefully. The second time, write the missing words. Check your answers in the Answer Key.

ANGELO: Oh, che caldo! Non __________[1] caldo, Silvia?

SILVIA: Un po', ma sto bene così.

ANGELO: E sete? Io __________[2] proprio sete adesso. Hai voglia di una birra?

SILVIA: No, grazie, ma ho __________.[3] Ho voglia __________[4] un panino.

ANGELO: Chissà se c'è un bar in questa stazione.

SILVIA: Sì, c'è, ma non __________[5] tempo, solo cinque minuti.

ANGELO: __________[6] __________,[7] non è una buon'idea. Oh, ma guarda, c'è un venditore... Qui, per favore!

C. Fame, freddo, sete, caldo, sonno. State a logical conclusion to each sentence that you hear about the following people. Write your answer in the space provided. Check your answers in the Answer Key.

ESEMPIO: *You read:* Mario
You hear: Mario ha voglia di un panino.
You say and write: Ha fame.

1. Alessandro: ____________________
2. io: ____________________
3. Anna: ____________________
4. Sonia: ____________________
5. Riccardo: ____________________
6. tu: ____________________

D. E tu? Answer the following questions about yourself. Answer each question in the pause provided.

1. ... 2. ... 3. ... 4. ... 5. ...

Pronuncia: The sounds of the letter "c"

As you learned in the **Capitolo preliminare, c** represents two sounds: [k] as in the English word *cat,* and [č] as in the English word *cheese.* Remember that **c** *never* represents the [s] sound in Italian.

A. *C* dura. The [k] sound occurs when **c** is followed directly by **a, o, u, h,** or another consonant. Listen and repeat.

1. caldo
2. come
3. cugina
4. che
5. chi
6. clima
7. crema
8. macchina
9. fresche
10. ics

B. ***C* dolce.** The [č] sound occurs when **c** is followed directly by **e** or **i.** Listen and repeat.

1. cena
2. città
3. ciao
4. ciglio
5. ciuffo
6. piacere
7. ricetta
8. aranciata
9. diciotto
10. piaciuto

C. ***C* e doppia *c*.** Compare and contrast the single and double sound. Note the slight change in vowel sound when the consonant following is doubled. Listen and repeat.

1. aceto / accetto
2. caci / cacci
3. bacato / baccano
4. cucù / cucchiaio

D. Parliamo italiano! You will hear each sentence twice. Listen and repeat.

1. Il cinema è vicino al supermercato.
2. Cameriere, una cioccolata ed un caffè, per piacere!
3. Come si pronuncia **bicicletta?**
4. Michelangelo è un nome, non un cognome.

Dialogo

Prima parte. At the train station in Perugia. Gina and Massimo are waiting for Filippo's arrival.

Listen carefully to the dialogue.

GINA: Allora, chi è questo Filippo? Quanti anni ha? Di dov'è?
MASSIMO: È professore d'italiano a Boston, ma è nato a Roma. Ha trentadue anni ed è un buon amico di famiglia....
GINA: Hai una foto?
MASSIMO: No, ma ecco Filippo! È quello lì. Finalmente!...
FILIPPO: Ciao, Massimo, come va?
MASSIMO: Ciao, Filippo, bene, grazie!
GINA: Ciao Filippo, io sono Gina, benvenuto a Perugia!
FILIPPO: Piacere, Gina, e grazie!
MASSIMO: Filippo, hai sete o fame? C'è un bar qui vicino se hai voglia di un panino o di una bibita...
FILIPPO: Sì, ho fame e un panino va bene, ma ho anche bisogno di soldi. C'è una banca qui in stazione?
GINA: Sì, ecco! Andiamo in banca e poi al bar. Ho caldo e ho bisogno di una bibita (*soft drinks*).

Seconda parte. Listen to the dialogue again. Pay attention to places and numbers pertaining to Filippo. Try to understand what he needs as well.

Terza parte. You will hear six sentences based on the dialogue. You will hear each sentence twice. Circle **vero** if the statement is true and **falso** if false.

1. vero falso
2. vero falso
3. vero falso
4. vero falso
5. vero falso
6. vero falso

Ed ora ascoltiamo!

You will hear a conversation between Dottor Ricci and Gina. Listen carefully, as many times as you need to. Pay attention to the possible location of the dialogue, and Dottor Ricci's needs and actions.

Now stop the audio and complete the sentences about Dottor Ricci.

1. Il dottor Ricci è in
   a. un bar. b. una chiesa.
2. Il dottor Ricci ha
   a. fretta. b. fame.
3. Il dottor Ricci ha… oggi.
   a. un appuntamento b. una lezione
4. Il dottor Ricci ha bisogno di
   a. un caffè. b. un libro.

Dettato

La punteggiatura (*Punctuation*). The following punctuation marks will be read with pauses for repetition.

punto (.) *period*
virgola (,) *comma*
punto e virgola (;) *semi-colon*
due punti (:) *colon*
punto esclamativo (!) *exclamation mark*
punto interrogativo (?) *question mark*
apostrofo (') *apostrophe*
parentesi aperta (*open parentheses*
parentesi chiusa) *close parentheses*
virgolette aperte « *open quote*
virgolette chiuse » *close quote*

What's in Filippo's suitcase? You will hear a brief dictation three times. The first time, listen carefully. The second time, the dictation will be read with pauses. Write what you hear. The third time, check what you have written. Pay particular attention to punctuation. Write on the lines provided. Check your dictation in the Answer Key.

Ecco che cosa ______________________________

____

____

____

____

____

____

CAPITOLO 2

La classe e i compagni

Parte 1: Vocabolario

A. Per cominciare. You will hear a dialogue twice. The first time, listen carefully. The second time it will be read with pauses for repetition.

ANDREA: Ecco una foto di una mia amica, Paola. Lei è di Palermo, in Sicilia.
VALERIA: È davvero bella…
ANDREA: Oh sì, Paola è straordinaria: è simpatica, divertente°, sensibile ed è anche molto gentile…
VALERIA: Sono sicura che Paola ha una grande pazienza, perché tu sei sempre stressato e nervoso!

°*entertaining*

B. La classe e i compagni. You will hear a passage in which Angelo describes his first day of class. The passage will be read three times. The first time, listen carefully. The second time, complete the chart. The third time, check what you have written. Check your answers in the Answer Key.

Aula (*classroom*): ______

Numero di studenti: ______

Descrizione di Caterina: ______

Descrizione di Enrico: ______

Descrizione di Angelo: ______

C. Nazionalità. You find yourself in a classroom full of international students. Identify the students' nationality and the language they speak. Repeat the response.

ESEMPIO: *You read and hear:* Robert è di Minneapolis.
You say: Robert è americano e parla (*speaks*) inglese.

1. Amy è di Denver.
2. Marc è di Ottawa.
3. Keiko è di Tokio.
4. Angelo è di Torino.
5. Kurt è di Berlino.
6. Héctor è di Città del Messico.
7. María è di Madrid.
8. Jean-Paul è di Aix-en-Provence.

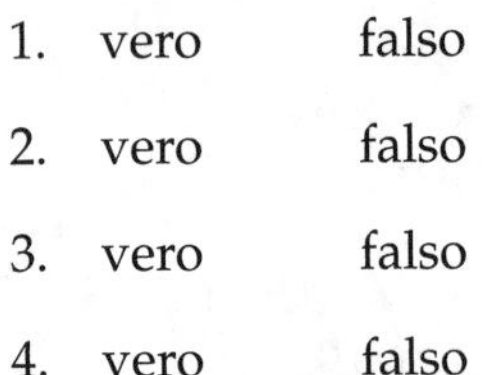

D. Una famiglia europea. You will hear a passage about a family, followed by a series of statements. You will hear both the passage and the statements twice. Listen carefully, then indicate whether the statements you hear are **vero o falso,** true or false.

1. vero falso
2. vero falso
3. vero falso
4. vero falso
5. vero falso

E. Ecco una classe. As you hear the word in Italian for each numbered object, find it listed in the box. Then write the word in the space provided under the corresponding drawing. Check your answers in the Answer Key.

1. ____________________

2. ____________________

3. ____________________

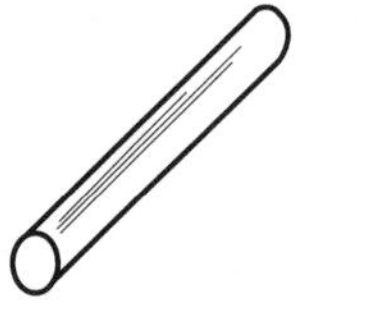

4. ____________________

5. ____________________

6. ____________________

7. ____________________

8. ____________________

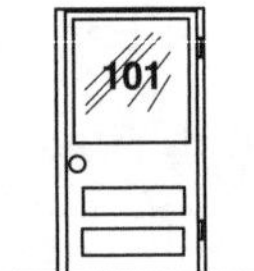

9. ____________________

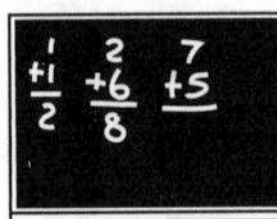

10. ____________________

un banco	un quaderno	una penna
un compito		
un foglio di carta	una lavagna	una porta
un gesso	una matita	una sedia

In ascolto

Nuovi (*New*) **compagni di classe.** Sara attended her biology class for the first time today. Here are her notes, not about biology but about her male classmates! Listen as she reads her notes to her best friend, and fill in the missing information in the chart about the three guys she met (**i tre ragazzi**).

	NOME	ANNI	STATURA (*HEIGHT*)	CAPELLI	OCCHI	OPINIONE DI SARA
1.	Massimo	______	media	______	______	antipatico
2.	Pietro	23	______	biondi	______	______
3.	Alessandro	21	______	______	verdi	______

Parte 2: Grammatica

A. Aggettivi

A. Per cominciare. You will hear a dialogue followed by two lists of adjectives describing Giovanna and Mario. Listen carefully and complete the phrases by circling all the adjectives that describe Giovanna and Mario.

MARISA: È una ragazza carina Giovanna?
FRANCA: Sì, è molto carina: è alta e snella ed è anche molto intelligente e simpatica.
MARISA: E Mario com'è?
FRANCA: È un ragazzo piuttosto brutto, ma intelligente e simpatico.

1. Giovanna è: carina alta snella intelligente simpatica brutta
2. Mario è: carino alto snello intelligente simpatico brutto

B. Dal maschile al femminile. Change each expression you hear from masculine to feminine. Repeat the response.

ESEMPIO: *You hear:* bambino buono
You say: bambina buona

1. … 2. … 3. … 4. … 5. … 6. …

C. Opinioni divergenti. You and Claudio don't see eye to eye. For each of his remarks give the opposite reaction. Repeat the response.

ESEMPIO: *You hear:* Che ragazzo simpatico!
You say: Che ragazzo antipatico!

1. … 2. … 3. … 4. … 5. … 6. …

D. Non uno, due! Point out two of the things Giovanna indicates. Repeat the response.

ESEMPIO: *You hear:* Ecco una bella casa!
You say: Ecco due belle case!

1. … 2. … 3. … 4. … 5. … 6. …

E. Un americano a Firenze. Gerry has just arrived in Florence. He is calling Francesca, who is hosting him. They have a mutual friend, Salvatore, but have never met. You will hear the phone conversation twice. The first time, listen carefully. The second time, complete the sentences describing Gerry and Francesca.

Parole utili:

Pronto?	*Hello?*
gli occhiali	*glasses*
la barba	*beard*
uno zaino	*backpack*
un vestito	*dress, suit*

1. Gerry è…
   a. alto, biondo, con gli occhiali
   b. alto, con la barba e gli occhiali
   c. basso, capelli neri, barba
2. Francesca è…
   a. di statura media, capelli lunghi
   b. alta, bionda, capelli corti
   c. bionda, con il vestito nero
3. Gerry ha anche…
   a. uno zaino rosso
   b. un vestito nero
   c. gli occhiali neri

F. Identikit. You need to meet Marco, your Italian host, at the train station. Ask him questions about what he looks like, listen to his answers, and then answer the questions he asks you.

Frasi utili: Sono di statura media. Ho gli occhiali / le lenti a contatto (*contact lenses*). Ho gli occhi azzurri / verdi / neri / castani. Ho i capelli biondi / castani / rossi / neri / grigi / bianchi / lunghi / corti / ricci / lisci.

ESEMPIO: *You read and ask:* Hai gli occhiali?
You hear: Sì, ho gli occhiali, e tu?
You say: Sì, ho gli occhiali. / No, non ho gli occhiali.

1. Di che statura sei?
2. Di che colore hai gli occhi?
3. Di che colore hai i capelli?
4. Come hai i capelli?
5. Hai gli occhiali o le lenti a contatto?

G. Molto o molti? Add the correct form of **molto** to the following sentences. Repeat the response.

ESEMPIO: *You hear and read:* Maria è timida.
You say: Maria è molto timida.

1. Pietro è curioso.
2. Roberta è sincera e sensibile.
3. Luca non ha amici.
4. Luigi è triste.
5. Annalisa ha pazienza.
6. Gli spaghetti di Enrica sono buoni.

H. Perugia, una tipica città italiana... Stop the audio to read the following passage and complete it with the correct form of **molto.** Then, start the audio and listen to the completed passage. The passage will be read twice. The second time it will be read with pauses for repetition. Check your answers in the Answer Key.

Questa è Perugia, una città _molto_ [1] bella, in Umbria. Ci sono ____________ [2] monumenti famosi, ____________ [3] musei e ____________ [4] chiese. Gli abitanti sono ____________ [5] orgogliosi (*proud*) di questa città.

Purtroppo (*Unfortunately*) ci sono anche ____________ [6] turisti e ____________ [7] traffico. Insomma, non c'è ____________ [8] pace (*peace*) nel centro storico.

B. Presente di *essere*

A. Chi sono Roberto, Luigi e Marco? You will hear a passage about these three roommates. You will hear the passage twice. The first time, listen carefully. The second time, complete the information. Check your answers in the Answer Key. Scan the list now.

Età e professione di Roberto: ______________________

Età di Luigi: ______________________

Com'è Luigi? ______________________

Età di Marco: ______________________

Com'è Marco? ______________________

Chi sono Rodolfo e Fido? ______________________

Com'è Rodolfo? ______________________

Com'è Fido? ______________________

B. Una festa a casa di Sabrina. Stop the audio to complete the dialogue with the correct form of **essere.** Then start the audio, listen to the dialogue, and answer the questions. Repeat the response. Check your written answers in the Answer Key.

SABRINA: Sandro, ____________ [1] libero stasera? C'____________ [2] una festa a casa mia.

SANDRO: Ah sì, e chi c'____________ [3]?

SABRINA: Ci ____________ [4] i miei compagni di classe: Marta, Alba, Luigi e Marco.

SANDRO: Come ____________ [5]?

SABRINA: ____________ [6] ragazzi simpatici. ____________ [7] nello stesso corso di letteratura inglese. Marta e Alba ____________ [8] due sorelle gemelle (*twins*) di diciannove anni e hanno già un appartamento tutto per loro in Trastevere. Luigi e Marco ____________ [9] molto divertenti e hanno molti amici.

SANDRO: Va bene, vengo. Grazie per l'invito!

1. ... 2. ... 3. ... 4. ...

C. Nazionalità. You have friends from all over the world. Tell about them using the information you hear and the following nationalities. Repeat the response.

ESEMPIO: *You hear:* Katia e Ivan
You read: russo
You say: Katia e Ivan sono russi.

1. polacco (*Polish*)
2. italiano
3. irlandese
4. olandese
5. messicano
6. coreano (*Korean*)
7. giapponese
8. tedesco

D. Un viaggio in Italia. You are showing Silvana a picture of the town where you stayed in Italy. Answer her questions, according to the cues. Repeat the response. First, take a moment to look at the drawing.

ESEMPIO: *You hear:* C'è una banca?
You say: No, ci sono due banche.

1. … 2. … 3. … 4. … 5. … 6. …

Parte 3: Grammatica

C. Articolo determinativo e *bello*

A. Per cominciare. You will hear a dialogue twice. The first time, listen carefully. The second time, it will be read with pauses for repetition. Pay careful attention to rhythm and intonation.

DONATELLA: Ecco la nonna e il nonno, la zia Luisa e lo zio Massimo, papà e la mamma molti anni fa… Buffi, no?
GIOVANNA: E i due in prima fila chi sono?
DONATELLA: Sono gli zii di Chicago.

B. Una lista per un cocktail party... You and your roommate are writing down a list of items to buy for a cocktail party. Confirm your roommate's choices according to the cues. Add the definite article. Repeat the response.

ESEMPIO: *You hear:* rum?
You say: Il rum va bene!

1. aranciata?
2. vino?
3. scotch?
4. birra?
5. grappa?
6. espresso?
7. Coca-Cola?
8. acqua tonica?

C. La nuova città. Describe your new city using the following adjectives. Repeat the response.

ESEMPIO: *You read:* grande
You hear: piazze
You say: Le piazze sono grandi.

1. nuovo
2. piccolo
3. vecchio
4. elegante
5. famoso
6. antico
7. grande

D. Che bello! You are impressed with everything in your new Italian town. Use a form of **bello** to describe each item. Repeat the response.

ESEMPIO: *You hear:* museo
You say: Che bel museo!

1. ... 2. ... 3. ... 4. ... 5. ... 6. ... 7. ... 8. ...

Pronuncia: The sound of the letter "s"

The letter **s** represents two sounds in Italian: [s] as in the English word *aside,* and [z] as in the English word *reside.*

A. *S* sorda. The [s] sound occurs (1) at the beginning of a word, when **s** is followed by a vowel; (2) when **s** is followed by **ca, co, cu, ch,** or by **f, p, q,** or **t;** (3) when **s** is doubled. Listen and repeat.

1. salute
2. sete
3. simpatico
4. soldi
5. supermercato
6. scandalo
7. scolastico
8. scuola
9. schema
10. sfera
11. spaghetti
12. squadra
13. stadio
14. basso

B. *S* sonora. The [z] sound occurs (1) when **s** is followed by **b, d, g, l, m, n, r,** or **v** and (2) when **s** appears between vowels. Listen and repeat.

1. sbagliato
2. sdraio
3. sgobbare
4. slogan
5. smog
6. snob
7. sregolato
8. sveglio
9. posizione
10. uso
11. rose
12. visitare

C. ***S* e doppia *s*.** Contrast the pronunciation of single and double **s** in these pairs of words. Listen and repeat.

1. casa / cassa
2. base / basse
3. mesi / messi
4. risa / rissa
5. rose / rosse
6. illuso / lusso

D. Parliamo italiano! You will hear each sentence twice. Listen and repeat.

1. Sette studentesse sono snelle.
2. Non sono dei grossi sbagli di pronuncia.
3. Tommaso ha sei rose rosse.
4. Gli studenti sbadigliano spesso.
5. Non siete stanchi di sgobbare?

Dialogo

Prima parte. Malpensa International Airport in Milan. Dawn, an American university student of Italian, has just arrived in Italy.

Parole utili: vengo io (*I will come*), baffi (*mustache*)

Listen carefully to the dialogue.

LUCIA: Pronto?
DAWN: Pronto, buon giorno, c'è Alberto, per favore? Sono l'amica di David, Dawn.
LUCIA: Ciao, Dawn, benvenuta in Italia! Sì, Alberto è qui, un momento...
ALBERTO: Ciao, Dawn, come va? Dove sei?
DAWN: Tutto bene, grazie. Sono in aeroporto.
ALBERTO: Oh bene, ho la macchina oggi, sono lì tra mezz'ora allora.
DAWN: Grazie mille, ma non c'è un autobus per il centro da questo aeroporto?
ALBERTO: Sì, c'è un autobus per la Stazione Centrale, ma no, vengo io con la macchina! Piuttosto, come sei? Ho una foto di te e David, ma è vecchia. Nella foto sei alta e bionda...
DAWN: Sì, con i capelli lunghi e lisci... ho anche gli occhiali. E tu, come sei?
ALBERTO: Di statura media, capelli castani ricci, baffi, robusto e ho una bella macchina francese, una Peugeot blu.
DAWN: Bene. Allora, a tra poco! Grazie!

Seconda parte. Listen to the dialogue again. Pay particular attention to information describing Dawn and Alberto and their means of transportation.

Terza parte. You will hear six sentences based on the dialogue. You will hear each sentence twice. Circle **vero** if the statement is true and **falso** if false.

1. vero falso
2. vero falso
3. vero falso
4. vero falso
5. vero falso
6. vero falso

Ed ora ascoltiamo!

Three people will introduce themselves to you. Listen carefully as many times as you need to. Write the name of the person next to the portrait that matches the description.

Dettato

You will hear a brief dictation three times. The first time, listen carefully. The second time, the dictation will be read with pauses. Write what you hear. The third time, check what you have written. Write on the lines provided. Check your dictation in the Answer Key.

In quest'aula ____

CAPITOLO 3

Mia sorella studia all'università

Parte 1: Vocabolario

A. Per cominciare. You will hear a dialogue followed by four questions. You will hear the dialogue twice. The first time, listen carefully. The second time, it will be read with pauses for repetition. Then answer the questions. Repeat the response.

STEFANO: Ciao, sono Stefano, e tu?
PRISCILLA: Sono Priscilla, sono americana.
STEFANO: Sei in Italia per studiare?
PRISCILLA: Sì, la lingua e la letteratura italiana…

STEFANO: Oh, parli bene l'italiano!
PRISCILLA: Studio anche la storia dell'arte. E tu, che cosa studi?
STEFANO: Studio storia e filosofia, ma l'arte è la mia passione!

1. … 2. … 3. … 4. …

B. In che corso? You will hear five questions based on the following drawings. Answer each question and repeat the response. Scan the drawings now.

ESEMPIO: *You hear:* In che corso siamo?
You say: In un corso di antropologia (*anthropology*).

1.

2.

3.

4.

5.

C. Io studio… You will hear Annarita introduce herself and talk about her subjects of study. You will hear the passage twice. The first time, listen carefully. The second time, write the missing words. The first one has been done for you. Check your answers in the Answer Key.

Ciao, mi chiamo Annarita e sono una studentessa di liceo (*high school*). Studio ___filosofia___, ____________[1] e ____________.[2] Purtroppo devo studiare (*I must study*) anche ____________[3] e ____________.[4] C'è anche una materia che detesto: ____________.[5] Infatti (*In fact*), non sono brava in ____________;[6] sono brava in ____________.[7] La mia materia preferita è ____________.[8] ____________[9] è invece (*instead*) per me una materia noiosa e anche molto difficile.

D. Una famiglia di professori e studenti. You will hear a dialogue between two students, Alberto and Raffaella, as they are waiting to take an oral exam at the university. You will hear the dialogue twice. The first time, listen carefully. The second time, it will be read with pauses for repetition. Then complete the sentences that follow.

Parole utili:

essere severo	*to be strict*
mi aiuta	*helps me*
essere fortunato	*to be lucky*

1. Raffaella ha un esame di...
   a. matematica. b. fisica. c. biologia.
2. Secondo Alberto, i professori sono...
   a. molto severi. b. bravi. c. importanti.
3. La sorella di Alberto studia...
   a. matematica. b. fisica. c. ingegneria.
4. Il fratello di Raffaella studia...
   a. biologia. b. chimica. c. fisica.
5. Il padre di Raffaella, il professor Renzi, è professore di...
   a. ingegneria. b. fisica. c. matematica.

In ascolto

La vita (*life*) **degli studenti.** Fabio and Laura have a tough week ahead of them. Listen carefully to their conversation. Then, stop the audio and complete the following sentences.

1. Oggi Fabio è ______________ perché ha gli scritti (*written exams*) di ______________ domani.
2. I due amici vanno (*are going*) in ______________ stasera per ______________ insieme (*together*).
3. Fabio ha anche un esame di ______________ mercoledì.
4. Fabio ______________ di dimenticare (*forget*) le date importanti.
5. Laura ha un esame di ______________.

Parte 2: Grammatica

A. Presente dei verbi in *-are*

A. Per cominciare. You will hear a passage twice. The first time, listen carefully. The second time, write the missing **-are** verb forms. Check your answers in the Answer Key.

Noi siamo una famiglia d'insegnanti e di studenti: la mamma è professoressa di matematica, papà ____________[1] francese in una scuola media, Gigi e Daniela ____________[2] le elementari, ed io ____________[3] l'università (studio medicina). Tutti ____________[4] e ____________[5] molto. Solo il gatto non ____________[6] e non ____________[7]. Beato lui!

B. Chi? You will hear a series of sentences. You will hear each sentence twice. Circle the subject to which the sentences refer.

ESEMPIO: *You hear:* Suonate la chitarra (*guitar*)?

You circle: (a. voi) b. Virginia

1.	a. questa ragazza	b.	queste ragazze	4.	a. il signor Rossi	b.	i signori Rossi
2.	a. io	b.	lui	5.	a. noi	b.	loro
3.	a. voi	b.	tu	6.	a. io	b.	noi

C. Che confusione! You're at a party with Paolo, who has everything wrong about you and your friends. Correct him using the following information. Repeat the response.

ESEMPIO: *You read:* Voi lavorate in banca?
You hear: Sabrina e Ivan
You say: No, noi non lavoriamo in banca, Sabrina e Ivan lavorano in banca!

1. Tu parli spagnolo?
2. Michela abita a Firenze?
3. Voi studiate giapponese?
4. La professoressa Brown insegna italiano?
5. Tu suoni la chitarra?
6. Victor frequenta il corso di economia e commercio?

B. *Dare, stare, andare e fare*

A. Per cominciare. You will hear a dialogue twice. The first time, listen carefully. The second time, it will be read with pauses for repetition.

SERGIO: Che fai per le vacanze?
GIACOMO: Christina ed io andiamo a Perugia.
SERGIO: Andate in macchina o in treno?
GIACOMO: Andiamo in treno perché abbiamo pochi soldi. E tu, che fai?
SERGIO: Sto a casa e studio. Mercoledì do l'esame di chimica.

B. Con che cosa vanno? Look at the drawings and tell how these people are getting about. Use the subjects you hear and the following places. Repeat the response.

ESEMPIO: *You see and read:* in Italia

You hear: Giulia
You say: Giulia va in Italia in aereo.

1. 

all'università

2. 

a Roma

3. 
a casa

4. 
in centro

5. 

a Firenze

C. Una persona curiosa. Rebecca is very curious about everything today. You will hear her questions twice. Answer according to the cues. Repeat the response.

ESEMPIO: *You hear:* Fai il letto tutti i giorni?
You read: sì
You say: Sì, faccio il letto tutti i giorni.

1. no 2. sì 3. no 4. sì 5. sì 6. no

D. La vita degli studenti. Fabio and Laura have a tough week ahead of them. You will hear a dialogue about their week twice. The first time, listen carefully. The second time, write the missing verbs. Check your answers in the Answer Key.

LAURA: Ciao… come ____________[1]?

FABIO: Così così. Ho gli orali di storia dell'arte domani, è un esame terribile! ____________[2] a casa a studiare stasera.

LAURA: ____________[3] altri esami questa settimana?

FABIO: Sì, mercoledì ho gli scritti di latino.

LAURA: Sei pronto?

FABIO: Sì, ma devo ____________[4] attento a non sbagliare i verbi. E tu, ____________[5] esami in questa sessione?

LAURA: Sì, ____________[6] gli scritti di lingua e letteratura francese la settimana prossima. ____________[7] a casa a studiare tutto il week-end. Il mio francese è così così, e gli scritti sono difficili, il dettato specialmente!

FABIO: Perché non ____________[8] a studiare insieme a casa mia? Io studio storia dell'arte e latino e tu prepari francese, va bene?

E. Qualche domanda anche per te (*A few questions for you too*)**…** Answer the following questions orally about your life as a student.

1. … 2. … 3. … 4. …

Parte 3: Grammatica

C. Aggettivi possessivi

A. Per cominciare. You will hear a dialogue twice. The first time, listen carefully. The second time, Roberto's lines will be read with pauses for repetition.

GIANNI: Hai professori bravi quest'anno?
ROBERTO: Veramente ho due professori bravi: il professore di biologia e la professoressa di storia.
GIANNI: Davvero?
ROBERTO: Sì, il professore di biologia è molto famoso per i suoi libri. La professoressa di storia è molto simpatica; apprezzo la sua pazienza e il suo senso dell'umorismo.

B. La mia professoressa preferita è... You will hear a continuation of the dialogue between Gianni and Roberto, followed by three questions. You will hear the dialogue twice. The first time, listen carefully. The second time, the part of Gianni will be read with pauses for repetition. Then answer the questions in writing. Check your answers in the Answer Key.

Frasi utili:

lo dico subito	*I'll say it outright*
anzi	*in fact*
affascinante	*fascinating*
scelta	*choice*
fidanzata	*girlfriend*

ROBERTO: E i tuoi professori come sono?
GIANNI: Io non sono imparziale, lo dico subito: ho solo un professore preferito, anzi, una professoressa, l'assistente di astronomia. Le sue lezioni sono sempre super-affascinanti...
ROBERTO: Mmmmmm... Che bella scelta! Non è forse la tua fidanzata questa assistente? Non insegna astronomia qui all'università?
GIANNI: Vero, vero, è proprio la mia fidanzata...

1. Chi è l'insegnante preferito di Gianni? ______________________
2. Che cosa è super-affascinante? ______________________
3. Perché Gianni non è imparziale nella sua scelta? ______________________

C. Dov'è? You're very absentminded today. Ask where your things are. Repeat the response.

ESEMPIO: *You hear:* libro
You say: Dov'è il mio libro?

1. ... 2. ... 3. ... 4. ... 5. ... 6. ... 7. ... 8. ...

D. Possessivi con termini di parentela

A. Per cominciare. You will hear a passage twice. The first time, listen carefully. The second time, it will be read with pauses for repetition.

Sono Carla. Ecco la mia famiglia. Io sono la ragazza bionda, bassa e un po' cicciotta. Mio padre è medico. Lavora all'ospedale in centro. Mia madre è infermiera e lavora con mio padre. Il mio fratellino, Tonino, è cattivo e antipatico. Non andiamo d'accordo. Noi abbiamo un cane. Il suo nome è Macchia perché è bianco e nero.

B. Un albero genealogico (*A family tree*)**.** You will hear a passage in which Riccardo describes his family. You will hear the passage three times. The first time, listen carefully. The second time, complete the family tree with the appropriate relative term and that relative's profession **(professione).** The third time, check your answers. Check your completed information in the Answer Key. Then complete the statements, based on the passage. Scan the family tree illustration now.

Parole utili: nubile (*f., single*), sposata (*f., married*), ditta (*firm*)

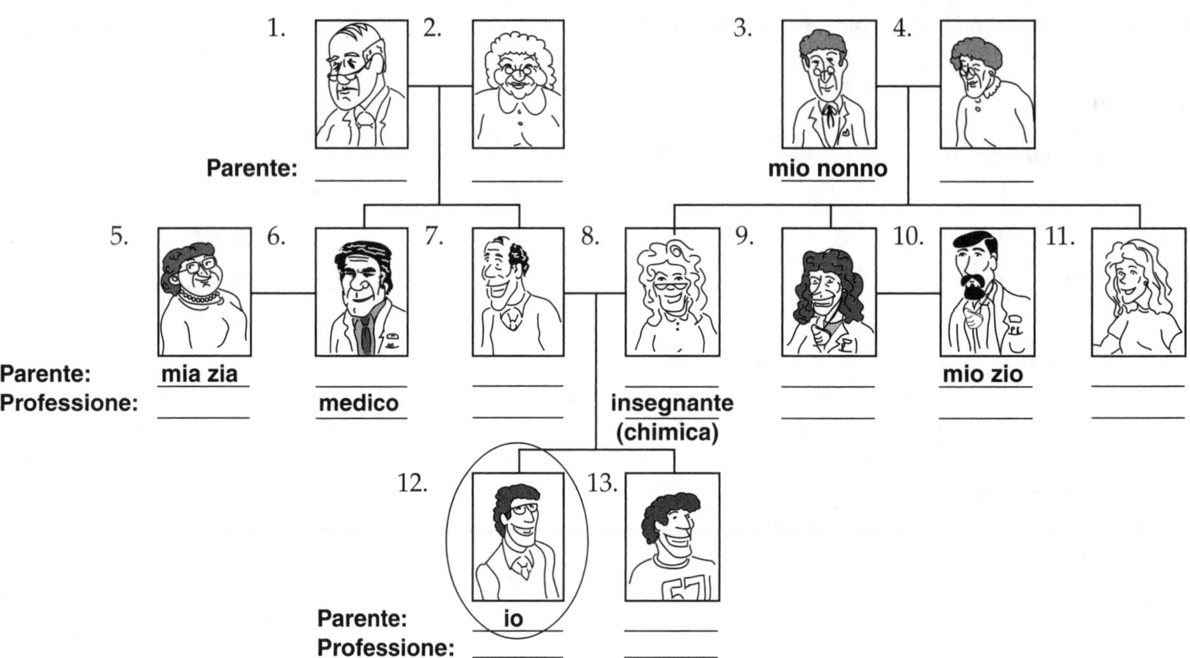

Now complete the following statements both in writing and orally. Repeat the response. Then check your written answers in the Answer Key. The first one has been done for you.

1. ___Il___ ___suo___ fratellino è studente di fisica.
2. ____________ ____________ insegna matematica.
3. ____________ ____________ insegna chimica.
4. La moglie di ____________ ____________ è professoressa di biologia.
5. ____________ ____________ ____________ nubile è segretaria.
6. I ____________ ____________ sono dentisti.
7. ____________ zio è medico.
8. ____________ ____________ nonni abitano a Napoli.

C. La mia famiglia. Riccardo is your guest at a family gathering. Point out your relatives to him. Repeat the response.

ESEMPIO: *You read:* lo zio Giulio, professore
You say: Ecco mio zio Giulio. Lui è professore.

1. le cugine Barbara e Daniela / studentesse di medicina
2. i nonni / in pensione (*retired*)
3. papà / medico
4. la zia Anna / dentista
5. fratello / studente
6. il cugino Emanuele / architetto

D. E il tuo albero genealogico? Answer the following questions orally based on your own family tree.

1. … 2. … 3. … 4. … 5. …

E. *Questo e quello*

A. Per cominciare. You will hear a dialogue twice. The first time, listen carefully. The second time, the dialogue will be read with pauses for repetition.

MIRELLA: Quale compri, questo golf rosso o quel golf giallo e verde?
SARA: Compro quel golf giallo e verde. E tu, cosa compri? Questa maglietta blu è molto bella, ma è bella anche quella maglietta grigia.
MIRELLA: Non lo so. Tutt'e due sono belle.

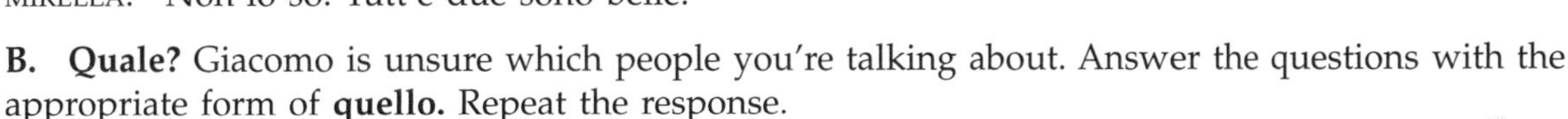

B. Quale? Giacomo is unsure which people you're talking about. Answer the questions with the appropriate form of **quello.** Repeat the response.

ESEMPIO: *You hear:* Quale ragazza?
You say: Quella ragazza.

1. … 2. … 3. … 4. … 5. … 6. … 7. … 8. …

Pronuncia: The sounds of the letter "g"

As you learned in the **Capitolo preliminare,** the letter **g** represents two sounds in Italian: [g] as in the English word *go* and [ǧ] as in the English word *giant.*

A. *G* dura. The [g] sound occurs when **g** is followed directly by **a, o, u, h,** or most other consonants. Listen and repeat.

1. gatto
2. gondola
3. guidare
4. ghetto
5. grasso

B. *G* dolce. The [ǧ] sound occurs when **g** is followed directly by **e** or **i.** Listen and repeat.

1. gennaio
2. giapponese
3. giorno
4. giurisprudenza
5. antropologia

C. *G* e doppia *g*. Contrast the pronunciation of the single and double **g** sounds in these pairs of words. Listen and repeat.

1. fuga / fugga
2. lego / leggo
3. agio / maggio
4. pagina / paggio

D. ***Gl* e *gn*.** The clusters **gl** and **gn** have special sounds. Most of the time, **gl** is pronounced like the *ll* in the English word *million,* while **gn** is similar in sound to the first *n* in the English word *onion.* Listen and repeat.

1. gli
2. sbagliato
3. foglio
4. meglio
5. gnocchi
6. spagnolo
7. ingegneria
8. gnomo

E. Parliamo italiano! You will hear each sentence twice. Listen and repeat.

1. Lo spagnolo e l'inglese sono due lingue.
2. È uno sbaglio tagliare l'aglio sulla tovaglia.
3. Ecco gli insegnanti di psicologia.
4. Gli ingegneri giapponesi arrivano in agosto.
5. Giugno e luglio sono due mesi meravigliosi.
6. Giovanna e Gabriella sono giovani.

Dialogo

Prima parte. It's June and Mariella and Patrizia are studying for their graduation exams. They are on the phone when Stefano, Mariella's brother, arrives. Stefano is also a high school student, but he doesn't attend the same kind of high school.

Parole utili: ripassare (*to review*), preparare (*to study*), orali (*oral exams*)

Listen carefully to the dialogue.

MARIELLA: Oh, Patrizia, comincio ad avere paura di questo esame! Tra due giorni cominciano gli scritti e io non sono preparata!

PATRIZIA: Anch'io non sono pronta. Ho il terrore a pensare a lunedì, allo scritto d'italiano. Ripasso gli autori del Romanticismo, ma il mio vero problema è martedì, con lo scritto di matematica! Ho bisogno di ripassare trigonometria e di fare molti molti esercizi!

MARIELLA: Se hai voglia, stasera studiamo italiano insieme qui a casa mia e facciamo un po' di esercizi di matematica. La matematica è la mia materia preferita.

PATRIZIA: Perfetto! Porto i libri d'italiano di mia sorella, spiegano la letteratura molto bene.

MARIELLA: Ok, allora. Un momento, arriva mio fratello. Oh, com'è triste! Stefano, come va?

STEFANO: Male, va male! Preparo greco per gli scritti, ma è difficile ricordare i verbi greci!

PATRIZIA: Tuo fratello fa il Liceo Classico? Mamma mia, studia greco!

MARIELLA: Sì, è vero, ma noi allo Scientifico abbiamo matematica, non dimenticare! Abbiamo materie molto difficili anche noi! Stefano ha gli orali tra due settimane e anche latino da preparare.

PATRIZIA: Le interrogazioni orali non sono le mie favorite. Ho sempre paura di dimenticare tutto davanti ai professori.

MARIELLA: Allora, Patrizia, a casa mia stasera alle otto? Porti i libri di trigonometria e italiano, ok?

PATRIZIA: Ok! Per me va benissimo!

Seconda parte. Listen to the dialogue again. Pay particular attention to the school subjects discussed by the students and to their exam and study schedules.

Terza parte. You will hear six sentences based on the dialogue. You will hear each sentence twice. Circle **vero** if the statement is true and **falso** if false.

1. vero falso
2. vero falso
3. vero falso
4. vero falso
5. vero falso
6. vero falso

Ed ora ascoltiamo!

You will hear a description of Lisa. Listen carefully, as many times as you need to. Then you will hear six statements. Circle **vero** or **falso.**

Parole utili: ha deciso (*decided*), tornare (*to return*)

1.	vero	falso	3.	vero	falso	5.	vero	falso
2.	vero	falso	4.	vero	falso	6.	vero	falso

Dettato

You will hear a brief dictation three times. The first time, listen carefully. The second time, the dictation will be read with pauses. Write what you hear. The third time, check what you have written. Write on the lines provided. Check your dictation in the Answer Key.

Mariella, Stefano e Patrizia, ____

____

____

____

____

____

____

____

CAPITOLO 4

Forza, Azzurri!

Parte 1: Vocabolario

A. Per cominciare. You will hear a dialogue twice. The first time, listen carefully. The second time it will be read with pauses for repetition.

LORENZO: Ciao, Rita! Ciao, Alessandro! Che cosa fate oggi?
ALESSANDRO: Vado a giocare a tennis con Marcello e poi a casa: c'è un bel film alla TV.
RITA: Io invece vado a fare aerobica con Valeria, poi abbiamo un appuntamento con Vittoria per studiare. C'è un esame di matematica domani!
ALESSANDRO: E tu, Lorenzo, che programmi hai?
LORENZO: Mah, oggi non ho voglia di fare niente…
RITA: Che novità, è il tuo passatempo preferito!

B. Cosa fanno? Look at the drawings and answer the questions about what the people are doing. Repeat the response.

ESEMPIO: *You see:*

You hear: Mauro fa aerobica o ascolta i Cd?
You say: Mauro ascolta i Cd.

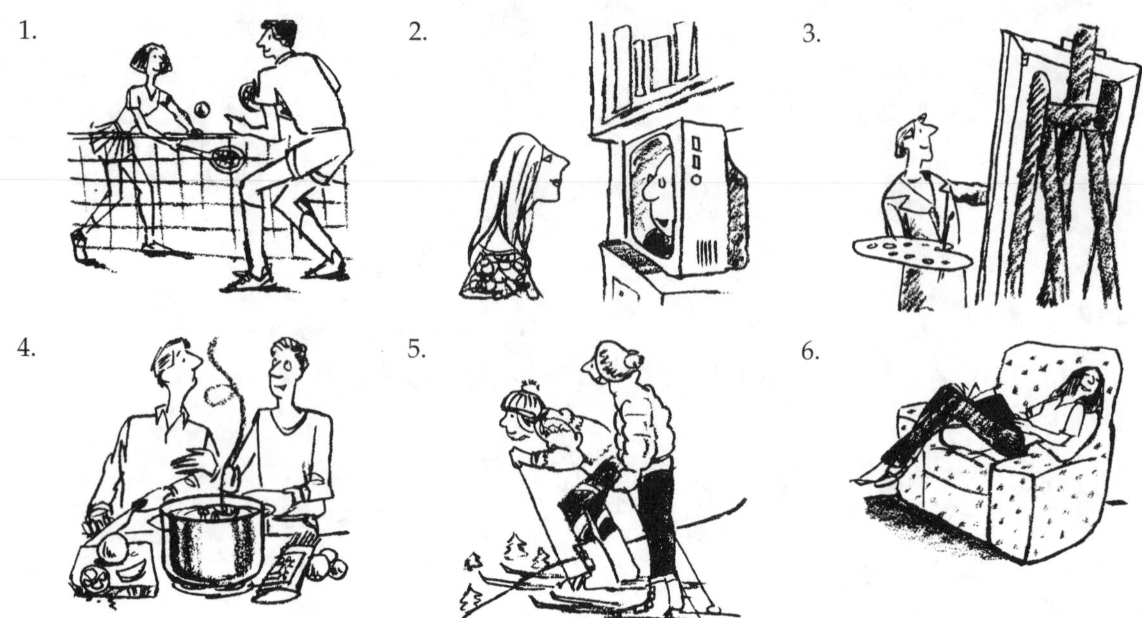

C. Cosa facciamo stasera? You will hear the following dialogue twice. The first time, listen carefully. The second time, write the missing words. Check your answers in the Answer Key.

Frasi utili:

alla TV non danno mai	*on TV there's never*
fare un giro a piedi	*to go out for a walk*
guardare le vetrine	*to look at the shop window displays*
un modo elegante per dire	*a nice way of saying*
le camere da letto	*bedrooms*
la sala da pranzo	*dining room*
il bagno	*bathroom*
la cucina	*kitchen*

PIERA: Romolo, cosa ____________[1] stasera?

ROMOLO: Mah, non lo so... ____________[2] al cinema? O ____________[3] un film alla TV?

PIERA: No, non ____________[4] ____________[5] di andare al cinema... E alla TV non ____________[6] mai niente d'interessante.

ROMOLO: E allora che ____________[7] fare? Perché non ____________[8] un giro a piedi, andiamo in centro e ____________[9] le vetrine...

PIERA: Ma Romolo, nevica! ____________[10] troppo freddo!

ROMOLO: Sì, nevica ma non tira vento, e cosa vuoi fare, ____________[11] l'inverno in casa?

PIERA: Ma no...

ROMOLO: Insomma, che vuoi fare? Un caffè, allora?

PIERA: No, niente caffè... sai, piuttosto, ____________[12] proprio bisogno di ____________[13] la casa...

ROMOLO: Eh, ora ____________[14]! Qui no, là no, insomma, un modo elegante per dire che abbiamo bisogno di pulire la casa. E va bene, ma io ____________[15] le camere da letto e la sala da pranzo, tu ____________[16] il bagno e la cucina!

In ascolto

Che fai adesso (*now*)**?** What are Chiara and Stefania doing? Listen carefully and then answer the following questions.

1. Perché Chiara ha fretta?
2. Dove va?
3. Dove va invece Stefania?
4. Quanti autobus deve prendere (*must take*) Chiara?
5. Come sono le lezioni che prende Chiara?

Parte 2: Grammatica

A. Presente dei verbi in *-ere* e *-ire*

A. Per cominciare. You will hear a passage followed by three completion sentences. You will hear the passage twice. The first time, listen carefully. The second time it will be read with pauses for repetition. Then indicate the best completion to each sentence.

È una serata come tutte le altre in casa Bianchi: Franco e Sergio guardano la televisione, la mamma legge una rivista e papà legge il giornale (loro non guardano mai la televisione, preferiscono leggere). La nonna scrive una lettera ai parenti in America.

1. _____ a. preferisce scrivere una lettera.
   b. preferisce leggere una rivista.
2. _____ a. guarda la televisione.
   b. legge il giornale.
3. _____ a. scrive una lettera.
   b. legge un libro.

B. E tu, cosa fai la sera? You will hear ten questions about your own evening activities. You will hear each question twice. Tell how often you do the given activity by checking the appropriate column: **sempre, spesso,** or **mai** (*never*).

	SEMPRE	SPESSO	MAI
1.			
2.			
3.			
4.			
5.			
6.			
7.			
8.			
9.			
10.			

C. Una serata a casa Magnani... You will hear a passage describing the evening activities at Francesco Magnani's house. You will hear the passage read twice. The first time, listen carefully. The second time, write notes on each person's evening activity. Then complete each statement orally, when you hear the name of the person. Repeat the response.

Parole utili: salotto (*living room*), osservare (*to observe*)

La nonna ______________________________

La mamma ______________________________

Papà ______________________________

I fratelli ______________________________

Luigino ______________________________

Francesco ______________________________

B. *Dovere, potere e volere; dire, uscire, venire*

A. Per cominciare. You will hear a dialogue three times. The first time, listen carefully. The second time, number the script that follows from 1 to 5. Number one has been done for you. The third time, check the order. Then check your answers in the Answer Key.

_____ Domani sera allora?

_____ No, devo andare a una riunione...

_____ Vuoi uscire stasera, Daniele? C'è un bel film al cinema Diana.

_____ Tu non hai mai tempo per me. Devo cercare un'altra ragazza!

_____ No, non posso. Devo studiare.

B. Doveri. Francesco cannot believe that people ever skip fun activities because they have to study. Answer his questions using the appropriate forms of **non potere** and **dovere studiare.** Repeat the response.

ESEMPIO: *You hear and read:* Perché non andate a ballare?
You say: Non possiamo andare a ballare. Dobbiamo studiare.

1. Perché non guardi la televisione?
2. Perché non giocano a tennis?
3. Perché non va a nuotare?
4. Perché non uscite con gli amici?

C. Desideri. Tell what everyone wants for the holidays using the oral and written cues and the correct form of **volere.** Repeat the response.

ESEMPIO: *You read:* gatto
You hear: Marta e Sara
You say: Marta e Sara vogliono un gatto.

1. bicicletta
2. cravatta
3. Cd
4. chitarra
5. orologio
6. libro

D. Desideri, bisogni, doveri e possibilità... Using the information you read and the verbs you hear, say what kind of activities the following people wish to, need to, must or can perform. Repeat the response.

ESEMPIO: *You read:* Marco / suonare il piano / stasera
You hear: volere
You say: Marco vuole suonare il piano stasera.

1. Io e Mirko / andare a teatro / domani
2. Luigi / prendere lezioni di arti marziali / questo semestre
3. Io / usare il computer / oggi pomeriggio
4. Rosa e Amanda / correre la maratona / questo mese
5. Paola e Riccardo / pulire la casa / questo week-end
6. Tu / cucinare per tutti / domani

E. Grazie! You are teaching little Rebecca manners by pointing out to her who always says **grazie.** Answer her questions according to the cues. Repeat the response.

ESEMPIO: *You hear:* E Rossella?
You say: Rossella dice sempre «grazie!»

1. … 2. … 3. … 4. … 5. …

F. Quando? Say what night of the week you and your friends go out. Repeat the response.

ESEMPIO: *You read:* il sabato
You hear: noi
You say: Noi usciamo il sabato.

1. il lunedì
2. la domenica
3. il giovedì
4. il mercoledì
5. il venerdì

G. Anch'io! It's a beautiful day, and everyone's coming to Marco's picnic. Answer his questions as in the example. Repeat the response.

ESEMPIO: *You hear:* E tu?
You say: Vengo anch'io!

1. … 2. … 3. … 4. … 5. …

Parte 3: Grammatica

C. Pronomi di oggetto diretto

A. Per cominciare. You will hear a dialogue followed by three questions. You will hear the dialogue twice. The first time, listen carefully. The second time, Clara's lines will be read with pauses for repetition. Then answer the questions. Repeat the response.

ANNAMARIA: Clara, in casa tua chi lava i piatti (*plates*)?
CLARA: Che domanda! Li lava Benny!
ANNAMARIA: E chi pulisce la casa?
CLARA: La pulisce Benny!
ANNAMARIA: E chi fa il letto ogni mattina?
CLARA: Lo fa Benny!
ANNAMARIA: E la cucina? E le altre faccende (*chores*)?
CLARA: Le fa Benny! Le fa Benny!
ANNAMARIA: Che marito adorabile! Come deve amarti Benny… E tu che fai tutto il giorno?
CLARA: Lavoro con i robot. Programmo Benny con il computer!

1. … 2. … 3. …

B. Clara dà una festa… You will hear a dialogue followed by four questions. You will hear the dialogue twice. The first time, listen carefully. The second time, Clara's lines will be read with pauses for repetition. Then answer the questions orally by selecting the appropriate response. Repeat the response.

ANNAMARIA: Mi inviti alla festa?
CLARA: Certo che ti invito!
ANNAMARIA: Inviti anche Marco?
CLARA: Certo che lo invito!
ANNAMARIA: E Maria?
CLARA: Certo che la invito!
ANNAMARIA: Compri le pizze e le bibite?
CLARA: Certo che le compro!
ANNAMARIA: Prepari panini per tutti?
CLARA: Certo che li preparo. Così mangiamo bene e passiamo una bella serata!

1. … 2. … 3. … 4. …

C. Una ricetta (*recipe*) facile facile… Pasta alla carbonara! Your Italian roommate is teaching you to cook pasta carbonara. You will hear her say each line of the recipe carefully. Rephrase each sentence she says with the appropriate direct object pronoun. Repeat the response.

Parole utili:

l'acqua	*water*	il pepe	*pepper*
bollire	*to boil*	la pancetta	*bacon*
il sale	*salt*	mescolare	*to mix*
le uova	*eggs*	al dente	*firm*
sbattere	*to beat*	scolare	*to drain*

ESEMPIO: *You hear and read:* Prendo tutti gli ingredienti e metto gli ingredienti qui.
You say: Prendo tutti gli ingredienti e li metto qui.

1. Prendo l'acqua e metto l'acqua a bollire.
2. Prendo il sale e metto il sale nell'acqua.
3. Prendo gli spaghetti e metto gli spaghetti nell'acqua.
4. Prendo le uova e sbatto le uova.
5. Prendo il pepe e la pancetta e mescolo il pepe e la pancetta con le uova.
6. Quando gli spaghetti sono al dente, scolo gli spaghetti.
7. Prendo la salsa e metto la salsa sugli spaghetti.
8. Servo la pasta e mangio subito la pasta.

D. L'ora

A. La giornata di Luca. You will hear a passage describing Luca's day. You will hear the passage twice. The first time, listen carefully. The second time, write the time that he does each activity. The first one has been done for you. Check your answers in the Answer Key.

Orario:

1. *8.00* studiare fisica
2. ____________ lezione di chimica
3. ____________ incontrare gli amici
4. ____________ pranzare
5. ____________ studiare in biblioteca
6. ____________ giocare a calcio
7. ____________ cenare con Gabriella

B. Che ore sono? Tell the time using the 12-hour clock and the appropriate time expression: **di mattina, del pomeriggio, di sera** or **di notte.** Repeat the response.

ESEMPIO: *You see:*

You say: Sono le otto meno dieci di mattina. *o* Sono le sette e cinquanta di mattina.

1. 
2. 
3. 
4. 
5. 
6. 

C. Adesso tocca a te! You will hear six questions about your daily routine. You will hear each question twice. Answer according to the cues.

1. Alle otto di mattina sono…
2. Faccio colazione (*breakfast*) alle…
3. A mezzogiorno sono…
4. Di solito vado in biblioteca alle…
5. Vado a letto alle…
6. All'una di notte sono…

Pronuncia: The combination "sc"

The combination **sc** represents two sounds: [sk] as in the English word *sky,* and [š] as in the English word *shy.*

A. *Sc* dura. The [sk] sound occurs when **sc** is followed directly by **a, o, u, h,** or another consonant. Listen and repeat.

1. scandalo
2. sconto
3. scusa
4. schema
5. scrive
6. tedeschi

B. *Sc* dolce. The [š] sound occurs when **sc** is followed directly by **e** or **i.** Listen and repeat.

1. scena
2. scelta
3. scendere
4. scienza
5. sciopero
6. prosciutto

C. Parliamo italiano! Listen and repeat.

1. Cos'è il «Gianni Schicchi»? È un'opera; io ho il Cd.
2. Tosca esce con uno scultore tedesco.
3. Perché non pulisci le scarpe?
4. Posso lasciare i pesci con il prosciutto?
5. Francesco preferisce sciare con questi sci.
6. «Capire fischi per fiaschi» significa capire una cosa per un'altra.

Dialogo

Prima parte. Alessandro, Rita, and Lorenzo are talking about where to go for their winter vacation.

Parole utili: fare della roccia (*to go rock-climbing*)

Listen carefully to the dialogue.

ALESSANDRO: Allora, dove andiamo in montagna quest'anno? Sulle Dolomiti o in Valle d'Aosta?

RITA: Preferisco le Dolomiti, specialmente la zona di Moena e del passo di San Pellegrino, possiamo andare a sciare sul colle Margherita…

LORENZO: Io invece dico di andare in Valle d'Aosta, perché ho intenzione di fare delle passeggiate nella zona del Gran Paradiso, non di sciare ogni giorno.

ALESSANDRO: Io voglio anche fare della roccia se possibile.

RITA: E io lo sci di fondo! Le Dolomiti hanno delle belle foreste e lo sci di fondo è eccezionale tra gli alberi…

ALESSANDRO: Va bene, allora, quest'anno andiamo in Trentino. Tu che dici, Lorenzo? Dobbiamo trovare però un albergo con una palestra, perché quando non sciamo posso fare del sollevamento pesi...

RITA: ...o io aerobica...

LORENZO: ...e io invece penso di stare in camera a giocare con il computer! Il Trentino va bene anche per me. Mentre voi andate in palestra, io mi rilasso al caldo in albergo, dopo le mie passeggiate!

Seconda parte. Listen to the dialogue again. Pay particular attention to information describing what the three friends want to do on vacation and where they are thinking about doing these activities.

Terza parte. You will hear six sentences based on the dialogue. You will hear each sentence twice. Circle **vero** if the statement is true and **falso** if it is false.

1. vero falso
2. vero falso
3. vero falso
4. vero falso
5. vero falso
6. vero falso

Ed ora ascoltiamo!

Vieni con me? You will hear a conversation between Patrizio and Graziella. Listen carefully as many times as you need to. Then you will hear five questions. Indicate the correct answer.

Parole utili: ultimo (*latest*), rivedere (*to see again*), Come si intitola? (*What is it called?*), fa (*ago*), recensione (*review*), a me è piaciuto molto (*I enjoyed it a lot*), sceneggiatura (*script*), ladro (*thief*)

1. _____ a. Gianni Amelio b. Roberto Benigni
2. _____ a. «La vita è bella» b. «Il ladro di bambini»
3. _____ a. una recensione (*review*) su Gianni Amelio b. una mostra (*exhibit*) fotografica
4. _____ a. guardare un film in videocassetta b. fare fotografie
5. _____ a. vanno al cinema b. fanno fotografie

Dettato

You will hear a brief dictation three times. The first time, listen carefully. The second time, write what you hear. The third time, check what you have written. Write on the lines provided. Check your dictation in the Answer Key.

Giovanna e Rossana ____

CAPITOLO 5

Prendiamo un caffè?

Parte 1: Vocabolario

A. Per cominciare. You will hear a dialogue twice. The first time, listen carefully. The second time, Andrea's lines will be read with pauses for repetition.

ANDREA: Silvia… cosa prendi?
SILVIA: Un cappuccino.
ANDREA: Non mangi? Io mangio sempre!
SILVIA: No, di solito non faccio colazione la mattina.
ANDREA: (*alla cassiera*) Allora… un cappuccino, un caffè e… tre paste.
SILVIA: Tre paste? Hai proprio fame!
IL BARISTA: Desiderano?
ANDREA: Un cappuccino, un caffè e tre paste. Ecco lo scontrino.

B. E voi, cosa prendete di solito? You will hear three passages in which Bruna, Mario, and Rolando tell about their breakfast habits. You will hear the three passages twice. The first time, listen carefully. The second time, check the items that each one eats for breakfast. Listen to the audio for the answers. Scan the list of items now.

Espressioni utili:

uguale	*the same*
di rado	*seldom*
qualche volta / certe volte	*at times*
amara	*bitter*

	BRUNA	MARIO	ROLANDO
1. un caffè (un espresso)	☐	☐	☐
2. una brioche, un cornetto	☐	☐	☐
3. un cappuccino	☐	☐	☐
4. il latte	☐	☐	☐
5. un tramezzino	☐	☐	☐
6. una pasta	☐	☐	☐
7. una bibita in lattina	☐	☐	☐
8. i cereali	☐	☐	☐
9. un succo di frutta	☐	☐	☐
10. le uova strapazzate	☐	☐	☐

C. I signori desiderano... ? You will hear Roberto and Giuditta place their orders with the waiter. Listen carefully and correct the statements that are false. Check your answers in the Answer Key.

1. Giuditta prende una spremuta d'arancia. vero falso

   ____

2. Roberto prende un tè freddo con ghiaccio. vero falso

   ____

3. Roberto prende un panino al prosciutto e formaggio. vero falso

   ____

4. Giuditta prende un panino al prosciutto. vero falso

   ____

In ascolto

Al tavolino o no? Valentina and Giacomo can't seem to agree. Listen carefully and decide if each statement is true or false. Then, correct the false statements.

Parole utili: riposare (*to rest*), cartolina (*postcard*)

1. Valentina è stanca e ha sete. vero falso

   ____

2. Giacomo non vuole andare al caffè Gilli perché è lontano. vero falso

   ____

3. Valentina vuole leggere il giornale al tavolino. vero falso

   ____

4. Secondo Valentina, possono passare due ore al caffè. vero falso

______

5. Giacomo preferisce prendere un tè freddo al banco. vero falso

______

Parte 2: Grammatica

A. Preposizioni articolate

A. Per cominciare. You will hear a passage about an Italian student, Silvia Tarrone, twice. The first time, listen carefully. The second time, the passage will be read with pauses for repetition.

Tutte le mattine vado al bar alle otto. Faccio colazione in fretta, prendo un caffè al banco e poi prendo l'autobus delle otto e un quarto per l'università. Frequento i corsi e all'una mangio alla mensa universitaria con i miei amici. Dopo pranzo, andiamo al bar a prendere un caffè e poi andiamo a studiare in biblioteca. Verso le quattro ho voglia di uno spuntino. Vado al bar e di solito prendo un tè caldo. Metto del miele nel tè e mangio un tramezzino. Verso le cinque prendo l'autobus e torno a casa.

B. La routine giornaliera di Silvia Tarrone. You will hear Silvia describe her daily routine again. Write notes in the space provided after the questions. Then answer the questions orally. Repeat the response.

1. A che ora va al bar? ______
2. Dove prende il caffè? ______
3. Quale autobus prende? ______
4. Quando va a mangiare? ______
5. Dove mangia? ______
6. Dove va dopo pranzo? ______
7. Dove studia? ______
8. Come prende il tè caldo? ______

C. Di chi è? You're helping Luciano get things in order after a big party. Help him match up people with belongings using the names you hear and the following information. Repeat the response.

ESEMPIO: *You read:* il Cd
You hear: la studentessa
You say: il Cd della studentessa

1. la bicicletta
2. il giornale
3. la chiave
4. la chitarra
5. i libri
6. la giacca

B. Passato prossimo con *avere*

A. Per cominciare. You will hear a dialogue twice. The first time, listen carefully. The second time it will be read with pauses for repetition.

PAOLO: Ciao, Massimo! Hai già fatto colazione?
MASSIMO: No, Paolo, io non faccio mai colazione.
PAOLO: Cosa? Ho letto che la colazione è il pasto più importante della giornata.
MASSIMO: Forse. Ma noi in famiglia abbiamo sempre preferito saltare la colazione.

B. Già fatto! Explain why some people aren't doing certain things. They already did them! Repeat the response.

ESEMPIO: *You hear:* Perché non mangia Barbara?
You say: Perché ha già mangiato.

1. … 2. … 3. … 4. … 5. … 6. …

C. Cosa hai fatto ieri? You will hear a dialogue between Tiziana and Sabrina twice. The first time, listen carefully. The second time, Sabrina's lines will be read with pauses for repetition.

TIZIANA: Cosa hai fatto ieri?
SABRINA: Più o meno le solite cose… Ho studiato per un esame d'italiano, ho fatto una pausa per mangiare, ho letto un articolo sul giornale, ho guardato la televisione per rilassarmi, ho scritto un saggio (*essay*) al computer, ho fatto la doccia dopo avere studiato e ho giocato a tennis con Luca.

D. E tu, cosa hai fatto ieri? Now answer the following questions about what you did yesterday. Take notes on your responses in preparation for the summary statements. Then summarize in two sentences what you did and what you did not do.

1. Sì No ____________________
2. Sì No ____________________
3. Sì No ____________________
4. Sì No ____________________
5. Sì No ____________________
6. Sì No ____________________
7. Sì No ____________________
8. Sì No ____________________

Ieri ho… ____

Ieri non ho… ____

Parte 3: Grammatica

C. Passato prossimo con *essere*

A. Per cominciare. You will hear a dialogue twice. The first time, listen carefully. The second time it will be read with pauses for repetition.

MARIANNA: Sei andata al cinema ieri sera, Carla?
CARLA: Purtroppo no, Marianna. Gli altri sono andati al cinema; io sono stata a casa e ho studiato tutta la santa sera!

B. ***Avere* o *essere*?** Say who did the following things, according to the cues. Choose either **essere** or **avere** as an auxiliary to form the **passato prossimo.** Repeat the response.

ESEMPIO: *You hear:* Federica
You read: fare la spesa ieri sera
You say: Federica ha fatto la spesa.

1. andare al mare nelle Marche
2. fare una passeggiata per Perugia
3. nascere lo stesso giorno
4. insegnare nello stesso liceo
5. uscire presto di casa
6. partire per New York
7. arrivare all'Isola d'Elba
8. scrivere una lettera a Anna

C. Cosa ha fatto Silvia ieri? You already know Silvia Tarrone's daily routine. She probably did exactly the same things yesterday. Say what she did yesterday beginning with **Ieri… .** Repeat the response.

ESEMPIO: *You hear and read:* Tutte le mattine vado al bar alle otto.
You say: Ieri è andata al bar alle otto.

1. Faccio colazione in fretta: prendo un espresso al banco.
2. Poi prendo l'autobus delle otto e un quarto per l'università.
3. Frequento i corsi e all'una del pomeriggio mangio alla mensa universitaria con gli amici.
4. Dopo mangiato, andiamo al bar a prendere un caffè.
5. Poi andiamo a studiare in biblioteca.
6. Verso le quattro ho voglia di uno spuntino.
7. Vado al bar e prendo un tè caldo, con il miele. Mangio anche un tramezzino.
8. Alle cinque prendo l'autobus e torno a casa.

D. *Conoscere e sapere*

A. Per cominciare. You will hear a dialogue followed by four statements. You will hear the dialogue twice. The first time, listen carefully. The second time, Antonio's lines will be read with pauses for repetition. Then circle **vero** if the statement is true or **falso** if it is false.

LUIGI: Conosci Marco?
ANTONIO: No, non lo conosco, ma so che suona il piano e che sa dipingere—è artista e musicista.
LUIGI: Conosci Maria?
ANTONIO: No, non la conosco, ma so che gioca bene a calcio e che sa giocare anche a football.
LUIGI: Tu non conosci molta gente, vero?
ANTONIO: No, questo è vero, ma so molte cose di molte persone!

1. vero falso
2. vero falso
3. vero falso
4. vero falso

B. Certo che li conosco! A friend asks whether you know certain people. You reply that you know them well. Repeat the response.

ESEMPIO: *You hear:* Conosci Vittoria?
You say: Sì, la conosco bene!

1. … 2. … 3. … 4. … 5. … 6. …

C. Ma che bravi! You and your friends have many talents. Look at the drawings and tell who knows how to do what, according to the cues. Repeat the response.

ESEMPIO: *You see:*

You read: ballare
You hear: Piero e Anna
You say: Piero e Anna sanno ballare il tango.

1.  fare

2.  andare

3.  lavorare

4.  leggere

5.  suonare

Pronuncia: The combinations "qu" e "cu"

The combination **qu** represents the sound [kw] as in the English word *quick*. The combination **cu** followed by a vowel generally has this same sound. The pronoun **cui,** however, is one common exception to this rule.

A. ***Qu* e *cu*.** Practice the sound of **qu** and **cu.** Listen and repeat.

1. quasi
2. questo
3. qui
4. quota
5. cuore
6. cuoio
7. nacqui
8. piacque

B. **Parliamo italiano!** Listen and repeat the sentences.

1. Mia cugina ha comprato cinque quadri qui.
2. Sono quasi le quattro e un quarto.
3. La qualità di quest'acqua è cattiva.
4. Dove mangiamo di solito quelle quaglie squisite?

Dialogo

Prima parte. Daniele, Marco, and Alessandra are at a café for a break from work.

Listen carefully to the dialogue.

DANIELE: Oggi pago io! Marco, che cosa prendi?
MARCO: Oh, una birra, grazie. Ho già preso troppi caffè oggi.
DANIELE: E tu, Alessandra?
ALESSANDRA: Per me il solito espresso senza zucchero. E anche un'acqua minerale. Ho davvero sete dopo quel panino al salame che ho mangiato. E tu, che prendi?
DANIELE: Un cappuccino.
MARCO: Un cappuccino? A quest'ora? Non hai fatto colazione? Ma via, il cappuccino a mezzogiorno non puoi prenderlo!
DANIELE: Va bene, va bene, allora un caffè per me! (*Al cassiere*) Due caffè, uno senza zucchero, una birra e un'acqua minerale.
IL CASSIERE: Due caffè, una minerale e una birra in lattina.
DANIELE: Ecco lo scontrino. (*Daniele dà lo scontrino al barista.*)
IL BARISTA: Preparo subito i due caffè… A Lei la birra… Scusi, come vuole l'acqua, naturale o gassata?
ALESSANDRA: Naturale, grazie.
IL BARISTA: Del limone con l'acqua?
ALESSANDRA: Sì, grazie.

Seconda parte. Listen to the dialogue again. Pay particular attention to what Daniele, Marco, and Alessandra order to drink.

Terza parte. You will hear six sentences based on the dialogue. You will hear each sentence twice. Circle **vero** if the statement is true and **falso** if it is false.

1. vero falso
2. vero falso
3. vero falso
4. vero falso
5. vero falso
6. vero falso

Ed ora ascoltiamo!

You will hear three short conversations. Listen carefully as many times as you need to. Circle the place where each one is taking place.

Parole utili: sbagliare strada (*to go the wrong way*), ricerca (*research*)

1. a. in taxi   b. in autobus
2. a. in un ristorante   b. al bar
3. a. all'università   b. dal medico

Dettato

You will hear a brief dictation three times. The first time, listen carefully. The second time, the dictation will be read with pauses. Write what you hear. The third time, check what you have written. Write on the lines provided. Check your dictation in the Answer Key.

Oggi, al bar, ______________________________

CAPITOLO 7

Fare bella figura

Parte 1: Vocabolario

A. Per cominciare. Sentirai un dialogo due volte. La prima volta, ascolta attentamente. La seconda volta, il dialogo sarà ripetuto con pause per la ripetizione.

NICOLA: Finalmente domenica! La vita di tutti i giorni è così stressante! Uscire di casa, andare al lavoro, andare qua e là, essere attivi, mai un minuto per stare a casa e rilassarsi…

SIMONE: Ma la domenica che fai a casa? Dormi?

NICOLA: Dalle otto alle dieci curo il giardino, poi lavo la macchina, a mezzogiorno cucino e poi pranzo, per due ore pulisco la casa, poi guardo lo sport in televisione, poi ascolto la musica mentre faccio aerobica, poi…

SIMONE: Questa non è una giornata di lavoro, secondo te?!

B. Giulia e la bella figura. Giulia vuole fare bella figura quando esce stasera. Sentirai un brano due volte. La prima volta, ascolta attentamente. La seconda volta, completa il brano con le parole che mancano. Controlla le tue risposte con le soluzioni date in fondo al libro.

Giulia stasera esce e vuole farsi bella (*get prettied up*). Dopo una giornata di lavoro e studio, ha bisogno di ______________________,[1] allora decide di ______________________[2] il bagno e di ______________________ _____ ______________________.[3] Ma prima di fare il bagno, fa _____ ______________________[4] e poi stira (*iron*) dei vestiti. Dopo il bagno, _____[5] asciuga (*dries herself*), si pettina (*combs her hair*) si guarda allo specchio (*mirror*) e si trucca (*puts on makeup*) un po' gli occhi. _____ ______________________[6] il rossetto e infine le lenti a contatto. È quasi pronta. _____ ______________________[7] uno dei suoi vestiti da sera. _____ ______________________[8] un po' di profumo e alla fine è pronta veramente per uscire.

C. L'abbigliamento. Identifica ogni capo (*each piece of clothing*) nel disegno (*drawing*). Comincia la frase con **È...** o **Sono...** . Ripeti la risposta.

ESEMPIO: *Senti:* 1
Dici: È una maglia.

2. ... 3. ... 4. ... 5. ... 6. ... 7. ... 8. ...

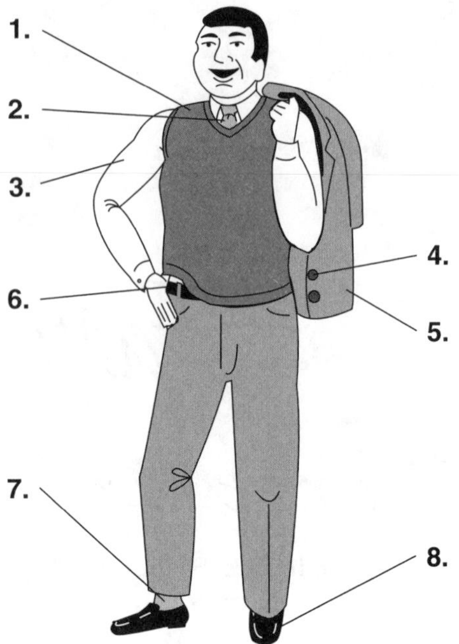

In ascolto

Che mi metto stasera? Luisa è una persona che non è mai soddisfatta. Stasera si lamenta dei suoi vestiti. Ascolta con attenzione la sua conversazione con un'amica e poi rispondi alle domande seguenti.

1. Perché Luisa non vuole uscire stasera?
2. Che cosa ha comprato ieri?
3. Che cosa ha comprato due giorni fa?
4. Secondo lei, di che cosa ha bisogno?

Parte 2: Grammatica

A. Verbi riflessivi

A. Per cominciare. Sentirai un dialogo due volte. La prima volta, ascolta attentamente. La seconda volta, il dialogo sarà ripetuto con pause per la ripetizione.

SIGNORA ROSSI: Nino è un ragazzo pigro: ogni mattina si sveglia tardi e non ha tempo di lavarsi e fare colazione. Si alza presto solo la domenica per andare in palestra a giocare a pallone.
SIGNORA VERDI: Ho capito: a scuola si annoia e in palestra si diverte.

B. Abitudini. Di' che le seguenti persone hanno le stesse abitudini (*same habits*) tue. Ripeti la risposta.

ESEMPIO: *Leggi:* Mi lavo i denti spesso.
Senti: Cinzia
Dici: Anche lei si lava i denti spesso.

1. Mi alzo subito la mattina.
2. Mi sveglio presto.
3. Mi lavo con l'acqua fredda.
4. Mi vesto in fretta.

C. Che giornata! Sentirai un dialogo tra Franca e Gino in cui (*in which*) discutono della loro giornata stressante. Sentirai il dialogo due volte. La prima volta, ascolta attentamente. La seconda volta, prendi appunti su Franca e Gino. Poi sentirai quattro domande e dovrai scegliere la risposta giusta. Leggi le risposte date prima di ascoltare il dialogo.

FRANCA ______

______

GINO ______

______

1. a. Si è solo lavata e vestita.
   b. Si è preparata con cura e poi ha preso l'autobus.
2. a. Gino è rilassato e riposato.
   b. Ha bisogno di caffè per stare bene.
3. a. Ha avuto una discussione con il direttore.
   b. Si è sentito molto, molto stanco.
4. a. Va al parco a rilassarsi.
   b. Sta a casa e dorme molto.

D. E tu, cosa hai fatto stamattina? Racconta come ti sei preparato/preparata stamattina, secondo i suggerimenti (*according to the cues*).

1. Mi sono alzato/alzata alle...
2. Mi sono lavato/lavata con l'acqua... (calda/fredda)
3. Mi sono messo/messa... (i jeans / una camicia / i calzini...)
4. (Non) Mi sono fatto la barba... / (Non) Mi sono truccata...
5. (Non) Mi sono fermato/fermata al bar a fare colazione.

B. Costruzione reciproca

A. Per cominciare. Sentirai un brano due volte. La prima volta, ascolta attentamente. La seconda volta, completa il brano con le parole che mancano. Controlla le tue risposte con le soluzioni date in fondo al libro.

Giulio e Anna ___ ______[1] molto bene—sono amici di infanzia. ___ ______[2] tutti i giorni a scuola e tutte le sere ___ ______[3] al telefono. Discutono sempre dei loro problemi perché ___ ______[4] benissimo. Secondo te, hanno intenzione di sposarsi un giorno? Perché sì/no?

B. Davide e Serena. Davide e Serena sono proprio una bella coppia. Guarda i disegni e di' cosa fanno, secondo i suggerimenti. Ripeti la risposta.

ESEMPIO: *Vedi:*

Senti: guardarsi
Dici: Davide e Serena si guardano.

1.

2.

3.

4.

5.

Parte 3: Grammatica

C. Presente + *da* + espressioni di tempo

A. Per cominciare. Sentirai un brano due volte. La prima volta, ascolta attentamente. La seconda volta il brano sarà ripetuto con pause per la ripetizione.

RICCARDO: Ho un appuntamento con Paolo a mezzogiorno in piazza. Vogliamo andare a mangiare insieme. Io arrivo puntuale ma lui non c'è. Aspetto e aspetto, ma lui non viene. Finalmente, dopo un'ora, Paolo arriva e domanda: «Aspetti da molto tempo?» E io rispondo: «No, aspetto solo da un'ora!»

B. Attività. Di' da quanto tempo tu ed i tuoi amici partecipate alle seguenti attività. Usa le espressioni di tempo suggerite. Ripeti la risposta.

ESEMPIO: *Senti:* Da quanto tempo disegni?
Leggi: molto tempo
Dici: Disegno da molto tempo.

1. un mese
2. tre settimane
3. cinque anni
4. un anno

C. Caro professore, cara professoressa. Chiedi al tuo insegnante d'italiano da quanto tempo fa le seguenti cose. Ripeti la risposta.

ESEMPIO: *Senti:* insegnare italiano
Dici: Da quanto tempo insegna italiano?

1. … 2. … 3. … 4. … 5. …

D. Numeri superiori a 100

A. Per cominciare. Sentirai un dialogo due volte. La prima volta, ascolta attentamente. La seconda volta il dialogo sarà ripetuto con pause per la ripetizione.

MONICA: Mi sono diplomata nel 1996, mi sono laureata nel 2000, mi sono sposata nel 2001, ho avuto un figlio nel 2002 e una figlia nel 2003, ho accettato un posto all'università nel 2004…
SILVIA: Quando pensi di fermarti?

B. Quanto fa? Fai le addizioni dei seguenti numeri. Sentirai ogni addizione due volte. Ascolta attentamente, poi scrivi la somma dei due numeri che senti. Controlla le tue risposte con le soluzioni date in fondo al libro.

ESEMPIO: *Senti:* cento più (+) cento fa…
Scrivi i numeri e fai l'addizione: 100 + 100 = 200
Scrivi: *duecento*

1. ______________________
2. ______________________
3. ______________________
4. ______________________
5. ______________________
6. ______________________

Pronuncia: The sound of the letter "l"

In Italian, the letter **l** has a sound similar to that in the English word *love.* It is a clear sound, articulated at the front of the mouth, never at the back of the mouth, as in the English words *alter* and *will.*

A. *L.* Practice the **l** sound. Listen and repeat.

1. lavarsi
2. leggere
3. lira
4. loro
5. lunedì
6. salutare

B. ***L* doppia.** Compare and contrast the single and double sound of **l.** Note the slight change in vowel sound when the consonant following is doubled. Listen and repeat.

1. belo / bello
2. fola / folla
3. pala / palla
4. cela / cella

C. ***L* e *gl*.** As you learned in **Capitolo 3,** the sound of **gl** is different from the sound of **l.** Compare and contrast the sounds in the following pairs of words. Listen and repeat.

1. belli / begli
2. olio / aglio
3. male / maglia
4. filo / figlio

D. Parliamo italiano! Listen and repeat.

1. Come balla bene la moglie di Guglielmo! Glielo voglio dire.
2. Fa caldo a Milano in luglio?
3. Ecco il portafoglio di mio figlio.
4. Quella ragazza è alta e snella.
5. Vogliono il tè con il latte o con il limone?

Dialogo

Prima parte. Gerry Milligan, uno studente d'italiano in Italia, si lamenta sempre dei suoi vestiti. Adesso è a Genova, a casa di Luca e Natasha.

Ascolta attentamente il dialogo.

GERRY: Natasha, non credo di poter uscire stasera! Non ho proprio niente da mettermi!
NATASHA: Ma non hai comprato un paio di pantaloni e una camicia nuova ieri?
LUCA: Guarda, Gerry, andiamo solo al ristorante, stai benissimo, va bene così!
NATASHA: Luca, guarda che capisco benissimo questi attacchi d'ansia di Gerry. Quando sono venuta in Italia la prima volta, tutti hanno fatto dei commenti sui vestiti che mi sono messa...
GERRY: Vedi, Luca, che ho ragione? È una ragione culturale, questa. Tutti gli italiani che vedo hanno sempre vestiti che vanno bene insieme. Certo che ho comprato dei vestiti nuovi ieri ma non ho le scarpe o la cintura adatte...
LUCA: Mamma mia, ma prova a metterti un paio di scarpe e andiamo, ho fame! E poi guarda me: la moda non mi interessa proprio.

NATASHA: Infatti, si vede! Luca, ma ti sei guardato allo specchio stamattina? Non ti sei fatto la barba, non ti sei pettinato...

LUCA: Ma è domenica, non voglio preoccuparmi della moda, mi voglio solo rilassare!

Seconda parte. Ascolta di nuovo il dialogo. Fai particolare attenzione alle preoccupazioni di Gerry e alle obiezioni di Luca.

Terza parte. Sentirai due volte sei frasi basate sul dialogo. Segna, per ciascuna frase, **vero** o **falso.**

1. vero falso
2. vero falso
3. vero falso
4. vero falso
5. vero falso
6. vero falso

Ed ora ascoltiamo!

Storiella d'amore. Sentirai un dialogo tra Romeo e Giulietta. Puoi ascoltare il dialogo quante volte vuoi. Poi sentirai cinque frasi da completare. Scegli il completamento giusto per ciascuna frase.

1. a. al bar. b. ad una festa.
2. a. quando si sono guardati. b. quando si sono salutati.
3. a. per caso (*by chance*) a Verona. b. per caso ad una festa.
4. a. a Verona. b. al Caffè Sportivo.
5. a. «Ti amo.» b. «Sì, certo.»

Dettato

Sentirai un breve dettato tre volte. La prima volta ascolta attentamente. La seconda volta, il dettato sarà letto con pause tra le frasi. Scrivi quello che senti. La terza volta, correggi quello che hai scritto. Scrivi sulle righe date. Controlla il tuo dettato con le soluzioni date in fondo al libro.

Marilena, Franca, Elena e Silvia ______

CAPITOLO 8

C'era una volta...

Parte 1: Vocabolario

A. Per cominciare. Sentirai un dialogo seguito da quattro domande. Sentirai il dialogo due volte. La prima volta, ascolta attentamente. La seconda volta, il dialogo sarà ripetuto con pause per la ripetizione. Scegli poi le risposte giuste alle domande che senti.

ROSSANA: Che dice il giornale sui programmi di stasera? Che danno in televisione?
FABRIZIO: C'è una partita di calcio su RAI Uno, se vuoi vedere lo sport. Gioca l'Italia...
ROSSANA: Telefilm interessanti?
FABRIZIO: Non credo, ma ci sono due bei film su RAI Tre e Canale Cinque più tardi, dopo il telegiornale.
ROSSANA: E adesso che c'è?
FABRIZIO: È l'ora del telegiornale. Possiamo vedere un DVD o ascoltare la radio.
ROSSANA: Ma no, andiamo al cinema invece. Ho letto una recensione molto positiva dell'ultimo film di Spielberg...

1. a. C'è una partita di calcio. b. C'è una partita di basketball.
2. a. Ci sono due film interessanti. b. C'è una partita di calcio.
3. a. Propone (*suggest*) vedere la partita. b. Propone vedere una videocassetta.
4. a. Vuole vedere un film in televisione. b. Vuole vedere un film al cinema.

B. La stampa. Sentirai sei definizioni di parole che hanno a che fare con (*that have to do with*) la stampa. Sentirai le definizioni due volte. Scegli la parola corrispondente a ciascuna definizione e scrivi la parola sulla riga data. Controlla le tue risposte con le soluzioni date in fondo al libro.

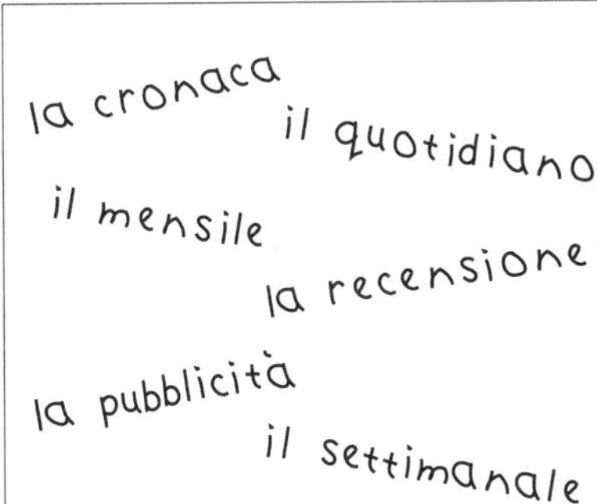

1. ______________
2. ______________
3. ______________
4. ______________
5. ______________
6. ______________

In ascolto

Recensioni e interviste... Sandra e Claudia discutono delle recensioni e interviste a Roberto Benigni, un famoso attore comico e regista italiano. Ascolta con attenzione la loro conversazione e rispondi alle domande seguenti.

1. Cosa c'è sul giornale di oggi?
2. Cosa ha letto Claudia su un settimanale?
3. Su che cosa sono le domande dell'intervista che Sandra ha letto sul giornale di oggi?
4. Cosa ha intenzione di fare Sandra stasera?

Parte 2: Grammatica

A. Imperfetto

A. Per cominciare. Sentirai un dialogo due volte. La prima volta, ascolta attentamente. La seconda volta, il dialogo sarà ripetuto con pause per la ripetizione.

LUIGINO: Papà, mi racconti una favola?
PAPÀ: Volentieri! C'era una volta una bambina che si chiamava Cappuccetto Rosso perché portava sempre una mantella rossa col cappuccio. Viveva vicino a un bosco con la mamma...
LUIGINO: Papà, perché mi racconti sempre la stessa storia?
PAPÀ: Perché conosco solo una storia!

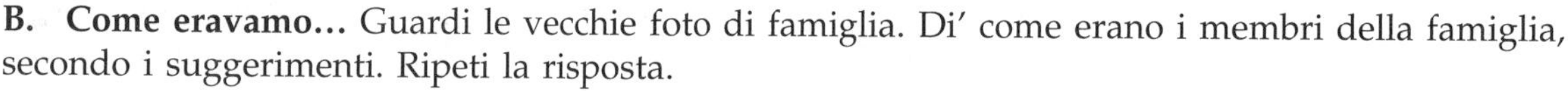

B. Come eravamo... Guardi le vecchie foto di famiglia. Di' come erano i membri della famiglia, secondo i suggerimenti. Ripeti la risposta.

ESEMPIO: *Senti:* la nonna
Leggi: essere una bella ragazza
Dici: La nonna era una bella ragazza.

1. avere la barba nera
2. portare la gonna (*skirt*) corta
3. essere grasso
4. mettere vestiti buffi
5. andare in bicicletta
6. essere un atleta
7. portare gli occhiali
8. avere tanti capelli

C. Davide e Serena. Davide e Serena erano una bella coppia ma... non più. Metti le frasi di Davide all'imperfetto. Ripeti la risposta.

ESEMPIO: *Senti:* Io le porto sempre i fiori.
Dici: Io le portavo sempre i fiori.

1. ... 2. ... 3. ... 4. ... 5. ...

D. Sempre, spesso o mai? Con quale frequenza facevi le seguenti azioni da bambino o bambina? Sentirai, per due volte, otto domande. Prendi appunti sulle domande e segna nello schema con quale frequenza facevi le seguenti azioni da bambino o bambina. Poi scrivi tre frasi su cosa facevi, sempre, spesso o mai, sulle righe date.

		SEMPRE	SPESSO	MAI
1.	______________________	☐	☐	☐
2.	______________________	☐	☐	☐
3.	______________________	☐	☐	☐
4.	______________________	☐	☐	☐
5.	______________________	☐	☐	☐
6.	______________________	☐	☐	☐
7.	______________________	☐	☐	☐
8.	______________________	☐	☐	☐

Sempre: ______________________

Spesso: ______________________

Mai: ______________________

B. Imperfetto e passato prossimo

A. Anche noi! Giancarlo ti racconta cosa ha fatto ieri. Di' che sono tutte cose che tu e i tuoi fratelli facevate da piccoli. Ripeti la risposta.

ESEMPIO: *Senti:* Ieri ho mangiato molta pizza.
Leggi: anche mia sorella
Dici: Anche mia sorella, da piccola, mangiava molta pizza.

1. anche mio fratello
2. anche le mie sorelle
3. anche i miei fratelli
4. anche noi
5. anch'io

Parte 3: Grammatica

C. Trapassato

A. Per cominciare. Sentirai un brano due volte. La prima volta, ascolta attentamente. La seconda volta, completa il brano con le parole che mancano. Controlla le tue risposte con le soluzioni date in fondo al libro.

Gino aveva capito che l'appuntamento con Susanna ______________[1] alle 8.00, ma Susanna ______________ ______________[2] che era alle 7.00. Alle 7.30 Susanna ______________[3] stanca di aspettare Gino ed era molto arrabbiata. Così ______________ ______________[4] al cinema con la sua compagna di stanza. Gino ______________ ______________[5] alle 8.00 in punto, ma quando è arrivato Susanna ______________ già ______________[6]. Povero Gino!

B. Ma perché? Mariella vuole sapere perché sono successe certe cose. Rispondi alle sue domande, secondo i suggerimenti. Ripeti la risposta.

ESEMPIO: *Senti:* Perché eri di umore nero (*in a bad mood*)?
Leggi: lavorare troppo
Dici: Ero di umore nero perché avevo lavorato troppo.

1. studiare tutta la notte
2. perdere l'autobus
3. aspettare due ore
4. mangiare solo un panino
5. dimenticare l'orologio

C. La fiaba confusa (*Mixed-up fairy tale*). Sentirai raccontare una fiaba piuttosto particolare. Sentirai le due parti della fiaba due volte. La prima volta, ascolta attentamente. La seconda volta, completa la prima metà con il verbo all'imperfetto e la seconda metà con il verbo al trapassato. Controlla le tue risposte con le soluzioni date in fondo al libro. Poi inventa un finale alla fiaba. Ferma la registrazione per scrivere il finale sulle righe date.

Vocabolario utile

Cappuccetto Rosso	*Little Red Riding Hood*
Cenerentola	*Cinderella*
Biancaneve	*Snow White*
la Bella Addormentata	*Sleeping Beauty*

La prima metà.

C'____________[1] una volta una bella bambina che ____________[2] sola nel bosco. ____________ ____________[3] Cappuccetto Rosso, perché ____________[4] un vestito con un cappuccio che ____________[5] rosso come un pomodoro. Cappuccetto un giorno ____________[6] andare a fare visita alla nonna, così è uscita di casa e mentre ____________[7] nel bosco ha incontrato Cenerentola.

La seconda metà.

Insieme sono andate dalla nonna e, quando sono arrivato, hanno visto uscire la Bella Addormentata, che ____________ ____________ appena (*just*) ____________[8] dal suo sonno e che cercava il suo Principe. La Bella Addormentata ____________ ____________[9] invece la casa della nonna. La nonna le ____________ ____________[10] che il Principe ____________ ____________[11] a cercare Biancaneve, perché Biancaneve ____________ ____________[12] una scarpa nella foresta e il principe ____________ ____________[13] a incontrarla. Lui aveva la scarpa che la nonna ____________ ____________.[14]

Ora ferma la registrazione e scrivi un finale possibile.

____

____

____

____

____

____

D. Avverbi

A. Per cominciare. Sentirai un brano seguito da tre domande. Sentirai il brano due volte. La prima volta, ascolta attentamente. La seconda volta, il brano sarà ripetuto con pause per la ripetizione. Scegli poi le risposte giuste alle domande che senti.

Sandro gioca molto bene a tennis. Gioca regolarmente ed è sempre pronto per una partita quando gli amici lo invitano.
Felice gioca male a golf. Va raramente a giocare e fa poca pratica.

1. a. Felice b. Sandro
2. a. bene b. male
3. a. Felice b. Sandro

B. Veramente. Cambia i seguenti aggettivi in avverbi. Ripeti la risposta.

ESEMPIO: *Senti:* vero
Dici: veramente

1. … 2. … 3. … 4. … 5. … 6. …

C. Gli italiani. Tutti i tuoi amici vogliono sapere come sono gli italiani. Rispondi alle loro domande, secondo i suggerimenti. Ripeti la risposta.

ESEMPIO: *Senti:* Come parlano gli italiani?
Leggi: veloce
Dici: Parlano velocemente.

1. elegante 2. rapido 3. abbondante (*abundant*) 4. facile 5. gentile

Pronuncia: The sounds of the letters "m" and "n"

A. *M* e *m* doppia. The letter **m** is pronounced as in the English word *mime.* Listen and repeat.

1. marito
2. mese
3. minuti
4. moto
5. musica

Now contrast the single and double sound of **m.** Listen and repeat.

1. m'ama / mamma
2. some / somme
3. fumo / fummo

B. ***N* e *n* doppia.** The letter **n** is pronounced as in the English word *nine.* Listen and repeat.

1. naso
2. neve
3. nipoti
4. noioso
5. numeroso

Now contrast the single and double sound of **n.** Listen and repeat.

1. la luna / l'alunna
2. noni / nonni
3. sano / sanno

C. ***Gn.*** As you learned in **Capitolo 3,** the combination **gn** has its own distinct sound. Compare and contrast the [n] and the [ny] sounds in the following pairs of words. Listen and repeat.

1. campana / campagna
2. anello / agnello
3. sono / sogno

D. Parliamo italiano! Listen and repeat.

1. Guglielmo Agnelli è un ingegnere di Foligno.
2. Il bambino è nato in giugno.
3. Dammi un anello, non un agnello!
4. Buon Natale, nonna Virginia!
5. Anna è la moglie di mio figlio Antonio.

Dialogo

Prima parte. Paola e Davide parlano di una retrospettiva dei film di Fellini che Paola ha visto recentemente a Roma.

Ascolta attentamente il dialogo.

PAOLA: È stato bello rivedere i film di Fellini nello spazio di pochi giorni; non li ho rivisti tutti ma quelli che mi sono sempre piaciuti di più…

DAVIDE: Qual è il tuo film preferito, allora? Io non li conosco bene, non li ho mai visti al cinema!

PAOLA: Davvero, Davide? Mai? Io ho cominciato a vederli quando ero bambina, erano i film che piacevano di più a mio padre… E poi, anche i miei sono di Rimini, la città di Fellini.

DAVIDE: Ma dimmi, allora, quale film mi consigli?

PAOLA: A me piace molto *Amarcord.* Il titolo, nel dialetto della Romagna, significa «Mi ricordo». È un film autobiografico, girato appunto a Rimini con un protagonista che era come il regista quando era bambino, durante gli anni del fascismo. È un film divertente, comico e nostalgico al tempo stesso.

DAVIDE: Ma di che parla?

PAOLA: È un po' difficile dirlo. Parla di una famiglia italiana, quella del bambino, e tutto il film è visto con gli occhi del bambino che cresce, osserva e interpreta la realtà di una città con il fascismo, con i contrasti con i genitori, i nonni, i primi amori e le ossessioni per le donne. Un tema comune di Fellini è l'amore per le donne, infatti, come vediamo anche in *8 1/2*!

DAVIDE: Sembra interessante.

PAOLA: Lo è! Puoi prenderlo a noleggio in videocassetta o vederlo anche in DVD, credo.

Seconda parte. Ascolta di nuovo il dialogo. Fai particolare attenzione alle caratteristiche del film di Fellini.

Terza parte. Sentirai due volte sei frasi basate sul dialogo. Segna, per ciascuna frase, **vero** o **falso.**

1. vero falso
2. vero falso
3. vero falso
4. vero falso
5. vero falso
6. vero falso

Ed ora ascoltiamo!

Angela, una giovane donna italiana, è intervistata da un giornalista. Sentirai il loro dialogo. Puoi ascoltare il dialogo quante volte vuoi. Poi sentirai, due volte, cinque frasi e dovrai segnare, per ciascuna frase, **vero** o **falso.**

1. vero falso
2. vero falso
3. vero falso
4. vero falso
5. vero falso

Dettato

Sentirai un breve dettato. La prima volta, ascolta attentamente. La seconda volta, il dettato sarà letto con pause tra le frasi. Scrivi quello che senti. La terza volta, correggi quello che hai scritto. Scrivi sulle righe date. Controlla il tuo dettato con le soluzioni date in fondo al libro.

Maurizio e Rinaldo _______________

CAPITOLO 9

Come ti senti?

Parte 1: Vocabolario

A. Per cominciare. Sentirai un dialogo seguito da tre frasi. Sentirai il dialogo due volte. La prima volta, ascolta attentamente. La seconda volta, il dialogo sarà ripetuto con pause per la ripetizione. Poi ascolta le frasi e scegli, per ciascuna frase, **vero** o **falso.**

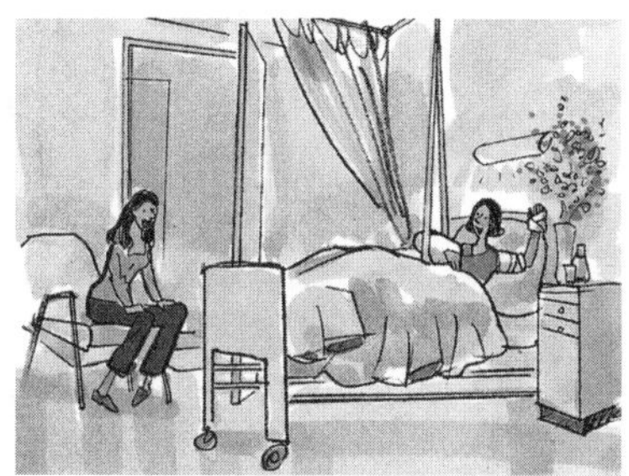

ROBERTA: E allora, che cosa è successo?
ANTONELLA: Non ricordo proprio bene. Sciavo molto veloce e poi—improvvisamente ho perso il controllo degli sci e mi sono svegliata all'ospedale…
ROBERTA: Io mi sono rotta la gamba sinistra lo scorso inverno, una vera scocciatura…
ANTONELLA: Pensa a me allora. I dottori hanno detto che non posso scrivere per almeno due mesi!
ROBERTA: Una bella scusa per non fare i compiti, eh?

1. vero falso
2. vero falso
3. vero falso

B. Indovinelli. Sentirai cinque indovinelli. Indovina una parte del corpo per ogni frase. Scrivi nella scatola il numero corrispondente alla parola.

Parole utili

l'ossigeno *oxygen*

1. … 2. … 3. … 4. … 5. …

il cuore	la schiena
i denti	
il naso	la testa

C. Identificazioni. Identifica ogni parte del corpo nel disegno. Scegli le parole fra quelle suggerite. Comincia la frase con **È...** o **Sono...** Ripeti la risposta.

ESEMPIO: *Senti:* 1
Dici: Sono le dita.

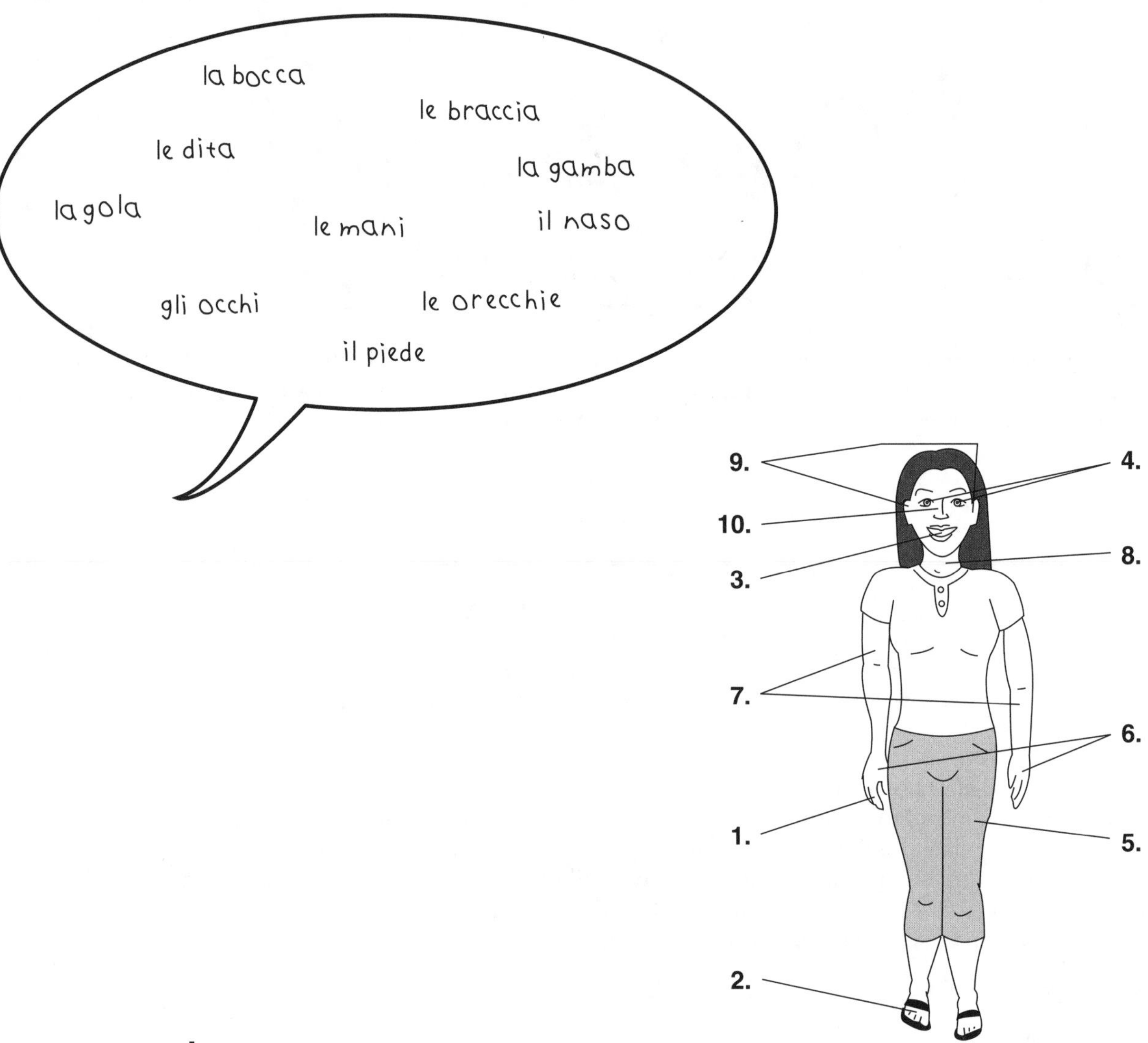

In ascolto

Un'escursione. Alessandra e Alberto fanno un programma per il week-end. Ascolta con attenzione la loro conversazione e decidi se le seguenti affermazioni sono vere o false. Poi, correggi le affermazioni false.

1. Alessandra ha bisogno di rilassarsi. vero falso

   ____

2. Alessandra e Alberto vogliono andare in montagna fra due settimane. vero falso

   ____

3. Alessandra conosce dei posti bellissimi sulle Dolomiti. vero falso

   ____

4. Paolo preferisce il mare perché non gli piace camminare. vero falso

____

5. Alberto vuole convincere Paolo ad andare in montagna. vero falso

____

Parte 2: Grammatica

A. Pronomi tonici

A. Per cominciare. Sentirai un dialogo due volte. La prima volta, ascolta attentamente. La seconda volta, il dialogo sarà ripetuto con pause per la ripetizione.

PAZIENTE: Quando L'ho visto due settimane fa, mi ha detto che non avevo problemi con la vista.
OURLISTA: Mi dispiace, ma non credo di averLa visitata. Ha visto me, o forse un altro medico?
PAZIENTE: Sono sicurissima, ho visto Lei… Oh, mi sbaglio, non ho visto Lei. Ho visto un medico alto, grasso, con capelli neri e occhiali.

B. Per chi? Sentirai chiedere per chi prepari ogni specialità. Rispondi con i pronomi tonici appropriati. Ripeti la risposta.

ESEMPIO: *Senti:* Questo è per la mamma?
Dici: Sì, è per lei.

1. … 2. … 3. … 4. … 5. … 6. …

C. Curiosità. Luca ti fa tante domande oggi. Rispondi alle sue domande con i pronomi tonici appropriati. Ripeti la risposta.

ESEMPIO: *Senti:* Esci con Mario?
Dici: Sì, esco con lui.

1. … 2. … 3. … 4. … 5. … 6. …

B. Comparativi

A. Per cominciare. Sentirai un brano seguito da tre frasi. Sentirai il brano due volte. La prima volta, ascolta attentamente. La seconda volta, il brano sarà ripetuto con pause per la ripetizione.

Io ho due gemelli. Sandra è più sportiva di Michele, ma Michele è più interessato alla musica di Sandra. Sandra è meno timida di Michele; lei è molto più estroversa di lui. Michele è carino e gentile come Sandra—sono due ragazzi simpaticissimi.

B. Comparazioni. Usa le informazioni che vedi ed i nomi che senti per fare confronti (*make comparisons*). Ripeti la risposta.

ESEMPIO: *Senti:* l'America, l'Italia
Leggi: grande (+)
Dici: L'America è più grande dell'Italia.

1. vecchio (−)
2. alto (+)
3. grasso (−)
4. popolare (−)
5. costoso (+)
6. violenti (+)

C. Chi? Guarda il disegno e rispondi alle domande. Sentirai ogni domanda due volte. Ripeti la risposta.

ESEMPIO: *Senti:* Chi è meno alto di Giorgio?
Dici: Rosa è meno alta di Giorgio.

1. … 2. … 3. … 4. … 5. …

Parte 3: Grammatica

C. Superlativi relativi

Claudio lo straordinario! Claudio è un giovane eccezionale. Di' quanto è bravo a confronto con la sua famiglia. Ripeti la risposta.

ESEMPIO: *Senti:* simpatico
Dici: È il ragazzo più simpatico della famiglia.

1. … 2. … 3. … 4. … 5. …

D. Comparativi e superlativi irregolari

A. Per cominciare. Sentirai un dialogo due volte. La prima volta, ascolta attentamente. La seconda volta, il dialogo sarà ripetuto con pause per la ripetizione.

MAMMA: Ti senti meglio oggi, Carletto?
CARLETTO: No, mamma, mi sento peggio.
MAMMA: Poverino! Ora ti do una medicina che ti farà bene.
CARLETTO: È buona?
MAMMA: È buonissima, migliore dello zucchero!

…

CARLETTO: Mamma, hai detto una bugia! È peggiore del veleno!

B. La medicina di Pinocchio… Pinocchio è malato o forse no. Sentirai il dialogo tra Pinocchio e la fata (*fairy*) due volte. La prima volta, ascolta attentamente. La seconda volta, completa il dialogo con le parole che mancano. Controlla le tue risposte con le soluzioni date in fondo al libro.

Parole utili

crescere	*to grow*
pericoloso	*dangerous*
allungarsi	*to get longer*

FATA: Allora, Pinocchio, non ti senti ______________________[1] oggi? Sei pronto per tornare a scuola?

PINOCCHIO: No, fatina, sto ancora male. Anzi, sto ______________________.[2] Questa è la ______________________[3] influenza che ho mai avuto...

FATA: Mamma mia, forse è vero, anche il naso ti cresce. Dev'essere un'influenza molto pericolosa... Poverino! Adesso, però ti do una medicina che ti può fare bene...

PINOCCHIO: E com'è questa medicina? È buona?

FATA: È ______________________[4] dello zucchero!

PINOCCHIO: Oh, fata mia, hai detto una bugia! È ______________________[5] del veleno!

FATA: Vedi il vantaggio di essere umani! Se dico una bugia il mio naso non si allunga!

C. Secondo me... Sentirai un'opinione e dovrai esprimere l'opposta opinione. Ripeti la risposta.

ESEMPIO: *Senti:* Hanno pattinato meglio di tutti!
Dici: No, hanno pattinato peggio di tutti!

1. ... 2. ... 3. ... 4. ... 5. ...

Pronuncia: The sounds of the letter "r"

There is no parallel in English for the Italian **r** sound. The tongue is held very loosely against the alveolar ridge (right behind the upper teeth) so that the flow of air makes it vibrate.

With practice, most people can learn to roll their **r**'s. If at first you don't succeed . . . keep trying!

A. *R.* Practice the single **r** sound. Listen and repeat.

1. raccontare
2. regalare
3. riportare
4. romantico
5. russo
6. proprio

B. *Tr* e *r* finale. Pay particular attention to the combination **tr** and to the sound of **r** in final position. Listen and repeat.

1. treno
2. strada
3. centro
4. bar
5. per

C. *R* doppia. Contrast the single and double sound of **r.** Make a special effort to lengthen the sound of double **r,** and don't worry if your pronunciation seems exaggerated at first. Listen and repeat.

1. caro / carro
2. sera / serra
3. cori / corri
4. spore / porre

D. Parliamo italiano! Listen and repeat.

1. La loro sorella preferisce vestirsi di marrone.
2. Trentatré Trentini entrarono a Trento tutti e trentatré trotterellando su trentatré trattori trainati da treni.
3. Verrà stasera? Sì, ma telefonerà prima di venire.
4. Preferisce comprare le arance dal fruttivendolo? Credo di sì.
5. Corro perché sono in ritardo per le prove del coro.

Dialogo

Prima parte. Sentirai un dialogo tra Valeria ed Emanuele. Valeria racconta ad Emanuele della malattia di suo fratello.

Ascolta attentamente il dialogo.

EMANUELE: Ciao, Valeria, come va?
VALERIA: Non troppo bene, anzi, male, malissimo!
EMANUELE: Che è successo?
VALERIA: A me, niente, ma ho appena saputo che mio fratello è malato di cuore.
EMANUELE: Mi dispiace davvero, è già una situazione grave?
VALERIA: Deve ancora andare a parlare con gli specialisti, ma ha già saputo che la cura migliore a questo punto è un bypass. Probabilmente deve andare a fare l'operazione nelle Marche. Là c'è un famoso Istituto cardiologico e lui deve parlare con i dottori. Ho parlato al telefono con lui mezz'ora fa.
EMANUELE: Oh, mi dispiace davvero!
VALERIA: In questi giorni sta peggio del solito. Ha problemi di respirazione, si stanca subito e non è ottimista come me. Un bypass è un'operazione difficile, però, capisco il suo pessimismo.
EMANUELE: Vero, però oggi la tecnologia e le medicine possono fare miracoli. La ricerca medica è senz'altro più avanzata di qualche anno fa. E le strutture ospedaliere sono migliori. E tu, stai bene?
VALERIA: Anch'io ho qualche problema di salute in questi giorni: un'influenza fastidiosissima che mi ha dato febbre, mal di testa e mal di gola. Sono andata subito dal dottore, ma mi devo curare ancora per un po'. In questi giorni le cose non potevano andare peggio per me. Prima questa mia indisposizione, poi la notizia di mio fratello!
EMANUELE: Cerca di essere ottimista! Tuo fratello è molto più vecchio di te ma è anche forte come te. Sono sicuro che può vincere la sua malattia.

Seconda parte. Ascolta di nuovo il dialogo. Fai particolare attenzione ai sintomi, le malattie e le cure che Valeria e Emanuele descrivono.

Terza parte. Sentirai due volte sei frasi basate sul dialogo. Segna, per ciascuna frase, **vero** o **falso.**

1. vero falso
2. vero falso
3. vero falso
4. vero falso
5. vero falso
6. vero falso

Ed ora ascoltiamo!

Sentirai tre dialoghi brevi riguardo ai problemi di salute. Puoi ascoltare i dialoghi quante volte vuoi. Dopo ognuno sentirai una domanda. Scegli la risposta giusta.

1. a. la mano b. la gamba
2. a. l'influenza b. il raffreddore
3. a. all'ospedale b. in farmacia

Dettato

Sentirai un breve dettato tre volte. La prima volta, ascolta attentamente. La seconda volta, scrivi quello che senti. La terza volta, correggi quello che hai scritto. Scrivi sulle righe date. Controlla il tuo dettato con le soluzioni date in fondo al libro.

Il sistema nazionale ________________________________

____

____

____

____

____

____

____

____

CAPITOLO 10

Buon viaggio!

Parte 1: Vocabolario

A. Per cominciare. Sentirai un dialogo due volte. La prima volta, ascolta attentamente. La seconda volta, il dialogo sarà ripetuto con pause per la ripetizione.

MARIO: Allora, che programmi hai per l'estate?
DANIELE: Ma, a dire il vero non ho ancora deciso. Forse vado al mare in Sicilia... E tu, niente di speciale questa volta?
MARIO: Quest'estate non vado in vacanza. L'anno scorso ho fatto una crociera in Grecia, quest'inverno sono andato a sciare in Francia, e poi ho fatto un viaggio in Olanda.
DANIELE: Ora capisco perché non vai in vacanza! O hai finito i giorni di ferie o i soldi per viaggiare all'estero!

B. Una vacanza per tutti i gusti. Sentirai un brano seguito da tre domande. Sentirai il brano due volte. La prima volta, ascolta attentamente. La seconda volta, il brano sarà ripetuto con pause per la ripetizione. Poi sentirai le domande due volte e dovrai scegliere la risposta giusta ad ogni domanda.

Finalmente progetti precisi per le nostre vacanze: chi voleva affittare una casa, chi fare una crociera, chi al mare e chi in montagna... La decisione probabilmente soddisfa tutti: andiamo in campagna, in Toscana. Abbiamo trovato un piccolo albergo a due stelle (*two stars*), con una camera singola con bagno per Roberto, una matrimoniale per Alice e Cristiano, ma solo con doccia, e per me una singola con doccia. Io, Alice e Cristiano andiamo sempre in campeggio e usare il bagno comune in albergo per noi non è un problema. Risparmiamo dei soldi e siamo contenti. Non abbiamo neppure (*either*) dovuto lasciare un anticipo con la carta di credito o mandare un assegno o dei contanti. Speriamo bene! Degli amici comunque mi hanno detto che l'albergo è carino e la zona favolosa per fare escursioni a cavallo...

1. a. in crociera
   b. al mare
   c. in campagna
   d. in montagna
2. a. una casa
   b. camere in un albergo di lusso
   c. camere in un albergo economico
   d. tre stanze in una pensione
3. a. camera singola con doccia
   b. camera singola con bagno
   c. camera matrimoniale con doccia
   d. camera matrimoniale con bagno

C. Ha una camera libera?... Shannon è appena arrivata a Roma dove deve prenotare una stanza in un albergo. Cosa le chiederà l'impiegato? Ferma la registrazione e completa il dialogo con le frasi appropriate. Poi sentirai il dialogo due volte. La prima volta, controlla le tue risposte. La seconda volta, il dialogo sarà ripetuto con pause per la ripetizione.

80 euro.
Abbiamo una camera, ma senza aria condizionata.
Certo. Come si chiama?
No.
Per quante persone?
Certo, mi può dare il numero?
Per quante notti?
Una camera singola. Con bagno?

IMPIEGATO: Hotel Rex, buona sera. Desidera?

SHANNON: Ha una camera libera?

IMPIEGATO: ______________________________ 1

SHANNON: Per due notti.

IMPIEGATO: ______________________________ 2

SHANNON: Una.

IMPIEGATO: ______________________________ 3

SHANNON: Con doccia va bene.

IMPIEGATO: ______________________________ 4

SHANNON: Non importa se non c'è l'aria condizionata. Quanto costa?

IMPIEGATO: ______________________________ 5

SHANNON: C'è pensione completa?

IMPIEGATO: ______________________________ 6

SHANNON: Posso prenotare adesso?

IMPIEGATO: ______________________________ 7

SHANNON: Shannon Mangiameli. Posso pagare con la carta di credito?

IMPIEGATO: ______________________________ 8

D. Progetti di vacanze. Sentirai tre coppie che parlano dei loro progetti di vacanze. Sentirai ogni dialogo due volte. La prima volta, ascolta attentamente. La seconda volta, completa la tabella con le informazioni appropriate per ciascuna coppia. Controlla le tue risposte con le soluzioni date in fondo al libro.

Parole utili

le comodità	*comforts*
i boschi	*woods*
sborsare	*to pay out*

	COPPIA 1	COPPIA 2	COPPIA 3
destinazione			
mezzo di trasporto			
alloggio			
pagamento			

In ascolto

Progetti di vacanze. Renata e Enrico hanno preparato un itinerario per una vacanza in Toscana. Ascolta con attenzione la loro conversazione su una parte del viaggio, poi completa le frasi seguenti.

1. A Firenze in questa stagione non è facile ________.
2. A Prato o a Pistoia la sistemazione è meno ________ che a Firenze.
3. A Prato c'è la possibilità di una camera ________, con ________, in una ________.
4. A Marina di Pietrasanta ci sono ________.
5. A Marina di Pietrasanta è possibile fare queste attività: ________.

Parte 2: Grammatica

A. Futuro semplice

A. Per cominciare. Sentirai un brano due volte. La prima volta, ascolta attentamente. La seconda volta, completa il brano con le parole che mancano. Controlla le tue risposte con le soluzioni date in fondo al libro.

Alla fine di giugno ________________[1] per l'Italia con i miei genitori e mia sorella. ________________[2] l'aereo a New York e ________________[3] a Roma. ________________[4] una settimana insieme a Roma, poi i miei genitori ________________[5] una macchina e ________________[6] il viaggio con mia sorella. Io, invece, ________________[7] a Perugia, dove ________________[8] l'italiano per sette settimane. Alla fine di agosto ________________[9] tutti insieme negli Stati Uniti.

B. Il matrimonio di Elsa sarà domenica... Tutti i parenti di Elsa arriveranno domenica per il suo matrimonio. Di' chi verrà e cosa farà, secondo i suggerimenti. Ripeti la risposta.

ESEMPIO: *Leggi:* arrivare per il matrimonio di Elsa
Senti: Stefania
Dici: Domenica Stefania arriverà per il matrimonio di Elsa.

1. portare il regalo per il matrimonio di Elsa
2. fare da testimoni (*to be witnesses*) al matrimonio di Elsa
3. fare le fotografie al matrimonio di Elsa
4. guidare la macchina degli sposi per il matrimonio di Elsa
5. portare i fiori per il matrimonio di Elsa
6. celebrare il matrimonio di Elsa

B. Usi speciali del futuro

A. Per cominciare. La mamma di Sara è preoccupata per sua figlia che viaggia per tutta l'Italia e si fa tante domande su quello che farà o non farà. Sentirai il brano due volte. La prima volta, ascolta attentamente. La seconda volta, completa il brano con i verbi al futuro. Controlla le tue risposte con le soluzioni date in fondo al libro.

La mia povera bambina! ____________[1] a Venezia? ____________[2] freddo? ____________[3] abbastanza? ____________[4] abbastanza? ____________[5] soldi a sufficienza (*enough money*)? ____________[6] le cartoline?

B. Domande personali. Di' quando farai le seguenti cose. Rispondi con il verbo al futuro.

ESEMPIO: *Senti e leggi:* Andrò al cinema se...
Dici: Andrò al cinema se avrò tempo, soldi, eccetera.

1. Studierò quando…
2. Andrò a mangiare appena…
3. Pulirò l'appartamento se…
4. Potrò riposare (*rest*) dopo che…
5. Ti scriverò un'e-mail quando…

Parte 3: Grammatica

C. *Si* impersonale

A. Per cominciare. Sentirai un brano seguito da quattro frasi. Sentirai il brano due volte. La prima volta, ascolta attentamente. La seconda volta il brano sarà ripetuto con pause per la ripetizione. Poi ascolta le frasi e scegli, per ciascuna frase, **vero** o **falso.**

Secondo Alberto, all'università si studia almeno sei ore al giorno e si frequentano tutte le lezioni. Non si esce mai il venerdì o il sabato sera, non si parla mai al telefono, non si usa mai la carta di credito e non si comprano mai vestiti e Cd. Si devono risparmiare i soldi per pagare le tasse. Sei d'accordo?

1. vero falso
2. vero falso
3. vero falso
4. vero falso

B. Non si fa così. Rebecca fa i capricci (*is acting up*). Dovrai dirle che certe cose si fanno o non si fanno. Usa il **si** impersonale. Ripeti la risposta.

ESEMPIO: *Senti:* salutare la maestra
Dici: Si saluta la maestra.

1. … 2. … 3. … 4. …

C. Cosa si è fatto in Italia? Sei appena tornato/tornata da un bel viaggio in Italia. Di' agli amici italiani all'università cosa hai fatto in Italia. Usa il **si** impersonale. Ripeti la risposta.

ESEMPIO: *Senti:* andare all'università
Dici: Si è andati all'università.

1. … 2. … 3. … 4. … 5. …

D. Formazione dei nomi femminili

A. Per cominciare. Sentirai un dialogo due volte. La prima volta, ascolta attentamente. La seconda volta, completa il dialogo con i nomi femminili che mancano. Controlla le tue risposte con le soluzioni date in fondo al libro.

CLAUDIO: Oggi al ricevimento dai Brambilla c'è un sacco di gente interessante.

MARINA: Ah sì? Chi c'è?

CLAUDIO: Il pittore Berardi con la moglie, ____________[1] anche lei; dicono che è più brava del marito... la ____________[2] di storia dell'arte Stoppato, il poeta Salimbeni con la moglie ____________[3] e un paio di scrittori...

MARINA: Che ambiente intellettuale! Ma i Brambilla cosa fanno?

CLAUDIO: Beh, lui è un grosso industriale tessile e lei è un'ex-____________.[4]

B. Dal mondo femminile al mondo maschile... Di' la forma al maschile di ogni nome femminile. Ripeti la risposta.

ESEMPIO: *Senti:* una regista famosa
Dici: un regista famoso

1. ... 2. ... 3. ... 4. ... 5. ... 6. ... 7. ... 8. ... 9. ... 10. ...

Pronuncia: The sounds of the letters "b" and "p"

A. *B* e doppia *b*. The letter **b** is pronounced as in the English word *boy.* Compare and contrast the single and double sounds of **b** in these pairs of words. Listen and repeat.

1. da basso / abbasso
2. abile / abbaiare
3. laboratorio / labbro
4. debole / ebbene

B. *P*. The sound of the letter **p** in Italian is similar to that in the English word *pen,* though without the aspiration or slight puff of air one hears in English. Listen carefully to these English and Italian words, then repeat the Italian word. Listen and repeat.

1. pizza / pizza
2. page / pagina
3. palate / palato
4. pope / papa
5. pepper / pepe

C. Doppia *p*. Compare and contrast the single and double sound of **p** in these pairs of words. Listen and repeat.

1. papa / pappa
2. capelli / cappelli
3. capi / cappi
4. rapito / rapporto

D. Parliamo italiano! Listen and repeat.

1. Paolo ha i capelli e i baffi bianchi.
2. Ho paura di guidare quando c'è la nebbia.
3. Non capisco perché ti arrabbi sempre.
4. Hai già buttato giù la pasta?
5. Giuseppe, stappa una bottiglia di vino buono!

Dialogo

Prima parte. Alessia e Sandra discutono dei progetti di vacanza di Alessia.

Parole utili: nuvoloso (*cloudy*)

Ascolta attentamente il dialogo.

ALESSIA: Finalmente in vacanza! Adesso, quello che voglio è solo una cosa... Riposarmi, stare al sole, tornare in pensione a mangiare e fare la doccia, tornare di nuovo sulla spiaggia, abbronzarmi...

SANDRA: Non solo una cosa, allora, ...hai fatto una lista!

ALESSIA: Va bene, diciamo che la mia priorità sarà di riposarmi al sole. Sono così stanca della pioggia! Questo maggio volevo cambiare casa, andare al Sud. Quando mai si è visto il sole?

SANDRA: Ma come sei difficile, Alessia! A me il tempo fresco non dispiace.

ALESSIA: Tempo fresco, va bene; tempo piovoso, no, grazie.

SANDRA: Secondo le previsioni del tempo, domani sarà parzialmente nuvoloso e potrà anche piovere nel week-end, non è sicuro che ci sarà il sole questa settimana...

ALESSIA: Speriamo di no! Altrimenti, questa volta il mio oroscopo ha proprio ragione. «Ci saranno problemi associati con viaggi e spostamenti, che causeranno insoddisfazioni.»

SANDRA: Ma Alessia! È l'oroscopo di un giornale! Mica ti fiderai?!! E poi è così generale... Questa vacanza non andrà male, non ti preoccupare.

ALESSIA: E chi ti ha detto che sono preoccupata? Se pioverà, pioverà, non c'è molto che posso fare... Almeno ci sono dei buoni ristoranti nella zona? Vuol dire che se pioverà o farà brutto tempo, passerò un po' di tempo al chiuso, a leggere giornali...

SANDRA: Oh sì, a leggere giornali... Oroscopi, vuoi dire, la tua lettura preferita! E poi avrai altre idee come quella di oggi, che le previsioni del tempo sono scritte nel tuo destino!

Seconda parte. Ascolta di nuovo il dialogo. Fai particolare attenzione al tempo previsto e alle attività di Alessia a seconda del tempo.

Terza parte. Sentirai due volte sei frasi basate sul dialogo. Segna, per ciascuna frase, **vero** o **falso.**

1. vero falso
2. vero falso
3. vero falso
4. vero falso
5. vero falso
6. vero falso

Ed ora ascoltiamo!

Sentirai un dialogo tra Tony e Cristina in cui discutono dei soldi da portare in viaggio. Puoi ascoltare il dialogo quante volte vuoi. Poi sentirai, due volte, sei frasi e dovrai segnare, per ciascuna frase, **vero** o **falso.**

1. vero falso
2. vero falso
3. vero falso
4. vero falso
5. vero falso
6. vero falso

Dettato

Sentirai un breve dettato tre volte. La prima volta, ascolta attentamente. La seconda volta, il dettato sarà letto con pause tra le frasi. Scrivi quello che senti. La terza volta, correggi quello che hai scritto. Scrivi sulle righe date. Controlla il tuo dettato con le soluzioni date in fondo al libro.

Due coppie ____

CAPITOLO 11

Un vero affare!

Parte 1: Vocabolario

A. Per cominciare. Sentirai un dialogo due volte. La prima volta, ascolta attentamente. La seconda volta, il dialogo sarà ripetuto con pause per la ripetizione.

SILVANA: Sono andata in centro a fare spese l'altro giorno. C'erano un sacco di sconti nelle boutique e allora non ho resistito…
GIOVANNA: Cos'hai comprato?
SILVANA: Volevo un paio di scarpe eleganti e comode, come le tue.
GIOVANNA: Dove le hai trovate?
SILVANA: In Via Montenapoleone: un vero affare, solo 100 euro.
GIOVANNA: Io invece le ho comprate al mercato: in saldo 50 euro!

B. Dove lo comprano? Guarda i disegni e di' dove e da chi queste persone fanno la spesa. Ripeti la risposta.

ESEMPIO: *Senti:* Dove comprano le paste le ragazze?
Dici: Le comprano in una pasticceria, dalla pasticciera.

1.

2.

3.

4.

5.

C. Dove siamo? Sentirai, per due volte, due dialoghi. Ascolta i dialoghi e di' dove hanno luogo (*they take place*).

1. a. Siamo in un negozio di alimentari. b. Siamo dal panettiere.
2. a. Siamo in una gelateria. b. Siamo dal fruttivendolo.

In ascolto

Un po' di spesa. Sentirai tre brevi dialoghi. Indica il negozio corrispondente ad ogni dialogo e scrivi le informazioni che mancano: che cosa compra il/la cliente e quanto costa.

	DIALOGO 1	DIALOGO 2	DIALOGO 3
dalla fruttivendola			
dalla lattaia			
dal macellaio			
cosa compra il/la cliente?			
quanto costa?			

Parte 2: Grammatica

A. Usi di *ne*

A. Per cominciare. Sentirai un dialogo seguito da tre domande. Sentirai il dialogo due volte. La prima volta, ascolta attentamente. La seconda volta, il dialogo sarà ripetuto con pause per la ripetizione. Scegli poi le risposte giuste alle domande che senti.

MAMMA: Marta, per favore mi compri il pane?
MARTA: Volentieri! Quanto ne vuoi?
MAMMA: Un chilo. Ah sì, ho bisogno anche di prosciutto cotto.
MARTA: Ne prendo due etti?
MAMMA: Puoi prenderne anche quattro: tu e papà ne mangiate sempre tanto!
MARTA: Hai bisogno d'altro?
MAMMA: No, grazie, per il resto andrò io al supermercato domani.

1. a. Ne deve prendere un chilo. b. Ne deve prendere un chilo e mezzo.
2. a. Ne deve prendere due. b. Ne deve prendere quattro.
3. a. Ne ha bisogno. b. Non ne ha bisogno.

B. Quanti? Il tuo compagno di casa è stato via due settimane e ha tante domande da farti al suo ritorno. Rispondi alle sue domande secondo i suggerimenti. Ripeti la risposta.

ESEMPIO: *Senti:* Quanti film hai visto?
Leggi: tre
Dici: Ne ho visti tre.

1. due
2. molto
3. poco
4. tanto
5. quattro
6. un po'

C. Domande personali. Rispondi alle seguenti domande. Usa **ne** nella tua risposta.

1. … 2. … 3. … 4. … 5. …

B. Usi di *ci*

A. Per cominciare. Sentirai un dialogo due volte. La prima volta, ascolta attentamente. La seconda volta, il dialogo sarà ripetuto con pause per la ripetizione.

PAOLO: Rocco, vieni al cinema con noi domani sera?
ROCCO: No, non ci vengo.
PAOLO: Vieni allo zoo lunedì?
ROCCO: No, non ci vengo.
PAOLO: Vieni in discoteca venerdì sera? Facciamo una festa in onore di Giacomo che ritorna dagli Stati Uniti.
ROCCO: No, non ci vengo.
PAOLO: Ma perché non esci con noi questa settimana? Usciamo sempre insieme.
ROCCO: Vado in vacanza con Maddalena. Andiamo alle Bahamas.
PAOLO: Allora, buone vacanze!

B. Altre domande personali… Rispondi alle domande secondo la tua esperienza personale. Usa **ne** o **ci** nella tua risposta. Poi sentirai due risposte possibili. Ripeti la risposta adatta a te.

1. … 2. … 3. … 4. … 5. … 6. …

Parte 3: Grammatica

C. Pronomi doppi

A. Per cominciare. Sentirai un dialogo due volte. La prima volta, ascolta attentamente. La seconda volta, completa il dialogo con le parole che mancano. Controlla le tue risposte con le soluzioni date in fondo al libro.

COMMESSA: Allora, signora, ha provato la gonna e la camicetta? Come Le stanno?

CLIENTE: La gonna è troppo stretta, ma la camicetta va bene. La prendo.

COMMESSA: ____________[1] incarto?

CLIENTE: No; ____________ ____________[2] può mettere da parte? Ora vado a fare la spesa e poi passerò a prenderla quando tornerò a casa.

COMMESSA: Va bene, signora, ____________[3] metto qui, dietro al banco.

B. Di che cosa parliamo? Sentirai, per due volte, sei frasi con pronomi doppi. Dovrai scegliere a quale delle tre frasi scritte si riferisce ogni frase che senti.

ESEMPIO: *Senti:* glielo do
Leggi: a. Do a lui i libri. b. Do a lei i libri. c. Do a lui o a lei il libro.
Scegli: c

1. a. Compriamo i giornali per loro.
   b. Compriamo le scarpe per voi.
   c. Compriamo scarpe e calzini per voi.
2. a. Regalo i profumi a lei.
   b. Regalo la penna e la matita a lei.
   c. Regalo la gonna a lei.
3. a. Diamo l'assegno a te.
   b. Diamo la carta di credito a te.
   c. Diamo i soldi a te.
4. a. Faccio la torta per lui.
   b. Faccio i compiti per lui.
   c. Faccio il compito per lei o per lui.

5. a. Presto il libro a voi.
   b. Presto la mappa e la guida turistica a voi.
   c. Presto la mappa, la guida turistica e il libro a voi.
6. a. Parlo a lui.
   b. Parlo a lei.
   c. Parlo a lui di lei.

C. Oggi no. Ti chiedono tutti dei piaceri, ma oggi non hai tempo e gli rispondi di no. Ripeti la risposta.

ESEMPIO: *Senti:* Puoi comprare il pane ai vicini (*neighbors*)?
Dici: Mi dispiace; oggi non glielo posso comprare.

1. … 2. … 3. … 4. … 5. …

D. Imperativo (*tu, noi, voi*)

A. Per cominciare. Sentirai un brano due volte. La prima volta, ascolta attentamente. La seconda volta, completa il brano con i verbi all'imperativo che mancano. Controlla le tue risposte con le soluzioni date in fondo al libro.

Consigli di una giornalista ad un'adolescente in crisi

Soprattutto __________ __________[1] via di casa. __________[2] invece, __________[3] tanti amici, __________[4] il modo di capire perché a tua madre quest'uomo piace, perché ha avuto bisogno di lui. Ti troverai meglio.

B. Professore per un giorno… Immagina di fare il professore e da' istruzioni ai tuoi studenti, secondo i suggerimenti. Ripeti la risposta.

ESEMPIO: *Senti:* fare l'esercizio
Dici: Fate l'esercizio!

1. … 2. … 3. … 4. … 5. … 6. … 7. … 8. …

C. Baby-sitter autoritari… Fai la baby-sitter a Marisa e a Stefano. Dovrai dirgli cosa devono fare o non fare. Ripeti la risposta.

ESEMPIO: *Leggi:* stare zitto
Senti: Marisa e Stefano
Dici: State zitti!

1. avere pazienza
2. andare in cucina
3. non scrivere sul muro (*wall*)
4. pulire il tavolo
5. non mangiare la torta
6. essere buono

D. Ospiti. Hai due ospiti in casa. Quando ti chiedono se possono fare qualcosa, rispondi in modo affermativo. Usa **pure** e i pronomi di oggetto nella tua risposta. Ripeti la risposta.

ESEMPIO: *Senti:* Possiamo leggere la rivista?
Dici: Sì, leggetela pure!

1. … 2. … 3. … 4. … 5. …

Pronuncia: The sounds of the letters "f" and "v"

A. *F* e *f* doppia. The letter **f** is pronounced as in the English word *fine.* Compare and contrast the single and double sound of **f.** Listen and repeat.

1. da fare / daffare
2. tufo / tuffo
3. befana / beffare
4. difesa / piffero
5. gufo / ciuffo

B. *V* e doppia *v*. The letter **v** is pronounced as in the English word *vine.* Compare and contrast the single and double **v** sound in these pairs of words. Listen and repeat.

1. piove / piovve
2. bevi / bevvi
3. evidenza / evviva
4. ovest / ovvio
5. dove / ovvero

C. Parliamo italiano! Listen and repeat.

1. Servo il caffè all'avvocato.
2. È vero che vanno in ufficio alle nove?
3. Pioveva e faceva freddo.
4. L'imperfetto dei verbi irregolari non è difficile.
5. Vittoria aveva davvero fretta.
6. Dove vendono questo profumo?

Dialogo

Prima parte. Silvana e Giovanna sono a Milano, in una via con negozi molto chic.

Ascolta attentamente il dialogo.

SILVANA: Guarda che bella giacca, chissà quanto costa: è di Armani!
GIOVANNA: Beh, quanto costa puoi immaginartelo facilmente, siamo in Via Montenapoleone!
SILVANA: Dai, entriamo lo stesso! Se ci pensi bene, ci sono sempre svendite in questi negozi.
GIOVANNA: Cosa? Non siamo ai grandi magazzini! Fattelo dire dal commesso, subito, quanto costa quel vestito, così non perdi tempo a mettertelo addosso... Vedi, non ci sono nemmeno i prezzi in vetrina, questo è un buon segno.
SILVANA: Macchè! Provare un vestito è sempre meglio che vederlo in vetrina e non costa niente...

(Silvana entra nel negozio).

COMMESSO: Buon giorno, in cosa posso servirLa?
SILVANA: Ha una taglia quarantaquattro di quella giacca blu in vetrina?
COMMESSO: Penso di sì... Un momento, gliela porto subito. Eccola.

(Silvana va nel camerino a provare la giacca).

COMMESSO: Come va?
SILVANA: Credo bene, ha proprio una bella linea. Ma non sono sicura di questo colore...
COMMESSO: Se vuole, gliene porto un'altra di un altro colore, che ne dice del nero o del grigio scuro?
SILVANA: No, mi piaceva il blu, in vetrina, ma adesso che me la sono provata, il colore non va, ma grazie lo stesso... A proposito, quanto costa?
COMMESSO: Sono solo duecento euro. Ce ne sono altre simili, in altri colori...
SILVANA: Non importa, grazie, mi interessava proprio questa. ArrivederLa.
COMMESSO: ArrivederLa.

(Silvana esce dal negozio).

GIOVANNA: Allora, che facevi dentro? Ci sei stata quasi mezz'ora! C'erano sconti?
SILVANA: Ma di che sconti parli? Avevi ragione, gli affari si fanno solo ai grandi magazzini!

Seconda parte. Ascolta di nuovo il dialogo. Fai particolare attenzione a cosa dicono Silvana e Giovanna sugli affari, i prezzi e la giacca che Silvana vuole provare.

Terza parte. Sentirai due volte sei frasi basate sul dialogo. Segna, per ciascuna frase, **vero** o **falso.**

1. vero falso
2. vero falso
3. vero falso
4. vero falso
5. vero falso
6. vero falso

Ed ora ascoltiamo!

Sentirai tre conversazioni ai grandi magazzini. Puoi ascoltare il dialogo quante volte vuoi. Cosa vogliono comprare queste persone? Di che colore? Di che taglia? Inserisci nella tabella le informazioni che senti. Controlla le tue risposte con le soluzioni date in fondo al libro.

	CLIENTE A	CLIENTE B	CLIENTE C
il capo d'abbigliamento			
il colore			
la taglia			

Dettato

Sentirai un breve dettato tre volte. La prima volta, ascolta attentamente. La seconda volta, il dettato sarà letto con pause tra le frasi. Scrivi quello che senti. La terza volta, correggi quello che hai scritto. Scrivi sulle righe date. Controlla il tuo dettato con le soluzioni date in fondo al libro.

Giovanna e Silvana ______________________________

CAPITOLO 12

Cercare casa

Parte 1: Vocabolario

A. Per cominciare. Sentirai un dialogo due volte. La prima volta, ascolta attentamente. La seconda volta, completa il dialogo con le parole che mancano. Controlla le tue risposte con le soluzioni date in fondo al libro.

ANTONELLA: Ho saputo che vi sposate tra due settimane!

PATRIZIA: Eh sì, è quasi tutto pronto, ma non abbiamo la ____________[1]...

ANTONELLA: La casa!? E dove andate a abitare?

MASSIMO: Dai miei genitori... Non è la soluzione migliore ma, come sai, trovare casa oggi è quasi impossibile: costa troppo!

PATRIZIA: E loro hanno una casa di cinque ____________,[2] con due ____________.[3]

ANTONELLA: Quante ____________[4] da letto?

MASSIMO: Ce ne sono tre: due ____________[5] e una ____________,[6] per l'eventuale nipote, come dicono loro...

B. La casa e l'affitto... Sentirai, per due volte, un dialogo tra Carmela e Pina, seguito da tre frasi. La prima volta, ascolta attentamente. La seconda volta, il dialogo sarà ripetuto con pause per la ripetizione. Poi sentirai le tre frasi due volte e dovrai segnare **vero** o **falso.**

CARMELA: Allora, hai trovato casa?

PINA: Sì, l'ho trovata, ma adesso devo trovare un secondo lavoro per pagare l'affitto!

CARMELA: E meno male che non abitiamo in una città come New York! Ho appena parlato con il mio amico Marco, che si è appena trasferito a New York, e che mi ha detto che gli affitti lì sono tre volte quelli di Milano, per un appartamento di due stanze!

PINA: Ma sono sicura che anche lo stipendio di questo tuo amico sarà adeguato (*adequate*) al costo degli appartamenti!

1. vero falso

2. vero falso

3. vero falso

C. Parliamo della casa. Guarda il disegno, poi scrivi le risposte alle domande che senti. Controlla le tue risposte con le soluzioni date in fondo al libro.

ESEMPIO: *Senti:* Dove lascia la bici Sara? Al pianterreno o al primo piano?
Scrivi: al pianterreno

1. ____________________
2. ____________________
3. ____________________
4. ____________________
5. ____________________

D. Arrediamo la nuova casa. Sentirai sei frasi e dovrai indovinare a quale oggetto si riferisce ogni frase. Ripeti la risposta.

ESEMPIO: *Senti:* Mettiamolo nel bagno.
Dici: lo specchio

1. … 2. … 3. … 4. … 5. …

In ascolto

La prima casa. Carla cerca un appartamento per lei e per un'altra studentessa. Risponde per telefono a un annuncio sul giornale. Ascolta con attenzione la sua conversazione con il padrone e decidi se le seguenti affermazioni sono vere o false. Poi, correggi le affermazioni false.

Parole utili: disponibile (*available*), fissare un appuntamento (*to make an appointment*)

1. L'appartamento è già affittato. vero falso

   ____

2. Ci sono tre stanze più bagno e cucina. vero falso

   ____

3. L'appartamento si trova al terzo piano. vero falso

   ____

4. Non c'è un balcone. vero falso

   ____

5. Il trasloco non è un problema perché c'è l'ascensore. vero falso

   ____

6. Carla e il padrone hanno un appuntamento domani al numero 6, alle due del pomeriggio. vero falso

   ____

Parte 2: Grammatica

A. Aggettivi indefiniti

A. Per cominciare. Sentirai un dialogo due volte. La prima volta, ascolta attentamente. La seconda volta, completa il dialogo con le parole che mancano. Controlla le tue risposte con le soluzioni date in fondo al libro.

PAOLA: Ciao, Claudia! Ho sentito che hai cambiato casa. Dove abiti adesso?

CLAUDIA: Prima vivevo in un appartamentino in centro, ma c'era troppo traffico e troppo rumore; così sono andata a vivere in campagna. Ho trovato una casetta che è un amore... È ____________[1] in pietra, ha un orto enorme e ____________[2] albero da frutta.

PAOLA: Sono contenta per te! Sai cosa ti dico? ____________[3] persone nascono fortunate!

B. Conformisti. Guarda i disegni e di' cosa fanno tutti i soggetti rappresentati. Segui i suggerimenti e usa **tutti** o **tutte** nelle tue risposte. Ripeti la risposta.

ESEMPIO: *Senti:* ragazzi
Leggi: correre
Dici: Tutti i ragazzi corrono.

correre

1. dormire

2. cucinare

3. cambiare casa

4. sistemare i mobili

C. Agenzia immobiliare (*Real Estate Agency*) **Piagenti.** Sentirai la pubblicità per l'agenzia immobiliare Piagenti due volte. La prima volta, ascolta attentamente. La seconda volta, prendi appunti su quello che hai sentito. Poi ferma la registrazione e completa le frasi con gli aggettivi indefiniti appropriati. Controlla le tue risposte con le soluzioni date in fondo al libro.

Aggettivi indefiniti: alcune, ogni, qualunque, tutte (2 *volte*)

1. Non vi offriamo una casa ____________.
2. Vi offriamo una casa particolare con ____________ precise caratteristiche.
3. ____________ le stanze hanno l'aria condizionata.
4. ____________ gli appartamenti hanno due bagni.
5. L'agenzia è aperta ____________ giorno dalle 9 alle 17.

B. Pronomi indefiniti

A. Per cominciare. Sentirai una frase due volte. La prima volta, ascolta attentamente. La seconda volta, la frase sarà ripetuta con pause per la ripetizione.

Lassù[a] in cielo, qualcuno deve aver lasciato aperto il frigorifero…

[a] *Up there*

B. Che cos'è? Un tuo compagno di classe non ha studiato per l'esame d'italiano e ti chiede il significato di tutti i vocaboli. Rispondi e usa **qualcuno** o **qualcosa** insieme alle informazioni date. Ripeti la risposta.

ESEMPIO: *Senti:* E il lattaio?
Leggi: vende il latte
Dici: È qualcuno che vende il latte.

1. mangiamo a colazione
2. si mangia
3. vende la frutta
4. lavora in un negozio
5. si beve
6. fa il pane

C. Problemi di casa. Sentirai cinque brevi scambi sui problemi di casa di Giulia, Marta e Cinzia, seguiti da domande. Rispondi ad ogni domanda con i pronomi indefiniti appropriati. Ripeti la risposta.

1. … 2. … 3. … 4. … 5. …

Parte 3: Grammatica

C. Negativi

A. Per cominciare. Sentirai un dialogo due volte. La prima volta, ascolta attentamente. La seconda volta, il dialogo sarà ripetuto con pause per la ripetizione.

MARITO: Sento un rumore in cantina: ci sarà qualcuno, cara…
MOGLIE: Ma no, non c'è nessuno: saranno i topi!
MARITO: Ma che dici? Non abbiamo mai avuto topi in questa casa. Vado a vedere.

(*Alcuni minuti dopo.*)

MOGLIE: Ebbene?
MARITO: Ho guardato dappertutto ma non ho visto niente di strano.
MOGLIE: Meno male!

B. Arrivano le ragazze! Franco è contento di conoscere le tue amiche italiane che arrivano oggi. Rispondi alle sue domande negativamente. Ripeti la risposta.

ESEMPIO: *Senti:* Sono già arrivate?
Dici: No, non sono ancora arrivate.

1. … 2. … 3. … 4. … 5. …

C. Che dire? Sentirai cinque frasi due volte. Scegli, fra le seguenti coppie di frasi, quella che si collega meglio alla frase che hai sentito.

1. a. Non mi piacciono le due donne.
   b. Preferisco una delle due.
2. a. Devo ancora leggere alcune pagine del libro.
   b. È stato un bel libro.
3. a. Voglio divertirmi da solo stasera.
   b. Ho organizzato una bella cena per tutti stasera.
4. a. Ho ricevuto solo una lettera per posta.
   b. La posta non è venuta oggi.
5. a. Mi sono completamente rilassato ieri sera.
   b. Ho avuto una serata molto impegnata (*busy*).

D. Imperativo (*Lei, Loro*)

A. Per cominciare. Sentirai un dialogo due volte. La prima volta, ascolta attentamente. La seconda volta, completa il dialogo con i verbi all'imperativo che mancano. Controlla le tue risposte con le soluzioni date in fondo al libro.

SEGRETARIA: Dottoressa, il signor Biondi ha bisogno urgente di parlarLe: ha già telefonato tre volte.

DOTTORESSA MANCINI: Che seccatore (*nuisance*)! Gli ____________[1] Lei, signorina, e gli ____________[2] che sono già partita per Chicago.

SEGRETARIA: Pronto!… Signor Biondi?… Mi dispiace, la dottoressa è partita per un congresso a Chicago… Come dice?… L'indirizzo? Veramente, non glielo so dire: ____________[3] pazienza e ____________[4] tra dieci giorni!

B. Prego! Di' al tuo professore di fare le seguenti cose, se vuole. Ripeti la risposta.

ESEMPIO: *Senti:* entrare
Dici: Se vuole entrare, entri!

1. … 2. … 3. … 4. … 5. …

C. Professori. Di' a due tuoi professori di non fare le seguenti cose se non possono. Ripeti la risposta.

ESEMPIO: *Senti:* pagare
Dici: Se non possono pagare, non paghino!

1. … 2. … 3. … 4. … 5. …

Pronuncia: The sounds of the letter "t"

The Italian sound [t] is similar to the *t* in the English word *top,* though it lacks the aspiration (the slight puff of air) that characterizes the English *t* at the beginning of a word. To pronounce **t** in Italian, place the tip of the tongue against the back of the upper teeth, but a bit lower than for the similar sound in English.

A. ***T.*** Compare and contrast the sounds of the English *t* and the Italian **t.** Listen to the English words, then repeat the Italian ones. Listen and repeat.

1. tempo / tempo
2. type / tipo
3. tremble / tremare
4. metro / metro
5. mute / muto

B. ***T* e doppia *t.*** Compare and contrast the single and double sounds of **t.** Listen and repeat.

1. tuta / tutta
2. fato / fatto
3. mete / mette
4. riti / ritti
5. moto / motto

C. **Parliamo italiano!** Listen and repeat.

1. Avete fatto tutto in venti minuti. Ottimo!
2. Mettete il latte nel tè?
3. Quanti tavolini all'aperto!
4. Il treno delle quattro e un quarto è partito in ritardo.
5. I salatini sono sul tavolino del salotto.

Dialogo

Prima parte. Carla incontra il signor Pini, il proprietario dell'appartamento che lei vuole vedere.

Parole utili: marmo (*marble*)

Ascolta attentamente il dialogo.

SIGNOR PINI: Buon giorno, signora Rossi, è pronta per vedere l'appartamento?

CARLA: Buon giorno, signor Pini. Certo che sono pronta. Se corrisponde alla Sua descrizione, credo che non avrò problemi ad affittare il Suo appartamento.

SIGNOR PINI: È un bell'appartamento e in una zona centrale, e Lei sa come è difficile trovare un appartamento al prezzo che voglio io…

CARLA: A dire il vero, ero rimasta sorpresa dall'annuncio: un appartamento disponibile adesso e a quel prezzo mi è sembrato incredibile…

SIGNOR PINI: Se ne sono interessate molte persone, ma sono io che non ho trovato il candidato… o candidata ideale.

CARLA: Ci sono due camere da letto, vero?

SIGNOR PINI: Sì. È un appartamento con due camere da letto, una camera grande e una cameretta, che può essere lo studio… poi, come Le avevo già detto, c'è un soggiorno piuttosto grande, un bagno completo di doccia e la cucina.

CARLA: Eccoci arrivati! L'appartamento è al terzo piano, ci sono un po' di scale da fare… Peccato che non c'è l'ascensore!

SIGNOR PINI: Come vede, non è un palazzo moderno. Ma via, signorina, le scale non sono così tante… E il trasloco, sa, non è un problema, le scale e le finestre sono molto larghe.
CARLA: Vedo, vedo, le scale sono molto belle, un bel marmo!
SIGNOR PINI: Sono sicuro che il problema non sarà l'appartamento, sarà l'affitto…
CARLA: Come Le ho già detto, l'affitto non è un problema.
SIGNOR PINI: Benissimo, allora. Entriamo! Ora Le mostro l'appartamento…

Seconda parte. Ascolta di nuovo il dialogo. Fai particolare attenzione a cosa dicono Carla e il signor Pini sull'affitto, l'appartamento e il palazzo.

Terza parte. Sentirai, due volte sei frasi basate sul dialogo. Segna, per ciascuna frase, **vero** o **falso.**

1. vero falso
2. vero falso
3. vero falso
4. vero falso
5. vero falso
6. vero falso

Ed ora ascoltiamo!

Luigi è veramente felice: ha trovato un appartamento ideale per lui. Sentirai una descrizione del suo appartamento. Ascolta il brano quante volte vuoi. Guarda la piantina (*floor plan*) e scrivi in ogni stanza il suo nome, secondo la descrizione. Controlla le tue risposte con le soluzioni date in fondo al libro.

Parole utili: ripostiglio (*closet*)

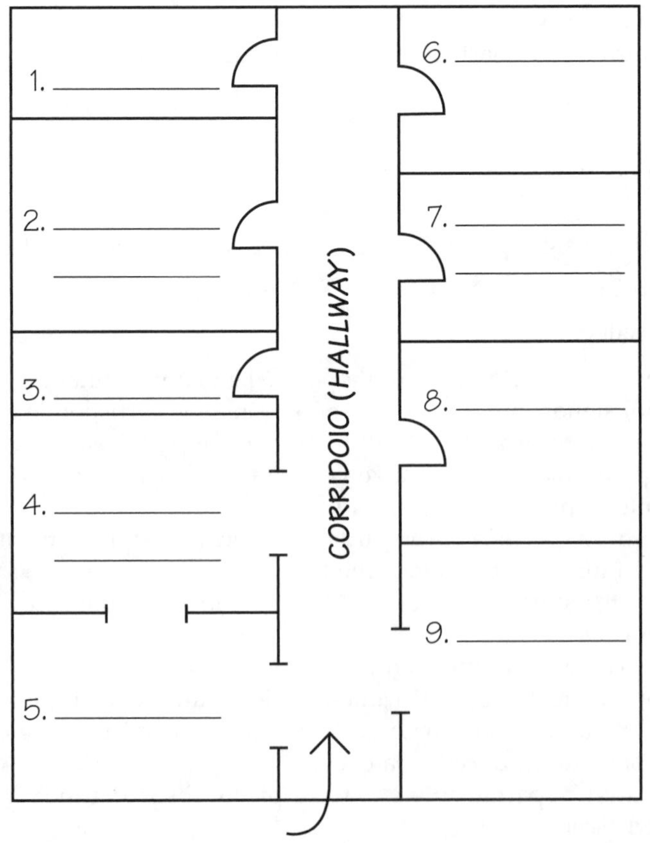

Dettato

Sentirai un breve dettato tre volte. La prima volta, ascolta attentamente. La seconda volta, il dettato sarà letto con pause tra le frasi. Scrivi quello che senti. La terza volta, correggi quello che hai scritto. Scrivi sulle righe date. Controlla il tuo dettato con le soluzioni date in fondo al libro.

Parole utili: iscriversi (*to enroll in*), sviluppare (*to develop*), stimolare (*to stimulate*), magari (*if only*)

Simonetta e Lucia ____

Nome ______________________ Data ______________ Classe ______________________

CAPITOLO 13

Proteggere l'ambiente

Parte 1: Vocabolario

A. Per cominciare. Sentirai un dialogo due volte. La prima volta, ascolta attentamente. La seconda volta, il dialogo sarà ripetuto con pause per la ripetizione.

MAMMA: Giorgio, fammi un piacere: porta questi sacchetti pieni di carta, vetro e plastica giù in strada e mettili negli appositi contenitori.
GIORGIO: Ma perché non possiamo mettere tutto nella spazzatura normale?
MAMMA: Vedi, tutto può essere riciclato; così non inquineremo di più il nostro ambiente.
GIORGIO: Ma io non so dove depositare i sacchetti…
MAMMA: Metterai la plastica nel contenitore giallo, il vetro in quello verde e la carta in quello bianco.

B. Il traffico e l'ambiente. Sentirai, per due volte, sei definizioni riguardo al traffico e cinque definizioni riguardo all'ambiente e dovrai identificare i termini a cui si riferiscono. Scrivi le risposte nella colonna giusta. Controlla le tue risposte con le soluzioni date in fondo al libro.

l'effetto serra,
la fascia d'ozono, le gomme,
l'inquinamento, i mezzi di
trasporto, la patente, il pieno di
benzina, il riciclaggio, i rifiuti,
la targa, il vigile

IL TRAFFICO	L'AMBIENTE
1. ______________	1. ______________
2. ______________	2. ______________
3. ______________	3. ______________
4. ______________	4. ______________
5. ______________	5. ______________
6. ______________	

In ascolto

Un altro punto di vista. Saturnino e Mercurio, due extraterrestri arrivata sulla Terra in un disco volante (*flying saucer*), osservano dei ragazzi in un centro di riciclaggio. Ascolta con attenzione la loro conversazione, poi completa le frasi seguenti.

1. Il ragazzo biondo _______.
   a. depura l'acqua
   b. ricicla delle bottiglie
   c. scarica rifiuti
2. Secondo Mercurio, molta gente non ricicla _______.
   a. i recipienti di plastica
   b. i sacchetti di carta
   c. l'alluminio
3. I due ragazzi _______ mucchi (*piles*) di giornali.
   a. leggono
   b. proteggono
   c. riciclano
4. La macchina dei ragazzi _______ l'aria perché emette troppo gas dal tubo di scappamento (*exhaust pipe*).
   a. depura
   b. purifica
   c. inquina
5. Saturnino e Mercurio gli _______.
   a. offriranno un passaggio
   b. daranno una mano
   c. chiederanno un passaggio

Parte 2: Grammatica

A. Condizionale presente

A. Per cominciare. Sentirai un dialogo due volte. La prima volta, ascolta attentamente. La seconda volta, completa il dialogo con le parole che mancano. Controlla le tue risposte con le soluzioni date in fondo al libro.

SANDRO: Pronto, Paola? Senti, oggi sono senza macchina. È dal meccanico per un controllo. Mi ___________[1] un passaggio per andare in ufficio?

PAOLA: Ma certo! A che ora devo venire a prenderti? Va bene alle otto e un quarto?

SANDRO: Non ___________[2] possibile un po' prima: diciamo, alle otto? Mi ___________[3] un vero piacere! Devo essere al lavoro alle otto e mezzo.

PAOLA: Va bene, ci vediamo giù al portone alle otto.

B. Qualcosa da bere? Quando Paola ti offre da bere, rispondi per te e per i tuoi amici che preferireste la bibita suggerita. Ripeti la risposta.

ESEMPIO: *Senti:* Vuoi una birra?
Leggi: un'aranciata
Dici: No, grazie, preferirei un'aranciata.

1. una cioccolata
2. una Coca-Cola
3. una limonata
4. un'acqua naturale
5. un tè freddo

C. Con un milione di dollari... Cosa farebbero le seguenti persone con un milione di dollari? Rispondi secondo i suggerimenti. Ripeti la risposta.

ESEMPIO: *Senti:* i signori Colombi
Leggi: fare il giro del mondo
Dici: Farebbero il giro del mondo.

1. comprare uno yacht
2. aiutare i poveri
3. andare a vivere alle Hawaii
4. scrivere il tuo romanzo
5. dare i soldi ai sieropositivi (*people who are HIV-positive*)

D. Cosa faresti? Rispondi alle seguenti domande personali.

1. ... 2. ... 3. ... 4. ...

B. *Dovere, potere* e *volere* al condizionale

A. Per cominciare. Sentirai un dialogo due volte. La prima volta, ascolta attentamente. La seconda volta, il dialogo sarà ripetuto con pause per la ripetizione. Poi ferma la registrazione e completa le frasi, secondo il dialogo. Controlla le tue risposte con le soluzioni date in fondo al libro.

Parole utili:

essere esaurito	*to be exhausted*
farti dare	*to have (someone) give you*

TOMMASO: Vorrei andare in vacanza, sono già esaurito dopo una settimana di scuola!
STEFANIA: Guarda che lo potresti fare: basta chiamare il medico e farti dare qualche giorno di riposo per stress!
TOMMASO: Eh sì, sarebbe bello, ma poi dovrei studiare di più per recuperare il tempo perduto!

1. Tommaso ______________________________ in vacanza.
2. Stefania gli dice che ______________________________.
3. Tommaso risponde che forse è meglio di no, perché dopo ______________________________ ______________________________.

B. Consigli. Daniele ti racconta delle cattive abitudini di tutti. Rispondi che dovrebbero fare o non fare le seguenti cose. Ripeti la risposta.

ESEMPIO: *Senti:* Bianca beve troppo.
Dici: Non dovrebbe bere troppo.

1. … 2. … 3. … 4. … 5. … 6. …

C. L'esperto di trasporti. Sai tutto riguardo ai viaggi in macchina. Quando i tuoi amici ti raccontano i loro problemi, proponi delle soluzioni, secondo i suggerimenti. Ripeti la risposta.

ESEMPIO: *Senti:* Sono quasi rimasta senza benzina.
Leggi: fare il pieno più spesso
Dici: Potresti fare il pieno più spesso!

1. chiedere un passaggio a Laura
2. rispettare i segnali
3. portarla dal meccanico
4. controllare l'olio
5. andare in bici

Parte 3: Grammatica

C. Condizionale passato

A. Per cominciare. Sentirai un dialogo due volte. La prima volta, ascolta attentamente. La seconda volta, completa il dialogo con le parole che mancano. Controlla le tue risposte con le soluzioni date in fondo al libro.

IL CARABINIERE: Signore, Lei sa che faceva 90 chilometri all'ora? Il limite è 50 in questa zona.
IL SIGNORE: Sì, lo so. Chiedo scusa. Ho fretta perché mia moglie sta per partorire. ____________ ____________ [1] essere in ospedale mezz'ora fa, ma ho incontrato un ingorgo (*traffic jam*) enorme e sono stato fermo per venti minuti.
IL CARABINIERE: Lei sa che ha una freccia che non funziona?

IL SIGNORE: Sì, lo so. È colpa mia. __________ __________ [2] portare la macchina dal meccanico ieri, ma mio figlio si è rotto il braccio e l'ho dovuto portare all'ospedale.

IL CARABINIERE: Com'è che non ha la targa?

IL SIGNORE: Ho comprato la macchina la settimana scorsa. __________ __________ [3] la targa subito, ma il mio cane è stato male e ho dovuto curarlo.

IL CARABINIERE: Beh, dovrei farLe la multa, ma visto che ha avuto tante tragedie in questi giorni, lascio perdere. Buona giornata! L'accompagno all'ospedale da Sua moglie.

B. Del senno di poi (*With hindsight*)**...** Di' cosa avrebbero dovuto fare prima le seguenti persone, secondo i suggerimenti. Ripeti la risposta.

ESEMPIO: *Senti:* Laura è arrivata in ritardo.
Leggi: alzarsi
Dici: Laura avrebbe dovuto alzarsi prima.

1. prenotare
2. arrivare
3. mangiare
4. prendere
5. tornare
6. decidere

C. Tutti al mare! Tutti avevano programmato di studiare questo week-end... prima di sapere della festa al mare di Maurizio. Di' cosa hanno detto tutti, secondo i suggerimenti. Ripeti la risposta.

ESEMPIO: *Senti:* Maria
Dici: Ha detto che avrebbe studiato.

1. ... 2. ... 3. ... 4. ... 5. ... 6. ...

D. Pronomi possessivi

A. Per cominciare. Sentirai un dialogo due volte. La prima volta, ascolta attentamente. La seconda volta, il dialogo sarà ripetuto con pause per la ripetizione.

DANIELE: La mia macchina è una Ferrari; è velocissima. Com'è la tua?
ANTONIO: La mia è un po' vecchia, ma funziona.
DANIELE: La mia bici è una Bianchi. Che marca è la tua?
ANTONIO: Ma, non lo so. È una bici qualsiasi.
DANIELE: I miei vestiti sono tutti di Armani. Che vestiti compri tu?
ANTONIO: I miei non sono di marche famose. Di solito li compro al mercato.
DANIELE: Mi piacciono solamente le cose di qualità.
ANTONIO: Io ho i gusti semplici e non ho tanti soldi da spendere.

B. Una macchina economica... Sentirai un dialogo tra Aldo e Carlo due volte. La prima volta, ascolta attentamente. La seconda volta, completa il dialogo con le parole che mancano. Controlla le tue risposte con le soluzioni date in fondo al libro.

ALDO: La __________ [1] macchina è una Ferrari, è velocissima, com'è la __________ [2]?

CARLO: La __________ [3] è un po' vecchia e funziona male. Ma come ti puoi permettere una Ferrari? Consuma tanta benzina!

ALDO: La prendo solo per le grandi occasioni, altrimenti uso la macchina di ____________[4] moglie.

CARLO: E cos'è la ____________[5]?

ALDO: La sua è una Fiat del 2000, viaggia bene e risparmia più della ____________...[6]

CARLO: Eh, ci credo!

C. Curiosità. Sei ad una festa dove non conosci nessuno. Dovrai cercare di fare due chiacchiere, su qualsiasi argomento (*topic*), secondo i suggerimenti. Ripeti la risposta.

ESEMPIO: *Leggi:* La mia macchina è targata Roma (*has Rome license plates*).
Senti: Lei
Dici: La mia è targata Roma, e la Sua?

1. Il mio lavoro è interessante.
2. Nostro zio abita con noi.
3. Le mie nonne abitano a Roma.
4. La mia lavatrice non funziona.
5. I miei figli vanno a scuola.
6. Nostra sorella è sposata.

Pronuncia: The sounds of the letter "d"

In Italian, the letter **d** is pronounced like the *d* in the English word *tide.* Unlike the English *d,* however, the Italian **d** is always clearly articulated, regardless of position.

A. *D.* Listen carefully to these English and Italian words, then repeat the Italian words. Listen and repeat.

1. ditto / dito
2. day / dei
3. grandma / grande
4. modern / moderno
5. wedding / vedi

B. ***D* e doppia *d*.** Compare and contrast the single and double sound of **d.** Listen and repeat.

1. Ada / Adda
2. cade / cadde
3. fede / Edda
4. cadi / caddi
5. idea / Iddio

C. Parliamo italiano! Listen and repeat.

1. Avete deciso dove andare questa domenica?
2. Fa freddo in dicembre?
3. Dammi i soldi che ti ho dato!
4. Non devi dare del tu a tutti.
5. Dieci più dodici fa ventidue.
6. Non so cosa dovrei dire al dottore.

Dialogo

Prima parte. Una vigile ferma un'automobilista che ha fretta e parla con lei.

Parole utili: libretto di circolazione (*registration*), assicurazione (*insurance certificate*), cadere (*to fall*)

Ascolta attentamente il dialogo.

VIGILE: Patente, prego, e libretto di circolazione…

AUTOMOBILISTA: Ecco tutto qui, assicurazione compresa.

VIGILE: 70 chilometri all'ora in una zona urbana con 40 di limite non sono troppi?

AUTOMOBILISTA: Lo so, lo so, Lei ha ragione! Ma devo andare da mio figlio a scuola, è caduto, per questo vado in fretta…

VIGILE: Capisco la situazione, ma il limite parla chiaro! E poi, sa che ha anche una freccia che non funziona?

AUTOMOBILISTA: Sì, lo so, mio marito avrebbe dovuto portare la macchina a riparare dal meccanico ieri, ma mia figlia si è fatta male mentre giocava a pallacanestro e abbiamo dovuto portarla all'ospedale. Non c'è stato tempo per la macchina… Lei che farebbe in una situazione così?

VIGILE: Non so dirLe. Non deve chiedere a me… Com'è che non ha la targa? La targa non dovrebbe dipendere da nessun problema familiare, se non mi sbaglio!

AUTOMOBILISTA: Veramente, sì… Ho comprato la macchina solo tre giorni fa e avrei anche fatto subito la targa, ma mio marito si è arrabbiato terribilmente perché l'ho pagata tutta subito; dice che avrei dovuto pagarla a rate!… Non ho avuto tempo di andare a fare registrare la macchina e prendere la targa nuova!

VIGILE: Signora, mi dispiace, ma tra la velocità e la freccia deve pagare 183,25 euro! Riguardo alla targa, mi dispiace; ma Le dobbiamo portar via la macchina*!

Seconda parte. Ascolta di nuovo il dialogo. Fai particolare attenzione alle giustificazioni date dalla signora alla vigile.

Terza parte. Sentirai due volte sei frasi basate sul dialogo. Segna, per ciascuna frase, **vero** o **falso.**

1. vero falso
2. vero falso
3. vero falso
4. vero falso
5. vero falso
6. vero falso

Ed ora ascoltiamo!

Sentirai tre dialoghi seguiti da due domande. Puoi ascoltare ogni dialogo quante volte vuoi. Poi dovrai scegliere la risposta giusta a ciascuna domanda.

Parole utili: folla (*crowd*), esaurito (*sold out*)

Dialogo 1

1. a. alle sette b. alle otto
2. a. la mattina b. il pomeriggio

Dialogo 2

1. a. Massimo è andato al cinema.
   b. Massimo è uscito con la sua fidanzata.
2. a. Patrizia non è andata a sedere (*sit*) in prima fila (*row*).
   b. Patrizia avrebbe voluto sedere in prima fila.

*According to Italian law, cars without license plates are impounded by the police.

Dialogo 3

1. a. I biglietti saranno in vendita tra un mese.
   b. I biglietti avrebbero dovuto essere comprati già da un po' di tempo.
2. a. I biglietti si potrebbero avere pagando (*paying*) di più.
   b. I biglietti non sono più sul mercato.

Dettato

Sentirai un breve dettato tre volte. La prima volta, ascolta attentamente. La seconda volta, il dettato sarà letto con pause tra frasi. Scrivi quello che senti. La terza volta, correggi quello che hai scritto. Scrivi sulle righe date. Controlla il tuo dettato con le soluzioni date in fondo al libro.

Enrico e Paola ____

CAPITOLO 14

La musica e il palcoscenico

Parte 1: Vocabolario

A. Per cominciare. Sentirai un dialogo due volte. La prima volta, ascolta attentamente. La seconda volta, completa il dialogo con le parole che mancano. Controlla le tue risposte con le soluzioni date in fondo al libro.

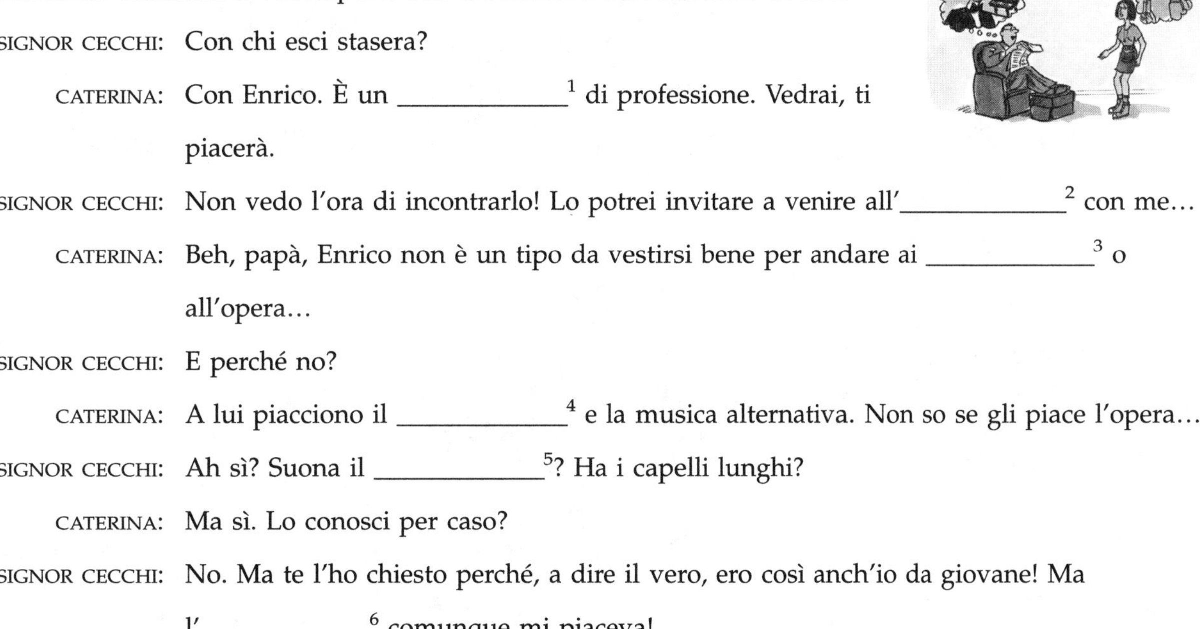

SIGNOR CECCHI: Con chi esci stasera?

CATERINA: Con Enrico. È un ____________[1] di professione. Vedrai, ti piacerà.

SIGNOR CECCHI: Non vedo l'ora di incontrarlo! Lo potrei invitare a venire all'____________[2] con me…

CATERINA: Beh, papà, Enrico non è un tipo da vestirsi bene per andare ai ____________[3] o all'opera…

SIGNOR CECCHI: E perché no?

CATERINA: A lui piacciono il ____________[4] e la musica alternativa. Non so se gli piace l'opera…

SIGNOR CECCHI: Ah sì? Suona il ____________[5]? Ha i capelli lunghi?

CATERINA: Ma sì. Lo conosci per caso?

SIGNOR CECCHI: No. Ma te l'ho chiesto perché, a dire il vero, ero così anch'io da giovane! Ma l'____________[6] comunque mi piaceva!

B. Indovinelli. Sentirai, per due volte, otto indovinelli. Indovina la parola dello spettacolo alla quale (*to which*) ogni frase si riferisce. Scrivi il numero corrispondente alla parola e di' la risposta. Ripeti la risposta.

ESEMPIO: *Senti:* È la voce femminile più alta.
Segna: 1
Dici: il soprano

_____ l'autore, l'autrice
_____ il basso
_____ il coro
_____ il musical
_____ il regista, la regista
_____ l'opera
_____ il direttore
_____ la prima
__1__ il soprano, la soprano

C. Musica e teatro. Guarda i disegni e rispondi alle domande che senti. Ripeti la risposta.

Parole utili: musica leggera (*pop music*)

ESEMPIO:

Senti: Nina e Franco guardano una commedia o una tragedia?
Dici: Guardano una tragedia.

1.

2.

3.

4.

5.

D. Domande personali. Rispondi alle seguenti domande personali. Scrivi sulle righe date.

1. ____

____

2. ____

____

3. ____

____

4. ____

____

5. ____

____

In ascolto

Che bella voce! Francesca e Luca parlano di una diva del mondo lirico. Ascolta con attenzione la loro conversazione e decidi se le seguenti affermazioni sono vere o false. Poi, correggi le affermazioni false.

1. La diva di cui (*of whom*) parlano è un soprano. vero falso

 ____

2. La diva canta bene le arie romantiche e interpreta bene Verdi. vero falso

 ____

3. Luca ha la fortuna di ascoltarla nelle opere di Puccini. vero falso

 ____

4. Francesca l'ha vista in un'opera all'Opera di Roma. vero falso

 ____

5. Questa diva ha un grande successo anche negli Stati Uniti. vero falso

 ____

Parte 2: Grammatica

A. Pronomi relativi

A. Per cominciare. Sentirai un dialogo due volte. La prima volta, ascolta attentamente. La seconda volta, il dialogo sarà ripetuto con pause per la ripetizione.

ANTONIO: Conosci quel ragazzo?
BRUNO: No, non lo conosco. È il ragazzo con cui è uscita ieri Roberta?
ANTONIO: No.
BRUNO: È il ragazzo di cui è innamorata Gianna?
ANTONIO: No.
BRUNO: Allora, chi è?
ANTONIO: Tu, ovviamente, non ti intendi di musica pop. Lui è il cantautore Alex Britti di cui tutti parlano e che è conosciuto in tutto il mondo.
BRUNO: Oh! Allora, andiamo a parlargli!

B. Benvenuta! È appena arrivata alla stazione una tua amica. Indica le varie cose della tua città che vedete mentre l'accompagni a casa. Segui i suggerimenti. Ripeti la risposta.

ESEMPIO: *Senti:* Vado in quella palestra.
Dici: Quella è la palestra in cui vado.

1. … 2. … 3. … 4. … 5. …

C. Festival. Parla del festival estivo dello spettacolo, secondo i suggerimenti. Usa **che** per legare le due frasi. Ripeti la risposta.

ESEMPIO: *Leggi:* Il musicista suona stasera.
Senti: È famoso.
Dici: Il musicista che suona stasera è famoso.

1. La canzone ha vinto il festival.
2. Il tenore canta l'opera.
3. La regista ha messo in scena la commedia.
4. Il soprano canta in tedesco.
5. L'attore recita nell'*Amleto.*

D. Non lo capisco! Simone è un tipo difficile da capire! Di' che non capisci tante cose riguardo a lui, secondo i suggerimenti. Ripeti la risposta.

ESEMPIO: *Senti:* dire
Dici: Non capisco quello che dice.

1. … 2. … 3. … 4. …

B. *Chi*

A. Per cominciare. Sentirai un dialogo due volte. La prima volta, ascolta attentamente. La seconda volta, il dialogo sarà ripetuto con pause per la ripetizione della parte della nonna.

NONNA: Chi parla?
SANDRA: Sono io, nonna!
NONNA: Chi?
SANDRA: Io, tua nipote!
NONNA: E chi sei?
SANDRA: Come chi sono, quante nipoti hai?
NONNA: Mah, chissà, non si sa mai chi chiama al telefono e per quale motivo…
SANDRA: Ma la mia voce la riconosci?
NONNA: No.

B. Generalità. Trasforma le frasi che senti. Comincia la nuova frase con **Chi…,** secondo l'esempio. Ripeti la risposta.

Parole utili: parolaccia (*swear word*)

ESEMPIO: *Senti:* Le persone che parlano troppo non sono simpatiche.
Dici: Chi parla troppo non è simpatico.

1. … 2. … 3. … 4. … 5. …

C. Chi? Sentirai, per due volte, cinque definizioni. Dovrai scegliere la parola che è descritta nella definizione.

ESEMPIO: *Senti:* Chi scrive e canta canzoni.
Leggi e segna: il basso (il cantautore)

1. a. il pittore b. lo scultore
2. a. l'ascensore b. le scale
3. a. l'autore b. l'attore
4. a. il regista b. il compositore
5. a. il frigo b. il forno

Parte 3: Grammatica

C. Costruzioni con l'infinito

A. Per cominciare. Sentirai un dialogo seguito da tre frasi da completare. Sentirai il dialogo due volte. La prima volta, ascolta attentamente. La seconda volta, sottolinea i verbi all'infinito. Poi dovrai fermare la registrazione e completare le frasi. Controlla le tue risposte con le soluzioni date in fondo al libro.

MARCELLO: Ho sentito che ormai trovare biglietti per il concerto di Zucchero è impossibile. Hai ricordato di chiedere al tuo amico se conosce qualcuno con biglietti da vendere?
PIETRO: Oh no! Ho dimenticato!
MARCELLO: Non ti preoccupare, ho ricordato di cercarli io. Li ho comprati da mio cugino perché sapevo che avresti dimenticato.

1. Marcello dice che ______________________
____
______________________.
2. Pietro ha dimenticato di ______________________
______________________.
3. Marcello si è ricordato ______________________
______________________.

B. Propositi (*Intentions*) **e pensieri.** Quali sono i tuoi propositi? E i tuoi pensieri? Componi una frase sola, secondo i suggerimenti. Ripeti la risposta.

ESEMPIO: *Senti:* Ho paura: non voglio dimenticare l'appuntamento!
Leggi: dimenticare l'appuntamento
Dici: Ho paura di dimenticare l'appuntamento!

1. preparare la tavola
2. contare fino (*to count from one*) a cento in spagnolo
3. non mangiare più le caramelle
4. andare in vacanza
5. farmi male in cucina

C. **Alcune domande personali.** Rispondi alle seguenti domande secondo le tue esperienze personali. Usa la costruzione con l'infinito.

ESEMPIO: *Senti:* Che cosa hai bisogno di fare?
Dici: Ho bisogno di fare più ginnastica.

1. … 2. … 3. … 4. … 5. …

D. Nomi e aggettivi in *-a*

A. **Dal plurale al singolare.** Sentirai cinque frasi al plurale. Cambia le frasi al singolare. Ripeti la risposta.

ESEMPIO: *Senti:* I programmi della televisione sono ripetitivi.
Dici: Il programma della televisione è ripetitivo.

1. … 2. … 3. … 4. … 5. …

B. **Chi sono?** Sentirai, per due volte, cinque descrizioni di persone. Ascolta attentamente e di' chi sono le persone descritte. Ripeti la risposta.

ESEMPIO: *Senti:* È un signore che visita un paese straniero.
Dici: È un turista.

1. … 2. … 3. … 4. … 5. …

C. **Domande personali.** Rispondi alle seguenti domande secondo le tue esperienze personali.

1. … 2. … 3. … 4. … 5. …

Dialogo

Prima parte. Il signor Cecchi ha due figlie: Caterina, che esce con un musicista e Valeria, che esce con un attore, regista e scrittore. Oggi conoscerà il ragazzo di Valeria, Luca.

Parole utili: sorride (*are you smiling*), allestire (*to stage*), apparire (*to appear*)

Ascolta attentamente il dialogo:

SIGNOR CECCHI: Con chi esci stasera?

VALERIA: Con Luca. Vedrai, ti piacerà, è attore, registra teatrale, scrittore…

SIGNOR CECCHI: Non vedo l'ora di incontrarlo! Lo potrei invitare a venire con me alla prima di *Sei personaggi in cerca di autore…*

VALERIA: Beh, papà, Luca non è un tipo da vestirsi bene per andare alle prime e poi è un regista di spettacoli alternativi; Pirandello forse non gli interessa, è un autore così usato, vecchio, stanco…

SIGNOR CECCHI: E perché no, che male c'è con Pirandello? Vecchio? Stanco? Ma che dici? I suoi temi sono contemporanei… E poi, chi è questo Luca, non è forse un regista? Ogni spettacolo dovrebbe interessargli!

VALERIA: Forse hai ragione. Dovresti domandarglielo tu; se glielo chiedo io, chissà, forse mi direbbe di no. (*suona il campanello della porta*)
Ecco, ho sentito suonare il campanello…

LUCA: Ciao, Valeria, buona sera, signor Cecchi.

SIGNOR CECCHI: Buona sera, Luca, piacere di conoscerti, mia figlia mi ha appena detto che lavori nel teatro… Che spettacoli fai?

LUCA: Mi interessa la regia di autori giovani o contemporanei, come Dario Fo, ma anche i più tradizionali, di repertorio, non mi dispiacciono…

SIGNOR CECCHI: Conosci Pirandello?

LUCA: Certo che lo conosco. Ho cominciato a collaborare proprio in questi giorni su *Così è se vi pare*… Perché sorride, signor Cecchi?

SIGNOR CECCHI: Sai, Valeria mi diceva che ero troppo vecchio perché mi piaceva Pirandello!

LUCA: Ma no, sono sicuro che Le piacerebbero anche i miei spettacoli. Mi piace rappresentare l'alienazione, le crisi d'identità, il contrasto tra l'essere e l'apparire, la solitudine delle persone. Come in Pirandello!

SIGNOR CECCHI: Ho capito: la prossima settimana prendo due biglietti per il teatro e andiamo noi due, lasciamo Valeria a casa!

Seconda parte. Ascolta di nuovo il dialogo. Fai particolare attenzione ai gusti di Luca e del signor Cecchi.

Terza parte. Sentirai due volte sei frasi basate sul dialogo. Segna, per ciascuna frase, **vero** o **falso.**

1. vero falso
2. vero falso
3. vero falso
4. vero falso
5. vero falso
6. vero falso

Ed ora ascoltiamo!

Sentirai un dialogo tra Nicoletta e Elena in cui discutono dei loro gusti musicali, seguito da quattro frasi da completare. Puoi ascoltare il dialogo quante volte vuoi. Poi dovrai fermare la registrazione e completare le frasi, secondo il dialogo. Controlla le tue risposte con le soluzioni date in fondo al libro.

1. La canzone di Gino Paoli è ____________ e ha più di ____________ anni.
2. Gli strumenti che ci sono nelle canzoni preferite da Nicoletta sono, per esempio, _____ ____________ e _____ ____________.
3. Elena preferisce invece le canzoni di Dalla, De Gregori e Guccini e _____ ____________ ____________.
4. Nicoletta, in questa settimana, guarderà in televisione _____ ____________ _____ ____________ ____________.

Dettato

Sentirai un breve dettato tre volte. La prima volta, ascolta attentamente. La seconda volta, il dettato sarà letto con pause tra le frasi. Scrivi quello che senti. La terza volta, correggi quello che hai scritto. Scrivi sulle righe date. Controlla il tuo dettato con le soluzioni date in fondo al libro.

Clark e Christie ____

CAPITOLO 15

Quando nacque Dante?

Parte 1: Vocabolario

A. Per cominciare. Sentirai un dialogo seguito da quattro domande. Sentirai il dialogo due volte. La prima volta, ascolta attentamente. La seconda volta, il dialogo sarà ripetuto con pause per la ripetizione. Sentirai, per due volte, quattro domande e dovrai scrivere le risposte giuste alle domande. Controlla le tue risposte con le soluzioni date in fondo al libro.

PROFESSORESSA GORI: Lorenzo, puoi dirmi quanti italiani parlavano davvero l'italiano nel 1861, al momento dell'unificazione?

LORENZO: Secondo il libro, solo il 2,5 per cento. L'italiano, come lo chiamiamo oggi, corrispondeva al dialetto fiorentino e nella penisola era principalmente una lingua scritta, non parlata.

PROFESSORESSA GORI: Perché il fiorentino è diventato la lingua nazionale?

LORENZO: Era più prestigioso di altri dialetti in Italia perché aveva una sua letteratura, con Dante, Petrarca, Boccaccio… E gli abitanti del resto d'Italia hanno dovuto impararlo a scuola come una lingua straniera.

PROFESSORESSA GORI: E adesso?

LORENZO: Adesso tutti gli italiani parlano italiano. Anche la lingua italiana si è un po' trasformata e molte parole ed espressioni dei dialetti delle varie regioni fanno parte del patrimonio linguistico nazionale….

1. _______________
2. _______________
3. _______________
4. _______________

B. Le belle arti. Sentirai, per due volte, cinque frasi incomplete. Ascolta attentamente, poi dovrai scegliere la conclusione giusta.

ESEMPIO: *Senti:* Mi piace leggere, ma non mi piacciono le cose lunghe; preferisco…

Leggi e segna: i romanzi i dipinti (i racconti)

1. a. quadro b. scavo c. racconto
2. a. la rima b. l'archeologia c. la pittura
3. a. un capolavoro b. un affresco c. una poesia

4. a. paesaggio b. ritratto c. restauro

5. a. pittura b. architettura c. scultura

C. Un capolavoro della letteratura italiana: Dante e la *Divina Commedia*. Sentirai una lettura su Dante due volte. La prima volta, ascolta attentamente. La seconda volta, completa la lettura con le parole che mancano. Controlla le tue risposte con le soluzioni date in fondo al libro. Ora ferma la registrazione, dai un'occhiata alla lettura e leggi la nota a piè di pagina (*footnote*).

Parole utili: Non potere che (*to have to*), la salvezza (*salvation*), sapere (*knowledge*), attraverso (*through*), la simpatia (*liking*), essere dannato (*to be damned*)

Non possiamo che cominciare a parlare di letteratura italiana con il nome di Dante, uno dei grandi del '300 italiano, insieme a Boccaccio e Petrarca. Il ____________[1] di Dante è la *Divina Commedia,* un'opera in versi. L'opera narra il viaggio dell'____________[2] nei tre regni dell'Inferno, Purgatorio e Paradiso, alla ricerca di una salvezza personale e collettiva. La ____________[3] dantesca è stata molto importante per la lingua italiana. Intere generazioni hanno imparato a memoria dei versi della *Divina Commedia.* Hanno ____________[4] dal poema, specialmente dall'inizio... «Nel mezzo del cammin di nostra vita / mi ritrovai per una selva oscura / ché la diritta via era smarrita »[a]...

____________[5] la *Divina Commedia* è difficile perché è una vera enciclopedia del sapere, della poesia, della filosofia, ed è ricchissima di fatti e personaggi del Medioevo. Ed è anche una storia, un ____________[6] appassionante: Dante che passa attraverso i tre regni fino alla visione finale di Dio. *L'Inferno* è la parte più famosa, nell'*Inferno* troviamo i personaggi più umani e più affascinanti. E forse noi abbiamo simpatia per queste figure perché anche noi, come Dante, ci riconosciamo in loro, anche se sono dannati...

[a]*In the middle of the course of our life / I found myself in a dark wood / because I had temporarily gone astray...*

In ascolto

Una visita a Firenze. Antonella e Pasquale parlano davanti a Palazzo Vecchio, a Firenze. Ascolta con attenzione la loro conversazione, poi completa le seguenti frasi.

Parole utili: avvicinarsi (*to get closer*)

1. Antonella voleva visitare Palazzo Vecchio ma ____________.
2. Piazza della Signoria era stata trasformata in ____________.
3. Dall'alto la gente poteva vedere ____________.
4. C'erano rovine del ____________ e alcune più antiche del periodo ____________.
5. Il Bargello era una prigione ma adesso è ____________.

Parte 2: Grammatica

A. Passato remoto

A. Per cominciare. Sentirai un brano due volte. La prima volta, ascolta attentamente. La seconda volta, il brano sarà ripetuto con pause per la ripetizione. Poi sentirai, due volte, cinque frasi e dovrai segnare, per ciascuna frase, **vero** o **falso**.

PROFESSOR MARCENARO: Oggi vi parlerò di Michelangelo, di questo grandissimo artista che si affermò come pittore, scultore, architetto ed anche come poeta. Studiò con il Ghirlandaio e poi lavorò per principi, duchi, vescovi e papi. La sua opera più famosa sono gli affreschi della volta della Cappella Sistina. Questo immenso lavoro che Michelangelo volle eseguire senza nessun aiuto durò ben quattro anni (1508–1512). Gli affreschi illustrano episodi del Vecchio Testamento e culminano con il Giudizio Universale…

1. vero falso
2. vero falso
3. vero falso
4. vero falso
5. vero falso

B. Chi venne in America? Di' chi venne in America, secondo i suggerimenti. Ripeti la risposta.

ESEMPIO: *Senti:* mio nonno
Dici: Tuo nonno venne in America.

1. … 2. … 3. … 4. … 5. … 6. …

B. Numeri ordinali

A. Personaggi storici. Di' il nome e il titolo di ogni personaggio. Usa i numeri ordinali. Ripeti la risposta.

ESEMPIO: *Leggi:* Giovanni Paolo II, papa
Dici: Giovanni Paolo Secondo, papa

1. Luigi XIV, re di Francia
2. Giovanni XXIII, papa
3. Enrico VIII, re d'Inghilterra
4. Carlo V, imperatore di Spagna e di Germania
5. Vittorio Emanuele II, re d'Italia
6. Elisabetta I, regina d'Inghilterra

B. In quale secolo? Di' in quale secolo successero i seguenti avvenimenti. Ripeti la risposta.

ESEMPIO: *Senti:* nell'anno 1517, la Riforma Luterana
Dici: nel sedicesimo secolo

1. … 2. … 3. … 4. … 5. … 6. …

C. Quale periodo? Sentirai nominare un secolo e dovrai dire a quale periodo corrisponde. Ripeti la risposta.

ESEMPIO: *Senti:* il sedicesimo secolo
Dici: il Cinquecento

1. … 2. … 3. … 4. … 5. … 6. …

Parte 3: Grammatica

C. Volerci v. metterci

A. Per cominciare. Sentirai un dialogo due volte. La prima volta, ascolta attentamente. La seconda volta, il dialogo sarà ripetuto con pause per la ripetizione.

AUTOMOBILISTA: Quanto ci vuole per arrivare a Cutrofiano?
PASSANTE: Dipende da quale strada sceglie. Potrebbe metterci mezz'ora o potrebbe metterci due ore.

B. Quanto ci vuole? Di' quanto ci vuole per fare le seguenti cose, secondo i suggerimenti. Ripeti la risposta.

ESEMPIO: *Senti:* Per fare la torta…
Leggi: un'ora e mezza
Dici: Per fare la torta ci vuole un'ora e mezza.

1. un'ora
2. tre ore e mezza
3. una mezza giornata
4. mezz'ora
5. due minuti

Dialogo

Prima parte. Lorenzo dà un'esame sull'italiano e sull'Italia. Sentirai Lorenzo rispondere alle domande del professor Gori.

Ascolta attentamente il dialogo.

PROFESSOR GORI: Lorenzo, puoi dirmi quanti italiani parlavano davvero l'italiano nel 1861, al momento dell'unificazione della nazione?

LORENZO: Secondo il libro, solo il 2,5%. Possiamo anche spingere la cifra al 7–8% dell'intera popolazione, considerando gli abitanti della Toscana, dell'Umbria, di parte del Lazio, ma il risultato non cambia molto. L'italiano, come lo chiamiamo oggi, corrispondeva al dialetto fiorentino e, nella penisola, era principalmente una lingua scritta, non parlata, e parlata solo in Toscana. L'Italia era una penisola politicamente, economicamente e culturalmente divisa. Gli italiani parlavano i dialetti delle loro regioni.

PROFESSOR GORI: Per quali ragioni il fiorentino diventò la lingua nazionale?

LORENZO: Era più prestigioso di altri dialetti in Italia perché aveva una sua letteratura, con Dante, Boccaccio, Petrarca...Al momento dell'unificazione, Firenze aveva ancora molto prestigio culturale e lo stato italiano appena formato aveva bisogno di una lingua ufficiale. Gli abitanti del resto d'Italia imparavano l'italiano a scuola, come lingua straniera.

PROFESSOR GORI: E poi che cosa successe?

LORENZO: L'italiano si trasformò molto, tutti cominciarono a parlarlo, e molte parole degli altri dialetti entrarono a far parte del patrimonio comune della lingua italiana.

PROFESSOR GORI: Perché si trasformò?

LORENZO: Si trasformò perché diventò una lingua parlata, non rimase solo scritta. E poi si diffuse attraverso la televisione, la radio, i giornali e anche attraverso la scuola, perché gli italiani andarono finalmente tutti a scuola...

PROFESSOR GORI: Altre cose da aggiungere?

LORENZO: Il settanta per cento delle parole che usiamo oggi sono già negli autori medievali, in Dante, per esempio. Quindi vuol dire che il nucleo centrale della lingua italiana è ancora quello della lingua medievale o rinascimentale!

PROFESSOR GORI: Bravo, Lorenzo! Ci hai dato le informazioni essenziali per capire lo sviluppo dell'italiano. Bene!

Seconda parte. Ascolta di nuovo il dialogo. Fai particolare attenzione alla trasformazione della lingua italiana.

Terza parte. Sentirai due volte sei frasi basate sul dialogo. Segna, per ciascuna frase, **vero** o **falso.**

1. vero falso
2. vero falso
3. vero falso
4. vero falso
5. vero falso
6. vero falso

Ed ora ascoltiamo!

Sentirai l'inizio di una lezione su Boccaccio. Puoi ascoltare il brano quante volte vuoi. Poi sentirai, due volte, sei frasi e dovrai segnare, per ciascuna frase, **vero** o **falso.**

Parole utili: circolare (*to circulate*), mercante (*merchant*), il contenuto (*content*), veniva (*was*), in esse (*in them*), Nonostante (*In spite of*)

1. vero falso 3. vero falso 5. vero falso
2. vero falso 4. vero falso 6. vero falso

Nome ____________ Data ____________ Classe ____________

Dettato

Sentirai un dettato tre volte. La prima volta, ascolta attentamente. La seconda volta, il dettato sarà letto con pause tra le frasi. Scrivi quello che senti. La terza volta, correggi quello che hai scritto. Scrivi sulle righe date. Controlla il tuo dettato con le soluzioni date in fondo al libro.

Petrarca scrisse le *Rime* ____________

CAPITOLO 16

Per chi voti?

Parte 1: Vocabolario

A. Per cominciare. Sentirai un dialogo seguito da tre frasi. Sentirai il dialogo due volte. La prima volta, ascolta attentamente. La seconda volta, il dialogo sarà ripetuto con pause per la ripetizione. Poi ascolta le frasi e scegli, per ciascuna frase, **vero** o **falso.**

MARISA: Finalmente un'Europa unita, con una sola moneta!
ADRIANA: Sì, ora tutti gli stati della Communità Europea hanno l'euro. E un po' mi dispiace che la lira sia scomparsa…
MARISA: Spero che questa unità porti più lavoro e meno disoccupazione.
ADRIANA: Speriamo! Ma intanto oggi dobbiamo votare per il nuovo Parlamento Europeo.
MARISA: E tu, per chi voti?
ADRIANA: Per chi difende la democrazia, gli interessi di tutti i cittadini… e dell'Italia in Europa!
MARISA: E quale sarebbe il partito giusto?
ADRIANA: Devo ancora deciderlo!

1. vero falso
2. vero falso
3. vero falso

B. Politica e società. Sentirai, per due volte, cinque frasi da completare. Ascolta attentamente, poi scegli il completamento giusto.

ESEMPIO: *Senti:* Mia sorella è segretaria presso l'Olivetti. È…

Segna: (a. un'impiegata.) b. un'operaia. c. una deputata.

1. a. un aumento b. una riduzione c. una costituzione

2. a. partiti politici b. ministri c. disoccupati

3. a. diminuire b. scioperare c. votare

4. a. le tasse b. gli operai c. le elezioni

5. a. in aumento b. in sciopero c. in diminuzione

C. La politica italiana e sociale... Definizioni. Sentirai, per due volte, otto definizioni riguardo allo Stato e sei definizioni riguardo ai problemi sociali. Dovrai identificare i termini a cui si riferiscono. Scrivi le risposte nella colonna appropriata. Controlla le tue risposte con le soluzioni date in fondo al libro.

Parole utili: ramo (*chamber*), segreta (*secret*), versamento (*deposit*), spesa (*expenditure*)

la Camera dei Deputati e il Senato
la Costituzione
il deputato, la deputata
la disoccupazione
le elezioni
l'operaio, l'operaia
l'impiegato, l'impiegata
il primo ministro
il Presidente della Repubblica
il salario, lo stipendio
le tasse
uno sciopero
il voto
votare

LO STATO	I PROBLEMI SOCIALI
1. ______	1. ______
2. ______	2. ______
3. ______	3. ______
4. ______	4. ______
5. ______	5. ______

6. ______ 6. ______

7. ______

8. ______

In ascolto

Gli italiani e la politica. Laura, una studentessa americana di storia, discute con Valerio del sistema politico italiano. Ascolta con attenzione la loro conversazione, poi rispondi alle seguenti domande.

1. Perché Laura è confusa quando pensa al sistema politico italiano?
2. Cosa risponde Valerio a Laura?
3. Qual è la cosa che sorprende (*surprises*) Laura delle elezioni in Italia?
4. Come interpreta Valerio la situazione?
5. Cosa risponde Laura? Sei d'accordo?

Parte 2: Grammatica

A. Congiuntivo presente

A. Per cominciare. Sentirai un dialogo due volte. La prima volta, ascolta attentamente. La seconda volta, completa il dialogo con i verbi che mancano al congiuntivo presente. Controlla le tue risposte con le soluzioni date in fondo al libro.

SIGNOR TESTA: Ho l'impressione che i problemi del mondo ______[1] in continuo aumento: mi pare che ______[2] il problema della povertà e anche quello della disoccupazione; mi sembra che ______[3] i problemi delle minoranze e degli immigrati; credo che ______[4] molto gravi i problemi ecologici… chi vuoi che ______[5] ai pensionati?

SIGNOR MAZZOLA: Ma anche i nostri problemi sono importanti; sembra che nessuno pensi ai pensionati! ______[6] necessario che tutti ______ ______[7] dei problemi di tutti, non solo dei propri!

B. Candidati al Parlamento… Sentirai un dialogo tra Silvia e Marzia, seguito da tre frasi. Sentirai il dialogo due volte. La prima volta, ascolta attentamente. La seconda volta, il dialogo sarà ripetuto con pause per la ripetizione. Poi ascolta le frasi e scegli, per ciascuna frase, **vero** o **falso.**

Espressioni utili: demagogia (*demagogy*), lavoratore (*worker*), toccare (*to touch*), essere cosciente (*to be aware*), casalinga (*homemaker*), capitali (*capital*), ritenere giusto (*to consider it right*), possedere (*to possess*), ricchezza (*wealth*).

SILVIA: E allora, cosa sai di questi candidati al Parlamento?

MARZIA: Credo siano i migliori, non mi sembra che usino alcuna demagogia: vogliono che la disoccupazione diminuisca, che i salari siano difesi, che i diritti dei lavoratori non siano toccati, ma sono anche coscienti che tutto ha un prezzo e che tutti dovranno fare sacrifici…

SILVIA: Dipende chi dovrà fare i sacrifici, a dire il vero: sono stanca che a pagare siano sempre le donne, le casalinghe, i giovani, i pensionati.

MARZIA: Sai, la mia candidata preferita ha proposto una tassa sui capitali, perché non ritiene giusto che ci sia una piccola percentuale della popolazione che possiede tanta ricchezza e non paga nulla.

1. vero falso
2. vero falso
3. vero falso

C. Le faccende di casa. Quando Renata ti chiede di fare le faccende di casa, rispondi che vuoi che le facciano gli altri, secondo i suggerimenti. Ripeti la risposta.

ESEMPIO: *Senti:* Pulirai il frigo?
Leggi: Paolo
Dici: No, voglio che Paolo pulisca il frigo!

1. voi
2. tu
3. gli altri
4. Claudio
5. tu e Claudio

B. Verbi e espressioni che richiedono il congiuntivo

A. Per cominciare. Sentirai un dialogo due volte. La prima volta, ascolta attentamente. La seconda volta, il dialogo sarà ripetuto con pause per la ripetizione.

CAMERIERE: Professore, vuole che Le porti il solito caffè o preferisce un poncino?

PROFESSORE: Fa un po' fresco… Forse è meglio che prenda un poncino. Scalda di più.

CAMERIERE: Speriamo che questo sciopero finisca presto, professore!

PROFESSORE: Certo, ma bisogna che prima gli insegnanti abbiano un miglioramento delle loro condizioni di lavoro.

B. Opinioni. Sentirai sei domande fatte da un giornalista che ti intervista su argomenti politici. Rispondi alle sue domande con le seguenti espressioni. Ripeti la risposta.

ESEMPIO: *Senti:* Il razzismo è un problema molto grave?
Leggi: Mi pare...
Dici: Mi pare che il razzismo sia un problema molto grave.

1. Ho l'impressione che...
2. Mi dispiace che...
3. Sono contento che...
4. Immagino che...
5. Mi dispiace che...
6. È probabile che...

C. Sfumature (*Nuances*)**.** Fai il dirigente (*director*) di un'azienda e devi parlare in modo preciso. Esprimi le tue opinioni secondo i suggerimenti. Ripeti la risposta.

ESEMPI: *Senti:* Preferisco...
Leggi: Morelli va a Roma.
Dici: Preferisco che Morelli vada a Roma.

Senti: Sono certo...
Leggi: Avete il personale necessario.
Dici: Sono certo che avete il personale necessario.

1. Arrivate puntuali.
2. Gli operai sono in sciopero.
3. Finiamo in tempo.
4. Tutti partecipano alla riunione.
5. Dobbiamo licenziare (*fire*) qualcuno.

D. Opinioni sulla politica. Esprimi delle opinioni sulla politica, secondo i suggerimenti. Ripeti la risposta.

ESEMPIO: *Senti:* Dubito...
Leggi: il primo ministro andare in Cina
Dici: Dubito che il primo ministro vada in Cina.

1. l'inflazione essere ferma
2. lo sciopero continuare
3. il governo vincere le elezioni
4. il mio stipendio aumentare
5. il governo mettere nuove tasse
6. i politici essere onesti

E. Cosa pensi? Sentirai quattro espressioni che richiedono il congiuntivo. Dovrai formare delle frasi complete con le espressioni che senti, utilizzando (*using*) un soggetto della colonna A e un verbo della colonna B. Di' la tua frase e poi ascolta, di seguito (*afterwards*), una risposta possibile.

ESEMPIO: *Senti:* Immagino...
Dici: Immagino che il governo aumenti le tasse.

A	B
il conflitto tra industria e operai	avere un buon esito (*outcome*)
i deputati al Parlamento	essere onesto
i ministri	fermare l'inflazione
lo sciopero	finire prima

Parte 3: Grammatica

C. Congiuntivo passato

A. Per cominciare. Sentirai un dialogo due volte. La prima volta, ascolta attentamente. La seconda volta, il dialogo sarà ripetuto con pause per la ripetizione.

FRANCESCO: Perché Maria non si è licenziata (*quit*)? Ieri mi ha detto che non le piaceva il suo lavoro e che avrebbe dato le dimissioni oggi.
DINO: Penso che le abbiano aumentato lo stipendio.
FRANCESCO: Ah, bene. Sono contento per lei!
DINO: Pare che abbia già speso l'aumento e che si sia comprata una bella macchina sportiva!

B. Speranze. Fai la parte dell'attivista politica (o politico) ed esprimi la tua speranza in risposta alle domande che ti fa un giornalista. Ripeti la risposta.

ESEMPIO: *Senti:* Il governo ha aiutato i poveri?
Dici: Spero che il governo abbia aiutato i poveri.

1. … 2. … 3. … 4. …

D. Congiuntivo o infinito?

A. Per cominciare. Sentirai un dialogo due volte. La prima volta, ascolta attentamente. La seconda volta, il dialogo sarà ripetuto con pause per la ripetizione. Poi sentirai, due volte, tre frasi da completare e dovrai scegliere, per ciascuna frase, il completamento giusto.

FIORELLA: Valentina, come mai in giro a quest'ora? Non sei andata in ufficio?
VALENTINA: Non lo sapevi? Ho chiesto altri sei mesi di aspettativa per avere più tempo per mio figlio.
FIORELLA: Sei contenta di stare a casa?
VALENTINA: Per ora sì, ma tra sei mesi bisogna che io torni a lavorare.

1. a. in ufficio.
   b. a casa.
   c. in giro.

2. a. licenziarsi.
   b. stare di più con suo figlio.
   c. tornare al lavoro subito.
3. a. tre mesi
   b. sei mesi
   c. dodici mesi

B. Impressioni, pensieri e sentimenti. A cosa pensano tutti? Di' a cosa pensi e a cosa pensano i tuoi amici, secondo i suggerimenti. Ripeti la risposta.

ESEMPI: *Senti:* Io spero…
Leggi: Tu hai fortuna.
Dici: Io spero che tu abbia fortuna.

Senti: Lisa vuole…
Leggi: Lisa trova un lavoro.
Dici: Lisa vuole trovare un lavoro.

1. Marco è sfortunato.
2. Sonia torna presto.
3. Perdete il lavoro.
4. Sono in ritardo.
5. Herbert non dice la verità.

C. Pensieri e opinioni personali. Componi delle frasi nuove che cominciano con le espressioni suggerite. Usa **che** + indicativo, **che** + congiuntivo o l'infinito con o senza **di.** Ripeti la risposta.

ESEMPI: *Leggi:* Marco è in sciopero.
Senti: È vero…
Dici: È vero che Marco è in sciopero.

Senti: Crediamo…
Dici: Crediamo che Marco sia in sciopero.

Senti: Marco vorrebbe…
Dici: Marco vorrebbe essere in sciopero.

Voto socialista.

1. … 2. … 3. … 4. …

Hanno avuto un aumento.

1. … 2. … 3. … 4. …

Dialogo

Prima parte. Sabrina e Davide discutono delle recenti elezioni europee e del ruolo dell'Italia in Europa.

Parole utili: affatto (*at all*), favorevole (*in favor*), astensionismo (*abstention*), ormai (*by now*), più… più (*the more . . . the more*), A proposito (*By the way*), meno male che (*fortunately*), promuovere (*to promote*)

Ascolta attentamente il dialogo.

SABRINA: Mah, che ne dici dei risultati delle elezioni europee?
DAVIDE: Guarda, non mi dire niente, non sono affatto contento…
SABRINA: Io sono più neutrale, aspetto di vedere adesso quello che succederà, adesso che si discute di includere paesi dell'Est. Io sono favorevole, ma sono stata sorpresa dall'astensionismo. Di solito c'è più dell'80 per cento degli italiani che vota; vedere solo il 50 per cento è stato uno choc, specialmente nel caso di elezioni europee così importanti.

DAVIDE: Sai, io non ero molto convinto ma sono andato a votare lo stesso. È stata una decisione difficile. Non credi che dobbiamo dimostrare che l'Italia vuole un'Europa più forte? Dopo tutto, più la politica europea rimane unitaria, più l'Europa diventa forte economicamente.

SABRINA: Si è già dimostrato con l'euro e con il fatto che l'euro o è pari al dollaro o è più forte. Speriamo solo che la situazione economica dei possibili nuovi membri non destabilizzi l'Europa.

DAVIDE: Non credo succederà. L'Italia sarà come sempre al centro delle riforme europee, siamo ormai un paese profondamente europeista e non si può tornare indietro. Ma dimmi, come hai votato: per il governo o contro il governo? Per la politica europea o contro l'Italia guidata da Strasburgo?

SABRINA: È una domanda interessante perché il mio candidato alle europee non fa parte del governo, ma non è contro il governo...

DAVIDE: Va bene, non ti chiedo di più... A proposito, sei andata ieri a distribuire volantini alla manifestazione sulla difesa dei diritti dei lavoratori?

SABRINA: No, perché?

DAVIDE: Perché io ci sono andato ed è un peccato che tu non sia venuta. Meno male che ci sono io a promuovere i lavoratori nella società...

SABRINA: Vero, vero, senza di te il mondo non andrebbe avanti...

Seconda parte. Ascolta di nuovo il dialogo. Fai particolare attenzione a cosa dicono Sabrina e Davide sulle percentuali dei votanti, sulla politica europea e sull'euro.

Terza parte. Sentirai due volte sei frasi basate sul dialogo. Segna, per ciascuna frase, **vero** o **falso.**

1. vero falso
2. vero falso
3. vero falso
4. vero falso
5. vero falso
6. vero falso

Ed ora ascoltiamo!

Aliza, una studentessa americana di storia, discute con Valerio del sistema politico italiano. Sentirai il loro dialogo. Puoi ascoltare il dialogo quante volte vuoi. Poi sentirai, due volte, sei frasi e dovrai segnare, per ciascuna frase, **vero** o **falso.**

1. vero falso
2. vero falso
3. vero falso
4. vero falso
5. vero falso
6. vero falso

Dettato

Sentirai un breve dettato tre volte. La prima volta, ascolta attentamente. La seconda volta, il dettato sarà letto con pause tra le frasi. Scrivi quello che senti. La terza volta, correggi quello che hai scritto. Scrivi sulle righe date. Controlla il tuo dettato con le soluzioni date in fondo al libro.

Guido ha invitato ____

Answer Key

This key includes answers to the written activities not given on the audio and the text of the dictations.

CAPITOLO PRELIMINARE

A. Saluti e espressioni di cortesia

A. 1. Sono 2. studente 3. di 4. giorno 5. Sono 6. studentessa **C. Dialogue 1:** 1. Scusi 2. si 3. piacere 4. E 5. Sono **Dialogue 2:** 1. Bene 2. Lei 3. male 4. Arrivederci **Dialogue 3:** 1. va 2. tu 3. Ciao

In ascolto

1. due studenti 2. colleghi di lavoro 3. madre e figlio 4. professoressa e studente

B. In classe

A. 1. Scrivete! 2. Aprite il libro! 3. Ripetete «buona notte», per favore! 4. Chiudete il libro! **B.** 1. come 2. dice 3. Benissimo 4. Scusi 5. scrive 6. Prego 7. Aprite 8. Come 9. capisco 10. favore

C. Alfabeto e suoni

D. 1. finestra (*window*) 2. scrivania (*desk*) 3. compagno (*companion, mate*) 4. aiuole (*flower beds*) 5. lavagna (*blackboard*) 6. dizionario (*dictionary*) 7. patata (*potato*) 8. parola (*word*) **I.** 1. grammatica 2. importanza 3. partire 4. partirò 5. musica 6. trentatré 7. subito 8. umiltà 9. abitano 10. cantavano **J.** 2. prenderò 3. caffè 4. università 6. civiltà 7. virtù

In ascolto

1. b 2. c 3. b 4. a

E. Calendario

A. 1. martedì 2. giovedì 3. sabato 4. domenica 5. venerdì 6. lunedì 7. mercoledì

CAPITOLO 1

Parte 1: Vocabolario

In ascolto

1. vero 2. falso 3. vero 4. in Via Dante 5. in Via Gramsci 6. in Piazza Fontana

Parte 2: Grammatica A. Nomi: genere e numero

B. *You should have checked the following items for each person:* ALESSANDRA: panino, caffè MARCO: panino, birra LEONARDO: banana

B. Articolo indeterminativo e *buono*

A. *You should have checked the following items:* un passaporto, una mappa della città, un biglietto aereo, una carta di credito, una borsa grande, uno zaino **B.** 1. buon 2. buon 3. buon 4. buoni 5. buon' 6. buona 7. buon 8. buoni

Parte 3: Grammatica C. Presente di *avere* e pronomi soggetto

B. 1. io 2. Loro 3. Hai 4. ho 5. Hai 6. Lei 7. hanno 8. abbiamo

D. Espressioni idiomatiche con *avere*

B. 1. hai 2. ho 3. fame 4. di 5. abbiamo 6. Hai 7. ragione

Dettato

Ecco che cosa ha Filippo in una valigia: un computer, cinque libri di testo d'italiano, un dizionario, una carta dell'Italia, quattro quaderni, tre penne e due matite.

CAPITOLO 2

Parte 1: Vocabolario

B. Aula: grande, due lavagne e un orologio; Numeri di studenti: 20 nuovi compagni di classe, 13 ragazze e 7 ragazzi; Descrizione di Caterina: alta, bruna, occhi neri magnetici, con gli occhiali, simpatica; Descrizione di Enrico: robusto, sportivo, allegro, bruno, occhi verdi; Descrizione di Angelo: magro, piccolo, biondo, occhi azzurri, sportivo ed energico **E.** 1. un banco 2. una sedia 3. un compito 4. un gesso 5. una penna 6. un foglio di carta 7. una matita 8. un quaderno 9. una porta 10. una lavagna

In ascolto

1. Massimo: *trent'anni,* statura media, *capelli neri, occhi neri,* antipatico 2. Pietro: ventitré anni, *statura alta,* capelli biondi, *occhi azzurri, timido* 3. Alessandro: ventun anni, *statura alta, capelli neri,* occhi verdi, *l'ideale*

Parte 2: Grammatica A. Aggettivi

H. 1. molto 2. molti 3. molti 4. molte 5. molto 6. molti 7. molto 8. molta

B. Presente di *essere*

A. Età e professione di Roberto: 20 anni, studente. Età di Luigi: 19 anni. Com'è Luigi? È molto sportivo ed energico. Età di Marco: 18 anni. Com'è Marco? È molto simpatico e divertente. Chi sono Rodolfo e Fido? Rodolfo è un gatto e Fido è un cane. Com'è Rodolfo? Rodolfo è pazzo ma carino. Com'è Fido? Fido è vecchio. Ha 15 anni. **B.** 1. sei 2. è 3. è 4. sono 5. sono 6. Sono 7. Siamo 8. sono 9. sono

Dettato

In quest'aula grande e luminosa ci sono ventisei studenti. Ci sono quattordici studentesse e dodici studenti. I banchi sono nuovi, le sedie sono comode, c'è l'aria condizionata, e abbiamo anche un bel poster italiano e una bella carta geografica dell'Europa. La professoressa d'italiano è brava e le lezioni sono interessanti.

CAPITOLO 3

Parte 1: Vocabolario

C. 1. storia 2. letteratura 3. greco 4. latino 5. matematica 6. trigonometria 7. lettere 8. letteratura 9. Fisica

In ascolto

1. molto nervoso / letteratura italiana 2. biblioteca / studiare 3. storia moderna 4. paura 5. letteratura inglese

Parte 2: Grammatica A. Presente dei verbi in *-are*

A. 1. insegna 2. frequentano 3. frequento 4. studiamo 5. lavoriamo 6. studia 7. lavora

B. *Dare, stare, andare* e *fare*

D. 1. va 2. Sto 3. Dai 4. stare 5. dai 6. do 7. Sto 8. andiamo

Parte 3: Grammatica C. Aggettivi possessivi

B. 1. L'assistente di astronomia è il suo insegnante preferito. 2. Le sue lezioni sono superaffascinanti. 3. Perché è la sua fidanzata.

D. Possessivi con termini di parentela

B. (*Answers to art*) 1. mio nonno 2. mia nonna 3. mio nonno 4. mia nonna 5. mia zia: professoressa di biologia 6. mio zio: medico 7. mio padre: insegnante (matematica) 8. mia madre: insegnante (chimica) 9. mia zia: dentista 10. mio zio: dentista 11. mia zia: segretaria 12. io: studente di fisica 13. mio fratello: studente di fisica (*Answers to exercise*) 1. Il suo 2. Suo padre 3. Sua madre 4. suo zio 5. La sua zia 6. suoi zii 7. Suo 8. I suoi

Dettato

Mariella, Stefano e Patrizia, amici d'infanzia, ricordano il loro passato di studenti: quegli otto anni passati insieme, cinque alla scuola elementare e tre alla scuola media. Ed ora frequentano licei diversi. E sicuramente nel loro futuro le facoltà universitarie sono ancora diverse.

CAPITOLO 4

Parte 1: Vocabolario

C. 1. facciamo 2. Andiamo 3. vediamo 4. danno 5. vuoi 6. facciamo 7. guardiamo 8. Fa 9. passare 10. abbiamo 11. pulire 12. capisco 13. faccio 14. pulisci

In ascolto

1. È in ritardo per una lezione di nuoto. 2. Va in piscina. 3. Va a casa. 4. Deve prendere due autobus. 5. Sono divertenti e non molto care.

Parte 2: Grammatica B. *Dovere, potere* e *volere; dire, uscire, venire*

A. 3, 4, 1, 5, 2

Parte 3: Grammatica D. L'ora

A. 1. 8.00 2. 10.30 3. 11.45 4. 1.00 5. 2.20 6. 4.00 7. 7.30

Dettato

Giovanna e Rossana sono due ragazze di Milano. Frequentano l'Università Statale, facoltà di lettere e filosofia. Alessandra, invece, lavora: è architetto in uno studio del centro. La domenica le tre amiche stanno insieme: fanno gli esercizi di yoga, danno delle feste oppure vanno in campagna.

CAPITOLO 5

Parte 1: Vocabolario

C. 1. Falso. Giuditta prende un'aranciata. 2. Vero. 3. Falso. Roberto prende un panino al prosciutto. 4. Falso. Giuditta prende un panino al prosciutto e formaggio.

In ascolto

1. vero 2. falso, Giacomo non vuole andare al caffè Gilli perché costa troppo. 3. falso, Valentina vuole scrivere cartoline al tavolino. 4. falso, Secondo Valentina, possono passare quarantacinque minuti al caffè. 5. falso, Giacomo preferisce prendere un caffè al banco.

Dettato

Oggi, al bar, non ho preso il solito caffè. Ho voluto solo un latte, semplice, caldo. Poi ho mangiato una brioche e ho bevuto anche una spremuta d'arancia. A dire il vero, il latte e il succo d'arancia non sono andati bene insieme e io sono stato male per il resto della mattina. Ho avuto mal di stomaco.

CAPITOLO 6

Parte 1: Vocabolario

C. 1. un minestrone 2. gli gnocchi 3. al pomodoro 4. bistecca 5. patate fritte 6. un'insalata 7. il dolce 8. tiramisù

In ascolto

Lucia—PRIMO: gli spaghetti al ragù Marco—ANTIPASTO: prosciutto e melone; DOLCE: una crostata di frutta fresca Francesco—SECONDO: pollo arrosto e insalata mista

Parte 3: Grammatica C. *Piacere*

A. 1. Gli piace 2. gli piacciono 3. gli piace 4. gli piace 5. le piace 6. Le piacciono 7. le piace 8. le piace

Dettato

Danilo ha cucinato la cena di compleanno per sua sorella Valentina. Danilo è l'esperto di cucina della famiglia e, naturalmente, conosce anche i vini. Per Valentina, invece, i vini sono tutti uguali. Danilo spiega a Valentina che i vini rossi devono accompagnare le carni mentre quelli bianchi sono adatti per il pesce o per le carni bianche.

CAPITOLO 7

Parte 1: Vocabolario

B. 1. rilassarsi 2. fare 3. lavarsi i capelli 4. il bucato 5. si 6. Si mette 7. Si mette 8. Si mette

In ascolto

1. Non vuole uscire perché non ha niente da mettersi. 2. Ha comprato un vestito ieri. 3. Ha comprato le scarpe due giorni fa. 4. Secondo lei, ha bisogno di una camicia e una cintura.

Parte 2: Grammatica B. Costruzione reciproca

A. 1. si conoscono 2. Si vedono 3. si parlano 4. si capiscono

Parte 3: Grammatica D. Numeri superiori a 100

B. 1. centocinquantotto 2. cinquecentottantuno 3. novecentoquarantatré 4. milleottocentottanta 5. duemilauno 6. un milione

Dettato

Marilena, Franca, Elena e Silvia vivono insieme in un appartamento nel centro di Roma. Marilena studia all'università, Franca insegna lettere in una scuola media, Elena, la più grande, si è laureata sei anni fa e lavora in laboratorio, Silvia si è specializzata in informatica e lavora in un ufficio. Le quattro ragazze non si annoiano mai: vivere insieme è stimolante e interessante, anche se qualche volta è difficile. Ma le ragazze, invece di arrabbiarsi, si capiscono e si aiutano tra di loro.

CAPITOLO 8

Parte 1: Vocabolario

B. 1. il settimanale 2. la pubblicità 3. la recensione 4. il mensile 5. la cronaca 6. il quotidiano

In ascolto

1. C'è una buona recensione del film di Benigni sul giornale di oggi. 2. Claudia ha letto una lunga intervista a Benigni su un settimanale. 3. Le domande dell'intervista che Sandra ha letto sono sul film e su Benigni come regista. 4. Sandra ha intenzione di stare a casa stasera a guardare un vecchio film di Benigni su RAI Due.

Parte 3: Grammatica C. Trapassato

A. 1. era 2. aveva capito 3. era 4. è andata 5. è arrivato 6. era… uscita

C. 1. era 2. abitava 3. Si chiamava 4. aveva 5. era 6. doveva 7. camminava 8. si era… svegliata 9. aveva trovato 10. aveva detto 11. era andato 12. aveva perso 13. era andato 14. aveva trovato

Dettato

Maurizio e Rinaldo sono due vecchi amici. Si conoscono da quando erano piccoli. Rinaldo si è sposato e ha una bambina che va all'asilo. Lui e sua moglie Giuliana sono molto contenti. Maurizio, invece, è divorziato, lui e sua moglie non si capivano. Da quando Maurizio è divorziato sua madre fa tutto per il figlio: stira, lava, cucina eccetera. Angela, la sorella di Maurizio, vive in America. È una donna indipendente ed è andata in America da sola.

CAPITOLO 9

Parte 1: Vocabolario

In ascolto

1. vero 2. falso, Alessandra e Alberto vogliono andare in montagna questo fine settimana. 3. falso, Alessandra conosce dei posti bellissimi sui Monti Sibillini. 4. vero 5. vero

Parte 3: Grammatica D. Comparativi e superlativi irregolari

B. 1. meglio 2. peggio 3. peggiore 4. migliore 5. peggiore

Dettato

Il sistema nazionale sanitario in Italia, anche se ha dei problemi, è di buon livello. Il diritto alla salute e alle cure, come quello al lavoro, è garantito dalla Costituzione italiana. L'assistenza medica è certo meno costosa che negli Stati Uniti, ma i servizi a volte sono meno buoni, anche se adeguati. La maggior parte degli ospedali italiani sono pubblici, non privati.

CAPITOLO 10

Parte 1: Vocabolario

D. COPPIA 1: Viareggio, treno, albergo tre stelle, carta di credito; COPPIA 2: l'Umbria (Gubbio, Assisi, Perugia), macchina, pensione, carta di credito / contanti; COPPIA 3: Creta / Grecia, nave, albergo di lusso, carta di credito

In ascolto

1. trovare un albergo a buon prezzo 2. cara 3. doppia / doccia / pensione 4. delle belle spiagge 5. noleggiare una barca, prendere il sole, mangiare il pesce

Parte 2: Grammatica A. Futuro semplice

A. 1. partirò 2. Prenderemo 3. andremo 4. Passeremo 5. noleggeranno 6. continueranno 7. andrò 8. studierò 9. ritorneremo

B. Usi speciali del futuro

A. 1. Sarà 2. Avrà 3. Mangerà 4. Dormirà 5. Avrà 6. Scriverà

Parte 3: Grammatica D. Formazione dei nomi femminili

A. 1. pittrice 2. professoressa 3. scultrice 4. attrice

Dettato

Due coppie di amici hanno deciso che quest'anno passeranno le vacanze nel Sud d'Italia. Desiderano un posto tranquillo, con il mare pulito e le spiagge non affollate. Hanno scelto la costa Sud del mare Adriatico, le Puglie. Per molti anni Enrico e Zara hanno passato vacanze attive: viaggi in paesi lontani, avventure ed esotismo. Renato e Laura hanno sempre preferito cercare dei posti isolati e tranquilli dove potersi rilassare, lasciarsi trasportare dalle letture preferite, contemplare le bellezze naturali. Hanno sempre voluto le piccole comodità, il buon cibo e il buon vino invece di viaggi nei paesi lontano.

CAPITOLO 11

Parte 1: Vocabolario

In ascolto

DIALOGO 1 dalla lattaia: burro, latte, yogurt = € 5,80 DIALOGO 2 dal macellaio: prosciutto crudo, prosciutto cotto, salame, arrosto di vitello = € 19 DIALOGO 3 dalla fruttivendola: pomodori, mele, pere, arance = € 11,25

Parte 3: Grammatica C. Pronomi doppi

A. 1. Gliela 2. me la 3. gliela

D. Imperativo (*tu, noi, voi*)

A. 1. non andare 2. Studia 3. fatti 4. trova

Ed ora ascoltiamo!

CLIENTE A: una giacca; bianca o grigia; taglia 50; CLIENTE B: un maglione; rosso; taglia 38 o 40; CLIENTE C: un cappello; marrone; taglia 48

Dettato

Giovanna e Silvana sono in giro per la città per fare spese. Oltre alla spesa per il fine settimana le due amiche vogliono fare un giro per i negozi del centro e per i grandi magazzini alla ricerca di qualche affare. I negozi di abbigliamento di alta moda sono sempre molto cari ma nei grandi magazzini è possibile trovare delle svendite. Al mercato all'aperto, poi, non è difficile trovare dei buoni affari. Girare per le bancarelle di un grande mercato è piacevole e interessante. C'è di tutto: frutta, verdura, formaggi e salumi da una parte e dall'altra vestiti, scarpe e tutti gli oggetti utili per la casa.

CAPITOLO 12

Parte 1: Vocabolario

A. 1. casa 2. stanze 3. bagni 4. camere 5. matrimoniali 6. singola **C.** 1. un palazzo 2. l'ascensore 3. nella strada 4. al secondo piano 5. a sinistra

In ascolto

1. falso, L'appartamento non è ancora affittato. 2. vero 3. vero 4. falso, C'è un balcone. 5. falso, Il trasloco non è un problema perché ci sono scale e finestre larghe. 6. falso, Carla e il signor Pini hanno un appuntamento domani al numero 102, alle sei di sera.

Parte 2: Grammatica A. Aggettivi indefiniti

A. 1. tutta 2. qualche 3. Alcune **C.** 1. qualunque 2. alcune 3. Tutte 4. Tutte 5. ogni

Parte 3: Grammatica D. Imperativo (*Lei, Loro*)

A. 1. telefoni 2. dica 3. abbia 4. richiami

Ed ora ascoltiamo!

You should have labeled the floor plan as follows: 1. il ripostiglio grande 2. la camera da letto grande 3. il bagno piccolo 4. la sala da pranzo 5. la cucina 6. il bagno grande 7. la camera da letto piccola 8. lo studio 9. il soggiorno

Dettato

Simonetta e Lucia hanno frequentato lo stesso liceo ed ora si sono iscritte alla facoltà di sociologia dell'Università di Roma. Andare a Roma a frequentare l'università significa trovare casa, abitare da sole, sviluppare il senso dell'autodisciplina e della responsabilità. Tutto questo non preoccupa le due ragazze, al contrario, le stimola. Dei loro compagni di classe loro sono le uniche che hanno scelto Roma. Ora, però, cominciano i primi problemi: trovare la casa e poi un lavoretto, magari mezza giornata. Ma le due ragazze sono coraggiose e si meritano un colpo di fortuna!

CAPITOLO 13

Parte 1: Vocabolario

A. 1. b 2. a **B.** IL TRAFFICO 1. la targa 2. la patente 3. il pieno di benzina 4. le gomme 5. i mezzi di trasporto 6. il vigile L'AMBIENTE 1. i rifiuti 2. il riciclaggio 3. l'effetto serra 4. la fascia d'ozono 5. l'inquinamento

In ascolto

1. b 2. a 3. c 4. c 5. a

Parte 2: Grammatica A. Condizionale presente

A. 1. daresti 2. sarebbe 3. faresti

B. *Dovere, potere* e *volere* al condizionale

A. 1. vorrebbe andare 2. lo potrebbe fare 3. dovrebbe studiare di più per recuperare il tempo perduto

Parte 3: Grammatica C. Condizionale passato

A. 1. Sarei dovuto 2. Avrei dovuto 3. Avrei fatto

D. Pronomi possessivi

B. 1. mia 2. tua 3. mia 4. mia 5. sua 6. mia

Dettato

Enrico e Paola si interessano di ecologia. Cercano di influenzare l'opinione pubblica riguardo ai problemi dell'ambiente. Il loro non è un lavoro facile: la gente è spesso pigra e preferisce non affrontare il problema. Naturalmente ci sono anche quelli che hanno scelto di essere attivi e partecipano ai gruppi dei Verdi. Ma la battaglia per la protezione dell'ambiente è lunga e incerta: interessi privati, giochi politici, eccetera contribuiscono a renderla difficile.

CAPITOLO 14

Parte 1: Vocabolario

A. 1. musicista 2. opera 3. concerti 4. jazz 5. sassofono 6. opera

In ascolto

1. falso, La diva di cui parlano è una mezzosoprano. 2. falso, Canta bene le arie comiche e interpreta bene Rossini. 3. falso, Francesca ha la fortuna di ascoltarla nelle opere di Rossini. 4. vero 5. vero

Parte 3: Grammatica C. Costruzioni con l'infinito

A. *You should have underlined the following verbs:* trovare, chiedere, vendere, preoccupare, cercarli
1. trovare biglietti per il concerto di Zucchero è impossibile 2. chiedere al suo amico se conosce qualcuno che ha biglietti da vendere 3. di cercarli

Ed ora ascoltiamo!

1. vecchia; trenta 2. il violino; il pianoforte 3. le canzoni sociopolitiche 4. il festival di San Remo

Dettato

Clark e Christie sono molto interessati alla musica italiana, tutta: dall'opera lirica alla musica leggera, dai cantautori, alla musica da liscio. Per molto tempo hanno associato all'immagine dell'Italia solo l'opera lirica ma ora hanno notato che la produzione musicale italiana è ricca e vasta. I ragazzi vorrebbero andare al festival del jazz che è allestito tutte le estati in Umbria. Quest'anno partecipano delle nuove cantanti jazz italiane e i ragazzi sono molto curiosi. È un po' tardi per trovare un albergo ma gli amici, per l'amore della musica, dormirebbero anche all'aperto!

CAPITOLO 15

Parte 1: Vocabolario

A. 1. 2,5 per cento. Perché l'italiano corrispondeva al dialetto fiorentino e nella peninsola era principalmente una lingua scritta. 2. Perché era più prestigioso di altri dialetti in Italia. 3. Hanno imparato l'italiano a scuola. 4. Si è un po' trasformata con molte parole ed espressioni dei dialetti delle varie regioni. **C.** 1. capolavoro 2. autore 3. poesia 4. citato 5. Riassumere 6. romanzo

In ascolto

1. l'ingresso era bloccato 2. un enorme scavo archeologico 3. i ruderi 4. medioevo / etrusco 5. un museo della scultura

Dettato

Petrarca scrisse le *Rime* o *Canzoniere* per celebrare il suo amore per Laura, che era morta durante la peste del 1348. Il poeta lavorò al libro per la maggior parte della sua vita, e lo finì poco prima di morire: ma sappiamo che avrebbe aggiunto altre poesie, perché nel suo manoscritto ci sono spazi bianchi. Le *Rime* di Petrarca furono subito celebrate dai poeti italiani e europei come un capolavoro e diventarono il modello cui ispirarsi. La poesia rinascimentale europea prese Petrarca come punto di partenza, e imitò il suo *Canzoniere,* lo riscrisse, lo adattò. Si cercò insomma di esprimere nelle varie lingue il contrasto tra amore spirituale, amore carnale, poesia e memoria, che è centrale in Petrarca.

CAPITOLO 16

Parte 1: Vocabolario

C. LO STATO 1. il primo ministro 2. il Presidente della Repubblica 3. il deputato, la deputata 4. votare 5. le elezioni 6. la Costituzione 7. la Camera dei Deputati e il Senato 8. il voto I PROBLEMI SOCIALI 1. uno sciopero 2. il salario, lo stipendio 3. l'impiegato, l'impiegata 4. l'operaio, l'operaia 5. le tasse 6. la disoccupazione

In ascolto

1. Laura è confusa perché ci sono così tanti partiti in Italia. 2. Valerio le risponde che negli Stati Uniti i due partiti sono molto simili mentre in Italia le posizioni politiche possono essere molto distanti. 3. La cosa che sorprende Laura è la partecipazione di massa alle elezioni. 4. Valerio spiega che il voto è importante per gli italiani anche perché sono stati senza diritto di voto durante il fascismo. E molte persone ancora credono che il voto possa cambiare le cose. 5. Laura risponde che nel suo paese molti pensano che sia inutile votare perché sono contenti della situazione economica e dei diritti che già hanno. *Second part of answer will vary.*

Parte 2: Grammatica A. Congiuntivo presente

A. 1. siano 2. aumenti 3. crescano 4. siano 5. pensi 6. sia 7. si occupino

Dettato

Guido ha invitato a cena i suoi amici Giulia ed Enrico. Enrico fa il giornalista ed è sempre ben informato sulle novità politiche, Guido e Giulia si interessano di politica dai tempi del liceo, quando militavano nel movimento studentesco. Ognuno ha il proprio punto di vista e le proprie idee. Guido è ottimista ed è convinto che gli italiani sappiano gestirsi politicamente senza mettere in pericolo la democrazia. Giulia pensa che la gente sia confusa e, forse, facile da manipolare. Per Enrico, invece, l'Europa intera è in un periodo di crisi con tanti problemi come il nazionalismo.